U0090352

民國歷史與文化研究

二　編

第 **5** 冊

近代中國人治、法治的衝突與嬗變

鄭　淑　芬　著

花木蘭文化出版社

國家圖書館出版品預行編目資料

近代中國人治、法治的衝突與嬗變／鄭淑芬 著 -- 初版 -- 新北
市：花木蘭文化出版社，2015〔民 104〕
目 4+190 面；19×26 公分
（民國歷史與文化研究 二編：第 5 冊）
ISBN 978-986-404-272-2（精裝）
1. 政治思想史 2. 中國
628.08   104012457

ISBN- 978-986-404-272-2

9 789864 042722

民國歷史與文化研究
二 編 第 五 冊   ISBN：978-986-404-272-2

近代中國人治、法治的衝突與嬗變

作　　者　鄭淑芬
總 編 輯　杜潔祥
副總編輯　楊嘉樂
編　　輯　許郁翎
出　　版　花木蘭文化出版社
社　　長　高小娟
聯絡地址　235 新北市中和區中安街七二號十三樓
　　　　　電話：02-2923-1455／傳眞：02-2923-1452
網　　址　http://www.huamulan.tw 信箱 hml 810518@gmail.com
印　　刷　普羅文化出版廣告事業
初　　版　2015 年 9 月
全書字數　176636 字
定　　價　二編 24 冊（精裝）台幣 45,000 元

版權所有・請勿翻印

近代中國人治、法治的衝突與嬗變

鄭淑芬　著

作者簡介

鄭淑芬（1962～），女，吉林乾安人，歷史學博士，哈爾濱工程大學教授，博士生導師。中國現代史學會會員，中國史料學會會員。出版著作有：《從自覺到自信——新民主主義革命時期中國共產黨奪取文化領導權的歷史考察》、《孫中山民主共和理論與實踐研究》、《中國傳統文化概論》、《中國共產黨思想政治工作史論》、《毛澤東戰略思想研究》、《中國社會主義建設史簡編》等，代表性論文有《孫中山考試權、監察權獨立思想》、《論新中國成立前中共文化領導權之獲得》、《抗戰時期中共軟實力增強之必然》、《孫中山實業救國思想簡論》等。

提　　要

　　鴉片戰爭後，伴隨著社會與民族危機的日益加重，中國的有識之士開始向先進的西方尋求治國良方，法治理念傳入中國並與中國實際相銜接。從這個意義上來說，近代以來中國社會的轉型也是從專制人治到民主法治轉變的過程。本文在對這一過程進行深入考察的基礎上，分析了在這個過程中，法治與人治不斷發生的衝突和鬥爭，以及這一衝突和鬥爭中的各種因素，論述了法治取代人治是歷史發展的必然，是社會民主進步的重要表現，同時也是艱難曲折的歷史過程。本文的主要觀點是，中國的社會發展需要法治，清末新政、中華民國的建立以及南京政府的法制建設，都在中國走向法治的過程中起到了一定的推進作用，但由於晚清政府、北洋政府、南京政府的大地主、大資產階級性質，在它們的統治下，中國無法實現真正的民主和法治。因此，社會的各種進步力量與統治階級進行了各種形式的鬥爭，從而為摧毀人治的基礎，建立民主法治社會而清除了障礙，探索和開闢了前進的道路。

目

次

第一章　緒　論

1.1　問題的提出

　　千百年來，中國是一個重人治而輕法治的國家。人治在中國政治生活中根深蒂固。人治與專制相伴隨，人治給國家和民族的發展和進步帶來巨大的損害。與人治相對立的法治則是人治的否定，是人類文明進步的結晶。法治與民主密不可分，法治的價值取向符合社會發展的必然趨勢，在一定意義上說，人類政治文明的歷史就是法治的發展史。法治是實現政治文明的重要內容、主要途徑和重要保障。

　　中國近代歷史時期是中國社會變革最劇烈的時代，鴉片戰爭及其後的帝國主義侵略使中國由封建社會一步步地變成了半殖民地半封建社會。這一變動是如此的劇烈和複雜，給當時的中國人以強烈的震撼，失敗感與失望感油然而生，痛陳「中國舉事著著落後」，〔註 1〕對比今昔，發出「古之大陸，爲開明最早之大陸；今之大陸，爲暗黑最甚之大陸」的感慨，比較中西，「他之大陸，爲日新月盛之大陸，我之大陸，爲老朽腐敗之大陸」，羞愧難當。對「無學問」「無技藝」「無氣節」「無教化」〔註 2〕的現實而感到恥辱。而當「橫瞰歐美之光明政局，旁探近代之革命性歷史，注目於其社會，關心其國情」時，看到是「一種蔥蔥勃勃偉大昌盛之氣象」，不知不覺間生出「羨慕戀愛之一片

〔註 1〕譚嗣同：《報貝元徵》，《譚嗣同全集》增訂本，北京：中華書局 1981 年，第 205 頁。
〔註 2〕《「大陸」發刊辭》《辛亥革命前十年間時論選集》第 1 卷上，北京：三聯書店 1963 年，第 262 頁。

良感情」，而「返照吾神州之山河，回顧吾祖國之社會，注目於政海中，留心於國事上，忽焉變一境界易一天地，轉有一種昏沉黑暗肅殺蕭條之景況」，不知不覺間生出「悲傷怨恨憂怒哀鬱之一團惡感情」。〔註 3〕強烈的對比，中國落後的嚴峻現實，必然導致對落後原因的追問與檢討。「潛藏在中國人心底裏的民族思想便發動起來了。一般讀書人，向來莫談國事的，也要與聞時事，爲什麼人家比我們強，而我們比人弱？」〔註 4〕

災難深重的中華民族，通過什麼樣的途徑才能獲得自由和解放，掙脫帝國主義的壓迫、欺凌和奴役？百餘年來，無數志士仁人前仆後繼，就是爲了找到這個問題的正確方案。其具體內容就是如何向西方學習，並在學習過程中對自己民族的傳統進行反思與革新，來尋找救國救民的眞理，以便使中華民族走上獨立、自由的道路。思想家們提出了各種各樣的方案、藍圖，以解決當時中國的現實政治問題。其中從根本做起，用民主取代專制，用法治取代人治是出路之一。但維護舊制度的保守派並不以爲然，於是衝突和鬥爭在所難免。近代中國，人治與法治在衝突、搏弈中發生著怎樣的改變？哪些因素影響著法治的進程？對這些問題的回答將有助於今天的法治建設。

1.2 研究現狀

1.2.1 國內研究現狀

雖然目前還沒有專門研究近代中國人治法治衝突與嬗變的論著，但相關研究成果卻不少。這些成果大致分佈在以下幾個研究領域：

1. 法學研究領域

該領域中涉及人治法治問題的研究成果最多，出現兩個研究高潮。

（1）民國時期（1912～1949）

這一時期出現了一個研究法治問題的高潮，主要表現在：

首先，湧現出一大批法學家

按照民國時期法學家關注點的不同，又大體分爲三類〔註5〕：第一類是注

〔註 3〕漢駒：《新政府之建設》，《江蘇》第六期 1903 年 11 月。
〔註 4〕包笑天：《釧影樓回憶錄》，香港：香港大華出版社 1971 年，第 145 頁。
〔註 5〕參見韓秀桃：《略論民國時期法律家群體的法律思想》，《安徽大學法律評論》（2004 第 4 卷第 1 期），合肥：安徽大學出版社 2004 年，第 145～161 頁。

重學術研究的法律家，代表性人物主要有以吳經熊等為代表的法理學研究，以王世杰、錢端升、陳茹玄為代表的憲法學研究，以程樹德、徐道鄰、楊鴻烈、陳顧遠、朱方、瞿同祖等為代表的中國法制史學研究，以周鯁生、梅汝璈等為代表的國際法研究，以史尚寬、梅仲協、胡長清等為代表的民法學研究，以蔡樞衡等為代表的刑法學研究。第二類是側重於司法實踐的法律家，代表性人物主要有江庸、董康、許世英等。第三類是側重於政務活動的法律家，代表性人物主要有王寵惠、居正、孫科、張知本等。這些法學家大多都有留洋的經歷。據郝鐵川博士的統計，近代中國赴歐美及日本學習法律的留學生共有 4500 餘人。在中國法學近代化的過程中，雖形成了一個職業的法學家階層，但沒有出現世界著名的法學家，也沒有形成在世界上獨樹一幟的法學流派。但這些法律家群體是民國時期最為活躍的一個職業團體。在中國法律由傳統向近代轉型這一特殊時期，在由人治到法治建設的轉型時期，他們以自己的法律知識背景和遊學西方的經歷，成為近代法律知識的傳播者、民國法律的制定者、解釋者和批判者，近代法律教育的奠基者和近代法學學科的構建者，以及近代法治進程的推動者，對中國法制近代化產生了十分深刻的影響。

其次，研究內容全面、深入，形成了比較系統完備的基礎法學體系，其中最為重要的是法律哲學、法律史學、法律社會學和比較法學。

我國古代法律主要停留法律的闡釋，而到近代不僅在規模和門類上遠遠超過了中國古代律注釋學，在保留中國法律傳統的同時，又借鑒西方的法學成果，結合當時的中國國情，制定和形成了比較系統完備的基礎法學體系。首先，中國近代法學無論在世界觀，還是在框架結構體系、基本制度、主要原則和重要概念術語方面，都曾廣泛地、大量地吸收、借鑒了西方法學的成果。比如，中國早期出版的涉及法學世界觀的法理學作品，如孟德斯鳩的《法意》（即《論法的精神》，嚴復譯，1904～1910 年）、《思達木藥法律學說大綱》（李炘著，1923 年）、龐德的《社會法理學論略》（陸鼎揆譯，1926 年）、穗積陳重的《法律進化論》（全三卷，黃尊三等譯，1929～1933 年）等等。

從憲政角度入手的研究。民國時期法律家群體有關憲法與憲政方面的研究在法學各個學科中是最為充分、最為透徹的，研究領域涉及到現代憲政思想的方方面面。在為數眾多的著作中，較有代表性的有王世杰、錢端升的《比

較憲法》、王寵惠的《中華民國憲法芻議》、程樹德的《比較憲法》、潘樹藩的《中華民國憲法史》、白鵬飛的《憲法及憲政》、張知本《憲法要論》、吳宗慈的《中華民國憲政史》、鄭敏秀的《中國比較憲法論》、陳茹玄的《民國憲法及政治史》、薩孟武的《憲法新論》、羅志淵的《中國憲法講義》、劉靜文的《中國新憲法論》、梅仲協翻譯的《英憲精義》等。

從立法角度入手的研究。法律家們的立法思想主要集中在對立法重要性的認識、如何確立適合中國自身的立法模式以及如何對待世界先進的立法經驗等問題上。代表性著作有楊幼炯的《近代中國立法史》、謝振民的《中華民國立法史》等。

楊幼炯認為立法是一個民族、一個社會的一種文化活動，關係到整個社會的安定秩序的形成，對於國家的法制狀況意義重大。在楊幼炯看來，法律是政府和人民的行為準則，法律的制定，必須以本國的人情、風俗、地勢、氣候、習慣等為根據，提出中國的立法應當堅持「創造多於模仿」這一標準。〔註6〕楊幼炯認為，成功的立法既要吸收外國先進的立法經驗，又要充分關注本國的國情民風。

謝振民的《中華民國立法史》以資料性、全面性、客觀性見長。作者將三十年來的立法分為三個時期，即清末時期、辛亥以後到南京政府成立以前以及南京政府時期。作者認為時代不同，立法政策的取向也不同，總體來說立法活動不斷完善。

法治的基礎是法制，所以民國時期法學家的研究熱點反映了時代的需要。

（2）十一屆三中全會後

在二十世紀五十年代後期，由於各種原因，在我國諱言法治，把法治當做資產階級的東西，人治與法治問題就成了法學領域的禁區。十一屆三中全會以後，學術民主空氣活躍，在五十年代後期被列為法學領域禁區的人治與法治問題，被提了出來。法學界又掀起了關於「人治與法治」問題的大討論。發表了多篇論文，篇名都有「人治」與「法治」字樣，如：「試論人治與法治」〔註7〕；「人治」「法治」涵義新辯〔註8〕；「傳統政治文化與人治現象」〔註9〕；

〔註 6〕楊幼炯：《近代中國立法史》，上海：商務印書館 1936 年。
〔註 7〕王禮明：《學術學刊》1979 年 11 期。
〔註 8〕若然：《吉林大學社會科學學報》1986 年 3 期。
〔註 9〕俞瑾：《探索與爭鳴》1988 年 2 期。

「略論人治與法治的根本對立」〔註 10〕；「人治與法治」〔註 11〕；「論人治與法治」〔註 12〕；「人治與法治的比較研究——論以法治國的重要意義」〔註 13〕；「談談人治與法治」〔註 14〕；「討論人治、法治問題的意義」〔註 15〕；「怎樣認識人治和法治」〔註 16〕等等。

在這場討論中觀點紛紜，但都是針對文化大革命中的「無法無天」進行的反思和政治批判，因而沒有把法治提到根本的治國方略來認識和對待。當時主張實行法治的觀點，較多地局限於要求恢復和建立社會主義的法律、法律制度和法律機關；強調「健全社會主義法制」，也主要理解為將法制作為管理國家與控制社會秩序的手段；而且，當時的指導思想和法制實踐，也只是「既依靠政策，又依靠法制」，二者並重（實際上仍然是政策占上風），而沒有把法律擺在至高無上的權威地位。關於這一時期的大討論情況可參見程燎原的《從法制到法治》。〔註 17〕

總之，十一屆三中全會是建國以來黨的歷史上具有深遠意義的重要會議，這次大會前後在思想界引發的一場關於真理標準的討論，它從根本上衝破了長期「左」傾錯誤的嚴重束縛，打破了人們思想上的僵局，以鄧小平為核心的中共第二代領導集體科學地總結了建國以來法制發展的正反兩方面經驗教訓，並逐步將社會主義民主與法制建設提上了黨和國家工作的議事日程。

中國共產黨十五大的召開，明確提出了「建設社會主義法治國家」這一關於國家發展的嶄新目標。這是中國共產黨第一次以黨的決議形式正式宣佈要告別人治的歷史，走上社會主義民主法治之路的新階段的開始，是黨在治國方略與理念上的重大突破。」〔註 18〕1999 年 3 月，建設社會主義法治國家在時代的呼喚和人民的期待下被載入憲法，從而標誌著中國國家發展方略實現了重大飛躍，標誌著我國徹底摒棄人治影響，堅定不移地走上法治之路

〔註 10〕劉勝康：《貴州民族學院學報》（哲學社會科學版）1990 年 1 期。
〔註 11〕王印堂，蔡公一：《江淮論壇》1979 年 2 期。
〔註 12〕吳文翰：《甘肅社會科學》1980 年 4 期。
〔註 13〕喬偉：《山東社會科學》1992 年 5 期和 6 期。
〔註 14〕郭華：《學術研究》1980 年 1 期。
〔註 15〕谷安梁：《政法論壇》1980 年 1 期。
〔註 16〕王子琳：《吉林大學社會科學學報》1980 年 5 期。
〔註 17〕程燎原：《從法制到法治》，北京：法律出版社 1999 年。
〔註 18〕郭道暉：《歷史性跨越——走向民主法治新世紀》，武漢：湖北人民出版社 1999 年，第 33 頁。

的開始。在這之後，法學界已對一系列問題進行了深入的探討，一些著作問世。

張學仁、陳寧生的《二十世紀之中國憲政》按中國二十世紀百年歷史發展的脈絡，對憲政的發展作了比較詳細的記述。

李學智的《民國初年的法治思潮與法制建設——以國會立法活動爲中心的研究》，是系統研究民初法治思潮與法制建設的一部專著。該書以民初法治思潮和法制建設爲研究對象，從社會輿論、法政學校的興辦、法律書籍大量出版等方面，系統考察了民初法治思潮的興起及作用，分析了民國初年革命黨人及各界人士對以法治國問題的認識，以及立法建制的種種努力、取得的成果及最終失敗的命運。本文第三章中的許多內容參考了該部著作。

李林的《法治與憲政的變遷》是一本研究和探討改革開放以來中國法治和憲政建設與發展的著作，涵蓋了法治（依法治國）、憲政和法理學三個方面的內容。在法治（依法治國）方面，該書論述了法治與法制的區別、社會主義初級階段的法制、鄧小平的民主與法制思想、依法治國與政治文明建設、依法治國與精神文明建設、我國實施依法治國方略的特點和需要解決的問題、司法體制改革與司法機關建設、人民代表大會制度下司法權的性質與作用等問題。在憲政方面，該書集中討論了憲政與執政黨的執政方式、由革命黨向執政黨轉變的憲政闡釋等憲政理論問題及憲政立法模式問題。在法理學方面，該書論述了中國法理學的命運、法學研究方法的過去與現在等問題，並收錄了多篇法理學研究綜述，如「社會主義初級階段法制建設若干理論問題」、「以馬克思主義爲指導深入研究人權理論」、「走向 21 世紀的中國法理學」、「依法治國建設社會主義法治國家研討會綜述」、「依法治國與精神文明建設研討會綜述」、「依法治國與廉政建設研討會綜述」、「依法治國與司法改革研討會綜述」、「努力開創跨世紀法理學研究的新局面」等等。本文第一章第二節中參考了該部著作的相關內容。

程燎原的《從法制到法治》，該書共八個部分：民主法制化、「法治」與「人治」的論戰、法治的價值與尊嚴、市場經濟就是「法治經濟」、人權與法治、憲政與法治、從「法制國家」到「法治國家」以及中國法治的基本理念。各部分基本按照作者在引言中所說的「歷史與邏輯相契合」（也即時間序列和理論命題的鋪陳相結合）的脈絡展開，對 70 年代末以來的中國法治研究進行了比較全面的梳理。

　　張德美的《探索與抉擇——晚清法律移植研究》一書，對晚清法律移植問題進行專題研究，運用比較研究的方法，系統地探討了晚清法律移植的背景與原因，並從法理移植、司法移植、立法移植三方面對晚清法律移植的具體實踐進行了全面論述。作者認爲，晚清法律移植是近代工業化以後社會政治、經濟、文化發展的需要。晚清政府出於強化集權與爭取主權的需要，在移植外來法時取捨不同，致使新建立的法律體系呈現出明顯的混合法樣式。由於法理移植基礎的薄弱和司法移植經驗的不足，晚清立法中矛盾衝突之處甚多，這勢必在一定程度上影響中國法制近代化的進程。〔註19〕

　　王健的《溝通兩個世界的法律意義——晚清西方法的輸入與法律新詞初探》一書以西方法律詞語的輸入及其對中國法律新詞影響爲研究對象，考察了晚清時期與重大法律翻譯事件的若干問題，如西方法輸入中國的條件、輸入模式及其變化、翻譯西方法律詞語的方法與特點、日本與中國在攝取西方法概念過程中的相互關係、以及日本化的西方法律詞語流入中國的途徑及其對建構中國近代法的重大影響等方面。〔註20〕

　　田濤的《國際法輸入與晚清中國》則具體研究了晚清國際法輸入問題，通過系統考察西方近代國際法在晚清的輸入歷程及其影響，描述了晚清知識界對國際法的認識歷程，以及國際法對晚清外交實際影響的諸多方面。〔註21〕

　　卞修全的《立憲思潮與清末法制改革》〔註22〕一書，考察了清末立憲思潮盛行的原因及其興起、發展、高漲並與民主革命思潮並軌的過程，分析了立憲思潮對清末制憲、修律與司法制度改革的推動作用。

　　此外還有韋慶遠、高放、劉文源合著的《清末憲政史》、殷嘯虎的《近代中國憲政史》、王永祥的《中國現代憲政運動史》、程燎原、江山合著的《法治與政治權威》、李步雲的《走向法治》、劉軍寧的《共和・民主・憲政》、卓澤淵的《法政治學》等，對近代中國的憲政、憲政運動、法治、民主等相關問題進行了深入研究，本文對法治、法制、憲政相關概念的界定、對近代中

〔註19〕 張德美：《探索與抉擇——晚清法律移植研究》，北京：清華大學出版社 2003 年 10 月版。

〔註20〕 王健：《溝通兩個世界的法律意義——晚清西方法的輸入與法律新詞初探》，北京：中國政法大學出版社 2001 年 10 月版。

〔註21〕 田濤：《國際法輸入與晚清中國》，濟南：濟南出版社 2001 年 10 月版。

〔註22〕 卞修全：《立憲思潮與清末法制改革》，北京：中國社會科學出版社 2003 年 5 月版。

國法治發展歷程的考察、對近代中國實行法治的障礙原因的探討等方面多採
用或借鑒了該領域的研究成果。

2. 政治學研究領域

該領域中涉及人治法治問題的研究成果也十分豐富，如高旺的《晚清中
國的政治轉型──以清末憲政改革爲中心》〔註 23〕一書，從政治學的視角，
將清末憲政改革置於近代中國政治發展的坐標系中，通過對官制改革、地方
自治、政治參與、憲政制度創新等方面的具體考察，並與日本明治維新相比
較，論述了清末憲政改革的成敗得失，及其對晚清中國政治轉型和近代中國
政治發展的重要影響。馬小泉的《國家與社會：清末地方自治與憲政改革》
〔註 24〕一書，從社會政治結構和政治發展的角度，系統地考察了清末地方自
治運動，尤其著重考察了清政府在地方自治問題上的政策與措施以及清末地
方自治在中國早期地方政治現代化歷程中的地位和影響。王人博的《憲政文
化與近代中國》一書對憲政文化於近代中國的發端、流變的描述，遵循了器
物──制度──文化的邏輯線，採用內在與外在視角觀察憲政文化在近代中
國的播種、成長、覆滅、重生，解讀了「憲政文化在近代中國實際怎樣」的
命題。〔註 25〕關海庭的《20 世紀中國政治發展史論》，以馬克思主義政治發展
理論爲基礎，吸收現代西方政治發展理論的合理因素，選取了影響 20 世紀中
國政治發展的重要代表人物和重大事件進行了分析，其中包括：孫中山及其
領導的資產階級民主革命、民初政黨政治等，其中涉及民主法治的的內容不
是很多，但這是政治學與歷史學交叉研究的初步探索，研究方法值得借鑒。

除著作外，還有許多專題研究的論文也涉及到人治法治等相關問題。如：
耿雲志的《辛亥革命前夕的各省諮議局聯合會》，對各省諮議局聯合會的來
歷，尤其是該聯合會第二屆會議的內容及其政治影響進行了深入的探討。認
爲第二屆各省諮議局聯合會是大多數議員及其所代表的立憲派在政治上與頑
固的清朝廷開始決裂的一個徵兆，是清朝統治的政治基礎開始塌陷的一個重
要標誌。〔註 26〕

〔註 23〕 高旺：《晚清中國的政治轉型──以清末憲政改革爲中心》，北京：中國社會
科學出版社 2003 年 7 月版。
〔註 24〕 馬小泉：《國家與社會：清末地方自治與憲政改革》，鄭州：河南大學出版社
2001 年。
〔註 25〕 王人博：《憲政文化與近代中國》，北京：法律出版社 1997 年。
〔註 26〕 耿雲志：《辛亥革命前夕的各省諮議局聯合會》，《福建論壇》2002 年第 2 期。

　　王開璽的《論資政院中的立憲派議員》論述了資政院中的立憲派議員的議政活動及其策略、歷史局限、地位與作用，認爲他們與其他立憲派相比具有更大的政治影響。雖然立憲派議員提出的許多議案沒有得到實施，他們關於實行立憲制度的主張也因而沒有能夠實現，但是這些議案符合中國社會的發展方向，具有進步意義。而且，這些議案的提出，對於破除專制思想和動搖清朝專制政府的權威都起到了積極作用。〔註27〕祖金玉的《清末駐外使節的憲政主張》，提出駐外使節是推動清末憲政改革的一股重要力量。祖金玉考察了駐外使節的立憲主張，認爲他們爲清廷謀劃的憲政方案大致爲日本式的二元君主制模式，就立憲層次而言，無疑是保守的，低層次的；但他們的政治態度則十分激進，始終堅持速行憲政論。結果，其政治態度的激進性超越了改革方案的保守性，使他們最終走到了清廷的對立面。〔註28〕

　　開放黨禁案是清末立憲運動的重要內容，以往的研究主要是在敘述資政院議案時有所涉及。唐富滿、曾慶軍的《開赦黨禁案與清末政局》一文勾勒了清末開放黨禁案的歷史過程，分析了革命派、立憲派、地方督撫實力派以及清政府等各種政治勢力在開放黨禁案問題上所進行的各種較量，揭示了各派政治勢力複雜的政治性格以及近代中國憲政道路的艱難歷程。〔註29〕

　　本文對近代中國人治、法治衝突與嬗變的歷史進程的階段劃分多參考了這方面的研究成果。

3. 史學研究領域

　　該領域中的思想史、政治制度史、人物專題研究中也涉及到民主與專制、人治與法治的衝突等相關問題。如陳旭麓的《近代史思辨錄》、熊月之的《中國近代民主思想史》、耿雲志等的《西方民主在近代中國》、彭明等的《近代中國思想歷程》、龔書鐸的《近代中國與文化抉擇》、鄭大華的《晚清思想史》、陳瑞雲的《現代中國政府》等著作，還有本文中各個歷史階段中代表人物對人治的批判、對法治的提倡、人治與法治衝突的歷史過程的概述等都參考了這些研究成果。

〔註27〕王開璽：《論資政院中的立憲派議員》，《史學集刊》2003年第3期。
〔註28〕祖金玉：《清末駐外使節的憲政主張》，《南京社會科學》2005年第4期。
〔註29〕唐富滿、曾慶軍：《開赦黨禁案與清末政局》，《學術論壇》2005年第9期。

1.2.2 國外研究現狀

國外沒有直接研究近代中國人治法治問題的著作，但在史學研究中有所涉及，如劍橋中國史系列著作中對中國近代專制問題、政治理想問題的研究中有些側面分析；在相關論文中（本人所看到的主要是 Jostor 數據庫）主要是對中國在文化大革命期間的法制問題研究較多，與本課題關係不大，限於篇幅，具體論文題目等相關信息不列。

百年來學術界和政治家、思想家一直沒有中斷對近代中國人治法治問題的探索，並已經取得了一批頗具深度的研究成果。但是，隨著人類認識水平的不斷提高和時代之劇烈變遷，史學主體之於史學客體的認識和闡釋非但不會終結，反而會更加深化，如同人類之於真理的認識和闡釋不會終結一樣。近代中國的人治與法治問題作為一個研究時段長達一百多年，涉及政治、經濟、外交、文化、社會各個領域的複雜性研究課題，目前所達到的深度和廣度都是遠遠不夠的，仍需要做大量深入細緻的研究工作，以為當代中國的法治建設提供有益的歷史借鑒。

以上中外學者的研究工作為進一步研究人治法治問題積累了豐富的、可供借鑒的思想資料，但也有一些不足，主要有四個方面：

第一，研究視野有待進一步擴大。要把近代以來中國人治法治歷史演變進行全景式描述，縱向的歷史性分析與橫向的以空間為坐標的比較性研究相結合。現在這方面的著作還沒有。

第二，缺少對近代中國人治法治之間衝突與嬗變的動態研究，對法治發展過程中各因素的影響作用如何也沒有成果問世。

第三，對晚清與民初時期的憲政運動與法制建設等的研究成果較多，而對南京政府時期的法制、法治等問題研究成果較少，且論述不夠全面、客觀。

第四，研究方法相對單一。大多數相關文獻要麼單純運用政治學的理論和方法進行研究、要麼單純運用法學理論和方法進行研究，或單純運用歷史學的理論和方法進行研究，綜合運用各學科的理論和方法進行研究的還不多。

本文試圖在靜態研究的基礎上，從社會發展的角度進行動態分析，在歷史的時空中探究近代中國人治法治的衝突與嬗變。在馬克思主義歷史唯物主義指導下，結合政治學、法學等相關理論，借鑒中外相關研究成果來認識近代中國「制度自制度，生活自生活」、「有法制而無法治」的根源，總結近代中國法治式微的教訓，並試圖回答這樣一些問題：西方法治理論與模式傳入

中國後經歷了怎樣的發展變化過程？如何處理法制變革的國際化與本土化問題？如何建立中國的法治體系——是移植西方的法治，還是建立自己的法治？如何看待武力對已有法制的突破（合理與合法的問題）？近代中國，法制爲什麼能被任意改動？近代中國頻繁的制憲活動說明了什麼？

通過對這些問題的回答，重新梳理出對當代中國法治建設有益的思想，爲建設社會主義法治國家提供值得借鑒的經驗和教訓。

1.3 論文的核心觀點、基本內容和寫作思路

法治取代人治是歷史發展的必然，是社會民主進步的重要表現，同時也是艱難曲折的歷史過程。近代以來的中國社會發展是從專制人治到民主法治轉變的歷史過程。在這個過程中，法治與人治不斷發生衝突、鬥爭。雖然近代中國法治始終未能占上風，但支持法治的力量不斷壯大。近代中國法治取代人治的障礙是多方面的，法治的最終勝利有賴於打碎封建的生產關係，建立並鞏固眞正的民主政權，而這一歷史重任最終是在中國共產黨領導下完成的。

近代中國人治法治的衝突與嬗變（1840～1949），實際上是寫半殖民地半封建社會背景下，一百多年來的人治、法治的衝突及演變過程。本文將首先對人治、法治的基本內涵進行界定，其次將闡述西方法治理念從傳入中國到與中國的實際相銜接並逐漸「中國化」的過程。爲了敘述的方便，我把這一百多年又分成三個階段加以分析，具體是晚清時期（1840～1911）、北洋政府時期（1912～1928）、南京政府時期（1927～1949），最後，將分析近代中國法治取代人治的障礙因素及其啓示。

中國法學近代化在近代（鴉片戰爭至「五四」運動）時期並沒有完成，而是在進入現代（民國）時期以後才基本上（形式上）完成的（在一定意義上甚至可以說，實質意義上的中國法學近代化還是我們目前所面臨的任務之一）。這一特點，也與中國近代社會的實際狀況，即清王朝的統治一直延續至20 世紀初葉，封建的經濟與政治力量的頑強抵抗，民族資產階級以及以其爲代表的中國民族資本主義商品經濟的弱小，帝國主義列強的壓迫和掠奪，法律近代化道路的坎坷不平等相聯繫的。正因爲這一國內外的因素的影響，法學近代化的遲滯，直接造成了法學實踐——法治進程的艱巨性、落後性、長期性，在近代必然經歷人治與法治的長期的衝突的同時，中國人也開始了中國法治實踐的嘗試，這爲我們當今的依法治國提供重要的歷史鑒戒。

第二章　人治、法治及相關概念界定

2.1　人治和法治提法探源

　　人治和法治早在公元前五世紀至公元前四世紀的古希臘奴隸制時代就已經提出來了。畢達庫斯是提出這個問題的第一人。他是古希臘米提利尼人，其父母皆爲奴隸出身，當米提利尼人遭到外部進攻時，畢達庫斯被人民依法推爲「僭主」（領袖），以統籌守禦，他任米提利尼總裁達十年之久。他主張「人治不如法治」〔註1〕。

　　不過，畢達庫斯只是提出了這個問題，並未加以論證。接著對人治和法治問題作了初步闡述的是古希臘哲學家柏拉圖（公元前427～前347年）。實行「王治還是法治」〔註2〕？柏拉圖偏重於法治。他主張，對國家實行領導時，應當把個人主張撇在一邊，首先以法律爲依據，而法律要對公民的全部公私生活作出極詳細的規定。人類欲得和平與繁榮當求之於法治。

　　然而，對人治和法治問題作系統的理論上的闡述的，還是柏拉圖的學生——亞里士多德（公元前384～前322年），馬克思稱他爲「古代最偉大的思想家」〔註3〕。亞里士多德在其世界名著《政治學》一書中，就論述了人治和法治問題。他認爲，人治和法治兩者各有所勝，人治能隨機應付世事的萬變，而法治可免於人情的偏向。但從主要傾向看，亞里士多德是趨重於法治的。在《政治學》中，他開宗明義地首先提出這樣一個論題：「由最好的一人或由

〔註1〕亞里士多德：《政治學》，北京：商務印書館1965年，第142頁。
〔註2〕亞里士多德：《政治學》，北京：商務印書館1965年，第162頁。
〔註3〕《馬克思恩格斯全集》第23卷，北京：人民出版社1972年，第447頁。

最好的法律統治哪一方面較為有利？」他的意見是，「法治優於一人之治」，「以一人統治萬眾的制度就一定不適宜」，無論這種統治原先有法律為依據或者沒有法律而以一人的號令為法律，無論這一人為好人或惡人，「這種制度都屬不宜」。為什麼呢？亞里士多德認為，「凡是不憑感情因素治事的統治者總比感情用事的人們較為優良」。一人之治就「不能無所偏私」，因為受感情因素的影響。而人「誰都難免有感情」，可是法律恰恰是沒有感情的。他甚至認為，「讓一個個人來統治」，「這就在政治中混入了獸性的因素」〔註 4〕，這就往往在執政的時候引起偏向，而法律卻正是可以免除一切情慾影響的理智的體現。只有法律才能對事物進行毫無偏私的公平的權衡。接著，亞里士多德分析了法律和運用理智的關係。他承認，法律確實不能完備無遺，不能概括世事的萬變。就是說，法律所未涉及的問題或法律雖有所涉及而並不周詳的問題，確實是有的。他認為，在這種情況下方可運用個人權力作為輔助，方可讓個人運用其理智。那麼，這種運用是求助於最好的一人抑或求助於全體人民呢？亞里士多德偏向於集團智慮。理由是，在許多事例上，群眾比任何一人可能作出較好的裁斷。單獨一個人容易因情緒或其它任何相似的感情而失去平衡，終致損傷了他的判斷力，但全體人民總不會同時發怒，同時錯斷。他說，要是說僅僅有兩眼、兩耳、兩手、兩足的一人，其視聽、其行動一定勝過眾人的多眼、多耳、多手足者，這未免荒謬。實際上，君王也都羅致自己的朋友和擁護王政的人們擔任官職，把他們作為自己的耳目和手足，同他共治國家。他認為，多數群眾也比少數人為不易腐敗，這好比大澤水多則不朽，小池水少則易朽，許多人出資舉辦的宴會可以勝過一人獨辦的酒席。亞里士多德還指出，即使有時國政需依仗某些人的智慮（人治），那也總得限制這些人們只能在應用法律上運用其智慮，而不能凌駕於法律之上。〔註 5〕

　　法學近代化與法治的近代化是自中世紀後期開始的波及整個世界的一場法學與法治變革和進化運動，其內涵是指法學的（自由）資本主義化和法治的現代化。就世界範圍而言，法學與法學的近代化（現代化）呈現出兩種模式：一種是源自本國經濟、政治、法律以及文化發展的內在要求而導致的法學與法學的近代化，如英國、法國、德國等西方國家，這被稱為「原生性」或「自發性」的模式；另一種則是在外力衝擊下，通過大量引進、移植西方

〔註 4〕亞里士多德：《政治學》，北京：商務印書館 1965 年，第 169 頁。
〔註 5〕亞里士多德：《政治學》，北京：商務印書館 1965 年，第 167～169 頁。

發達國家的法律、法學與法治模式而實現的法律、法學與法治近代化，如日本、中國和印度等，這被稱為「派生性」或「繼受性」的模式。

在中國，最早把法治與人治對立起來的是梁啓超。梁啓超認為中國古代儒家與法家之爭就是人治主義與法治主義的對立。梁啓超之後，人治與法治對立論幾乎成了研究先秦儒法兩家政治法律觀的一條原則。

人治與法治不僅是法學界長期爭論的一個理論問題，也是當前我國社會主義法治建設中亟待解決的一個實際問題。近年來有不少同志從不同的角度撰文探究，給人以不少啓發。但是，什麼是人治？什麼是法治？人治有何害處以及人治和法治究竟有何不同？法治與民主、法治與憲政、民主與憲政有什麼區別和聯繫？在這一章中我主要是釐清這些概念，以作為下面研究的基礎。

2.2 法治及其與法制、憲政的關係

2.2.1 法治概念的界定

法治是人類社會發展的一種必然要求，正如康德所說：「大自然迫使人類去加以解決的最大問題，就是建立一個普遍法治的公民社會」。〔註6〕然而，康德提醒人們，法治這個問題既是最困難的問題，同時又是最後才能被人類解決的問題。

關於什麼是「法治」，眾說紛紜。如《牛津法律大辭典》中將「法治」（Rule of Law）看作是「一個無比重要的、但未被定義、也不是就能定義的概念，它意指所有的權威機構、立法行政、司法及其它結構都要服從於某些原則：這些原則一般被看作是表達了法律的各種特性，如：正義的基本原則、道德原則、公平和合理訴訟程序的觀念，它含有對個人的至高無上的價值觀念和尊嚴的尊重。在任何法律制度中，法治的內容是：對立法權的限制；反對濫用行政權力的保護措施；獲得法律的忠告、幫助和保護的大量的和平等的機會；對個人和團體各種權利和自由的正當保護；以及在法律面前人人平等……它不是強調政府要維護和執行法律及程序；而是說政府本身要服從法律制度，而不能不顧法律或重新制定適應本身利益的法律」。〔註7〕

〔註 6〕〔德〕康德：《歷史理性批判文集》，何兆武譯，商務印書館 1997 年，第 8 頁。
〔註 7〕《牛津法律大辭典》，北京：光明日報出版社 1988 年，第 790 頁。

具有同樣權威的《布萊克法律辭典》對「法治」（Rule of Law）的解釋是「法治（Rule of Law）是由最高權威認可頒佈的並且通常以準則或邏輯命題形式出現的，具有普遍適用性的法律原則稱為法治」，「法治有時被稱為『法律的最高原則』，它要求法官制定判決（決定）時，只能依據現有的原則或法律而不能受隨意的干擾或阻礙」。〔註8〕

根據現有資料看，最早揭示法治含義的是古希臘思想家亞里士多德，其在《政治學》一書中曾經指出：「法治應當優於一人之治」，因為個人總是有私欲和弱點的，而「法律恰恰正是免除一切情慾影響的神祇和理智的體現」。〔註9〕法治的作用就在於用多數人事先約定的規則來克服個人的弱點，抑制個人的私欲，以此實現社會正義。法治應當包含兩重意義：已成立的法律獲得普遍的服從，而大家所服從的法律又應該本身是制定得良好的法律。

亞里士多德詳細地闡述了「法治應當優於一人之治」的道理。

首先，亞里士多德認為法律是多數人的智慧，它勝於一人的智慧。他承認存在著法律所未及的問題或法律雖有所及而並不周詳的問題，但他認為，個人的智慧是有限的，他無法獨理萬機，對這些問題全部作出正確的處理。因此，不如把這些問題交給公民大會，盡其議事的職能，形成一定的制度來解決。這些制度就是法律，所以法律是多數人的智慧，實行法治就是用多數人的智慧管理國家。這不是優於一人之治嗎？

其次，亞里士多德認為法律是沒有感情的智慧，它能實現公平正義的原則。他說：「讓一個人來統治，這就在政治中混入了獸性的因素。常人既不能完全消除獸欲，雖最好的人們（賢良）也未免有熱忱，這就往往在執政的時候引起偏向，」〔註10〕就會破壞公平正義原則。法律則沒有感情，依法判決就不會偏私。所以說：「要使事物合於正義（公平），須有毫無偏私的權衡，法律恰恰就是這樣一個中道的權衡。」〔註11〕

再次，亞里士多德認為，根據平等原則也必須實行法治。他指出，在一個城邦國家中，人（當然不含奴隸）是自然平等的，人人都具有同樣的人格，因而也享有同等的權利。如果把城邦的權力寄託給一個人，這就不合於正義。

〔註 8〕 Bryan A・Garner：《Black's Law Dictionary》8th edition，West（US）2004,P：1443.

〔註 9〕 亞里士多德：《政治學》，北京：商務印書館 1965 年，第 169 頁。

〔註 10〕 亞里士多德：《政治學》，北京：商務印書館 1965 年，第 169 頁。

〔註 11〕 亞里士多德：《政治學》，北京：商務印書館 1965 年，第 169 頁。

因為既然大家是平等的，就應該給予平等的名位，如果「對平等的人給予不平等的……名位，有如對體質不等的人們分配給同量的……衣食一樣，這在大家想來總是有害（惡劣）的。」〔註12〕由此看來，名位就應該輪番，同等的人就應該交互作統治者也做被統治者。如何交互，如何輪番？就必須建立輪番的制度，制度就是法律。所以根據平等原則也必須實行法治。這樣，智慧、正義、和平等構成了亞里士多德法治論的三塊基石。

英國著名法學家戴雪認為，法治首先意味著普遍法律的絕對至上，並排除政府的特權、專斷或廣泛的自由裁量權的存在。在《憲法學導論》一書中，戴雪提出了著名的法治三原則：「一、除非明確違反了國家的普通法院以通常合法方式所確立的法律，任何人都不能受到懲罰，其人身或財產也不得受侵害。二、法治意味著普通法律的至高無上地位，意味著法律面前人人平等，任何人不得凌駕於法律之上，每個人，不論他的官銜或地位如何，都要服從國家的一般法律，並且受制於普通法院審判官的管轄權。三、憲法並非個人權利的來源，個人權利實乃普通法院的定義和實施的結果」。〔註13〕

當代英國的法理學家約瑟夫・拉茲（Joseph Raz）在《法律的權威》（The Authority of Law）中認為「法治」有廣義和狹義的區別。從廣義上說，法治意味著人民應當服從法律，接受法律的統治。從狹義上理解，法治是指政府應受法律的統治，遵從法律。拉茲強調，法治的重要性在於：首先，法治經常直接同專橫權力相對立，但法治是制約這種專橫權力最有效的方式。其次，對於個人來說，法治能夠為人們提供一種選擇生活方式、確定長期目標和有效地指引人們的生活走向這些目標的能力。第三，法治是一種消極價值，是社會生活要求的最低限度的標準。根據拉茲的觀點，法治主要是指制定法律和實施法律的一整套規則和程序，它要治理的對象，既包括政府及其官員，也包括黎民百姓。法治只是一個形式上的概念，似乎並沒有涉及保障人權和制約權力的根本目的問題。

此外，還有多種解釋。諸說中要麼把法治看作是法制的理想狀態；要麼把其作為法律運行的原則；要麼把其待之為法律制度的價值準則。各說依其成說的不同視角，均有獨到之處。

〔註12〕亞里士多德：《政治學》，北京：商務印書館1965年，第167頁。
〔註13〕〔英〕戴雪：《憲法精義》，北京：中國法制出版社1993年，第24頁。

在參考各家法治定義的基礎上，本文認為法治就是法的統治（Rule of Law）。包含兩個層面的含義，即：第一層（低級層面）是以法治國，按照法律法規治理國家；第二層（高級層面）良法之治，法律法規貫徹了公平正義的原則。法律法規的貫徹有利於社會的發展、人民的幸福。

第一層（低級層面）又包含兩個問題：第一個問題是國家生活的主要方面都要由法律來規定，也就是我們通常所說的法制。法律制度要健全，不能想像沒有健全的法律制度而能夠建立法治社會、法治國家。正是在這個層面上，我們說封建社會不是法治是人治，因為封建社會國家生活的主要方面（國家政治生活方面）沒有法律規定，是「朕即法律」。第二個問題是要按照法律制度來治理國家，即法律制度要在國家生活、社會生活的各個層面得到充分的貫徹執行。有了法律制度而得不到充分的貫徹執行，仍然不能說是法治社會、法治國家。在近代中國，雖然國家政治生活有了法律制度，但卻沒有得到很好的貫徹執行，因而也不能稱為法治國家。

第二層（高級層面）通常與民眾的參與治理國家的程度聯繫在一起，也就是我們通常所說的法治是「眾人之治」，即社會的大多數成員通過不同的方式參與制定法律的程度、社會成員對執行法律制度的參與程度、社會輿論對執行法律制度的監督程度、法治的主導思想符合社會發展需要的程度等等。

基於上述對法治的界定，本文認為法治的基本精神在於：最高權威的非人格化，權力應以法律為基礎，一切權力都要在法律中找到根據，法律是君臨一切的最高權威，它以非人格化和普遍的支配力量調節著社會秩序和人格關係。

法治具有如下特點：

客觀性。法律是超越於個體與團體之上的客觀的行為準則，它為每個人提供了一個確定不移的準則。一切事情可行與不可行，一目了然，從而排斥了許多人為的、偶然因素的干擾，易於保證和保護統治階級的最高利益。同時它也有利於人們在這種客觀意志之下有比較大的行為與意志自由。在這個意義上，法律的客觀性也帶來了行為的能動性，但這種能動性必須在法律範圍內體現。

普遍性。雖然法律的制定具有階級性，不可能完全平等，但在執法時，法律面前人人平等作為行為準則則是普遍適用的。

有效性。客觀性、普遍性導致了法律作為行為準則的明確性，它既為人們的行為提供了一個明確準則，又為評判人們行為提供了一個明確參照。正因為如此，整個社會機制與國家機器的運轉才富有效率，省去了不少因行為準則模糊性、不精確性而造成的社會效率的低下。

2.2.2 法治與法制

　　和法治緊密相連的是法制。「法制」與「法治」是兩個容易混淆且在實踐中易被人們通用的概念。

　　「法制」一詞在我國最早見於《禮記》之中：「命有司，修法制，繕囹圄，具桎梏。」這裡「法制」的含義僅僅指刑律。

　　思想家和法學家從不同的角度對「法制」一詞作出多種解釋，歸納起來大致有以下四種：第一，具體的法律規定。第二，靜態意義上的法律和制度。第三，動態意義上的法律，即立法、執法、守法、司法和法律監督等各環節構成的一個系統。第四，宏觀意義上的法，即與法有關的一切範疇。

　　本文認為「法制」就是法律制度的簡稱，與「法治」概念完全不同。但它們之間有密切聯繫。

　　「法制」與「法治」都是一定經濟基礎的上層建築，都為其賴以生存的經濟基礎服務。法治需要完備的法律制度來體現，「法制」是「法治」的基礎和前提，而「法治」是 「法制」的目標和實現狀態。另外，法制是不斷豐富和完善的過程，法治也有低級（以法治國）和高級（良法之治）兩個層面，法制的豐富和完善有助於法治從低級向高級過度。

2.2.3 法治與憲政

1. 何謂憲政

　　何謂憲政，仁者見仁，智者見智。從權力制約角度來闡述憲政的學者，認為憲政就是「限政」，〔註14〕憲政就是有限政府；〔註15〕從憲法實施的角度來界定憲政的學者，認為憲政是指依照憲法規定所產生的政治制度；〔註16〕

〔註14〕朱繼萍：《論憲政及其社會基礎》，《法治研究》，杭州：杭州大學出版社 1999 年，第 196～202 頁。
〔註15〕陳端洪：《憲政初論》，《憲政的理想與現實》，北京：中國人事出版社 1995 年，第 5～8 頁。
〔註16〕許崇德主編：《憲法》，北京：中國人民大學出版社 1999 年，第 17 頁。

還有學者認爲，憲政是憲法邏輯運動的狀態。〔註 17〕還有學者認爲「憲政是以憲法爲中心的民主政治」，〔註 18〕憲政的實質是民主政治，「如果再加上形式要件，那麼，憲政應是實施憲法的民主政治」〔註 19〕，「憲政就是民主政治、立憲政治或者說憲法政治。它的基本特徵就是用憲法這種根本大法的形式把已爭得的民主事實確定下來，以便鞏固和發展這種民主事實。」〔註 20〕毛澤東同志早就指出：「憲政是什麼呢？就是民主的政治。」〔註 21〕有學者這樣解釋：憲政是國家依據一部充分體現現代文明的憲法進行治理，以實現一系列民主原則與制度爲主要內容，以理性法制爲基本保證，以充分實現最廣泛的人權爲目的的一種政治制度。根據這一定義，「憲政」這一概念，包含三個基本要素，即民主、法治、人權。民主是憲政的基礎，法治是憲政的重要條件，人權保障是憲政的目的。」〔註 22〕

本文在行文中多次使用憲政概念，本人同意這樣的看法，即：憲政的本質是「限政」，「不論一個政府的組織形式如何，都不得存在不受限制的最高權力」。〔註 23〕憲政是由社會中一定成員根據一定的原則組織起來制定國家的根本法律，這個法律要對國家權力機構的產生方式、組成方式、各個國家權力機關之間的關係、人民與國家政權的關係、權利和地位等進行規定，並且各種其他法律、法規都要以憲法的規定爲原則來制定和實施。

2. 法治與憲政的關係

法治（Rule of Law）和憲政（constitutionalism）在近代中國常常互用，事實上它們之間有聯繫也有區別。

憲政是法治的構成部分。憲政是對國家權力進行規範的實際過程和結果狀態，其突出的表現是對國家權力的制約。法治是指法的統治。它所包含的是所有的國家機關及其工作人員、社會組織、社會全體成員都必須在法律的範圍內活動。從憲政和法治的概念就可以看出，它們之間是一種包容的關係。法治的外延遠比憲政更加廣泛。

〔註 17〕莫紀宏：《憲政是憲法邏輯運動的狀態》，《法律科學》2000 年第 5 期。

〔註 18〕《憲法辭典》，長春：吉林大學出版社 1988 年，第 351 頁。

〔註 19〕許崇德：《學而言憲》，北京：法律出版社 2000 年，第 333 頁。

〔註 20〕張慶福主編：《憲法學基本理論》（上冊），北京：社會科學文獻出版社 1999 年，第 56 頁。

〔註 21〕《毛澤東選集》第 2 卷，北京：人民出版社 1991 年，第 735 頁。

〔註 22〕李步雲：《走向法治》，長沙：湖南人民出版社 1998 年，第 2 頁。

〔註 23〕劉軍寧：《共和 民主 憲政》，上海：上海三聯書店 1998 年，第 123 頁。

　　憲政是法治的集中體現。法治涉及的範圍雖然廣泛，但其最根本的目標還是規範和制約權力，防止權力的濫用。憲政則是直接針對權力的規範與制約的。憲政把對於權力的規範作為自己最基本的使命和全部的內容。這就直接體現了法治的核心內容和最根本的要求。基於這種認識，可以認為，憲政是法治的核心內容，直接體現了法治的根本目標。憲政的實現與否是法治實現與否之關鍵。沒有憲政就一定就沒有法治。

　　法治的核心是憲政。首先，法治呼喚民主，憲法是民主政治的產物。法治與民主密不可分。沒有民主的基礎，法治無從談起；沒有法治的保障，民主無法存在。民主政治的必然要求是對國家權力的制約和公民權利的保護，憲法最集中地體現了民主政治的精神。其次，法治需要有法可依，憲法是法律之母和法律體系的核心。憲政是法治的構成部分，法治的外延遠比憲政更加廣泛。憲政是法治的集中體現和根本之所在。

　　憲政和法治互為依託。憲政為法治提供法律依據。憲政為法治提供組織原則和運行機制。法治是憲政的保障。法治為憲政提供意識基礎。憲政需要一定的意識條件。社會意識沒有達到要求制約權力的高度，權力是無法受到制約的。沒有權力制約的社會意識的形成，憲政就不會成為社會的現實需要。法治化的社會過程，也就是法治意識的形成過程。法治意識的形成無疑會給憲政提供最好的意識條件，使憲政成為人們的願望、要求和行動。

　　法治為憲政提供制度前提。憲政不是非制度化的。如果沒有必要的制度，憲政就無法確立，即使建立起來了，也無法得以維持，因為憲政只有以制度化的狀態存在，才可能是長久的，持續有效的。完備的法律制度是法治的基本要求。有法可依是法治的最基本的條件。法治所要求和建構的完備法律制度為憲政提供著現實的制度條件。

　　法治為憲政提供組織機制。建設法治必須建立起完備的組織機制，這也是法治的構成部分和重要內容。法治所建構的組織體系及其運行機制，為憲政作了組織與機制的雙重準備。憲政的建立和運作都是由特定的組織來進行的。

2.2.4 法治與民主

　　民主是一個古老而常新的話題，是「政治哲學中最古老而又最新穎的話題」，是「談論最多分歧最大的話題」，也是「最令人神往而又最使人迷惑的

話題。」〔註24〕民主與法治有著不可分割的聯繫。民主是法治國家必備的政治基礎，完善的民主是法治國家的重要標誌。

1. 民主是法治的前提

首先，法律的制定是民主的。其次，法律施行的原則也應該是通過民主的程序制定的。

2. 法治為民主的運行設定規則

民主的價值就在於解決爭端盡可能採取的是和平談判與調解的方法，而不是採取暴力壓迫的方法。然而，民主在實際運行的過程中，假如沒有規則來限制它，也會出現政治失衡、政治迫害、政治專橫等災難。所以需要相應的規則和程序來規範民主，使其不致成爲兇猛的「利維坦」。法治正是這樣的規則。它不是圍困民主，而是對民主泛濫採取的預防措施。「與大多數工具一樣，規則也不是某項行動計劃的一個組成部分，而毋寧是一種應對某些未知的偶然事件的工具。」〔註25〕法治不僅使民主在既定的軌道上運行，而且還可以引導人們的行爲，避免盲目的、自發的任意妄爲，使民主具有穩定性。

3. 法治是民主的保障

民主即主權在民，這就要求人們從事政治活動，必須以平等、自由、公正爲原則。這是民主施行的前提條件。法治的價值就是確認了民主的這一前提。法治確認法律面前人人平等，法律要求平等地對待每一位公民，賦予了每位公民平等的權利，任何人不得有凌駕於法律之上的特權，不得有凌駕於法律之上的個人意志。法治明確了公民的平等權利，也就爲民主的運行明確了前提。

4. 法治防止民主侵犯個人權利

法治把民主排除在私人生活領域之外，任何人不得假民主的名義或以民主的方式侵入該領域，並把民主在私人領域中的作爲視爲不合法，以防止民主侵犯個人權利。

〔註24〕俞可平：《權利政治與公益政治》，北京：社會科學出版社 2000 年，第 123 頁。
〔註25〕〔英〕哈耶克：《法律、立法與自由》（第二、三卷），鄧正來等譯，北京：中國大百科全書出版社 2000 年，第 32 頁。

2.3 人治及其相關問題

2.3.1 人治的概念及本質特徵

所謂人治，就是靠掌權者個人的意志來決定國家的大政方針，治理國家。人治是一種傾向於專制、獨斷的治國方法，它的本質特點是個人具有最高權威，人治並不是不要法，只不過這種法是從屬於掌權者的個人意志。人治意味著掌權者個人「言出法隨」，可以一言立法，一言廢法。國家的安危動亂，人民的禍福榮辱，完全繫於掌權者一身。

在人治的國家裏，也有法制，也存在著法律，但法制完全處於從屬的地位，法律既沒有穩定性，也沒有權威性。一個人或極少數人具有超越於法律之上的特權，他可以憑自己的意志獨斷專行而不受法律約束，他也可以根據個人統治需要而隨意制定、修改或廢止法律。

從奴隸社會到封建社會，基本上都是實行人治。「人治」中的「人」並不是指民眾意義上的「人」，而是擁有國家權力的「人」。人治實際上是沒有法律約束的「權治」。誰擁有國家權力或者公共權力，誰就主宰國家和沒有權利的民眾。在法治國家中，一切人都必須服從法律，在人治國家中一切人都只服從於擁有權力的人，服從於擁有權力的人的意志。

在近代中國，人治的主要形式有君主專制、軍閥專制、一黨專政、個人獨裁。

2.3.2 人治的歷史根源

1. 經濟根源

在中國長達兩千多年的封建社會中，其經濟的根本特徵是自然經濟占統治地位，商品經濟極不發達。正如毛澤東曾指出的，中國封建社會經濟的第一個主要特徵是：「自給自足的自然經濟占主要地位，農民不但生產自己所需要的農產品，而且生產自己需要的大部分手工業品，地主貴族從農民身上剝削來的地租，也主要是供自己享用，而不是用於交換。那時，雖有交換的發展，但是在整個經濟中不起決定作用。」〔註26〕

在交換、交往關係極不發達的自然經濟結構下，因而就難以形成發達的權利義務關係和觀念，也難以形成依據共同的規則行事的習慣。由於自然經

〔註26〕《毛澤東選集》第 2 卷，北京：人民出版社 1991 年，第 623～624 頁。

濟條件下的人身隸屬和依附關係，使得個人無法取得獨立自主的地位，公民意識、主體意識極爲淡薄。由於自然經濟占統治地位，商品經濟極不發達，民主、法治建設還缺乏強大的推動力和土壤。因此，這種自然經濟結構就成了「人治」產生的經濟基礎。

2. 政治根源

中國的封建社會實質上就是人治社會，其政治的基本結構是一種以宗法制爲基礎，以宗族倫理爲本位，以官僚制爲骨架，以君權至上爲核心的封建專制主義結構。

在君主專制制度下，君權是神聖的，至高無上的，皇帝的話就是金科玉律，一言九鼎，言出法隨。皇帝斷案也可以隨心所欲，爲所欲爲。這樣，如遇聖君明主當政，社會則可能出現政治清明、法制暢行、人民安居樂業的景象。可一旦專制暴虐之君當政，情況則截然不同。

從法律上看，中國古代雖有著悠久的法律傳統，但是講求的只是刑罰之律。我國封建社會的法律，從戰國李悝的《法經》六篇和清朝的《大清律》，都是封建統治階級意志的表現，是封建統治階級鎮壓廣大人民的一家之法而非天下之法，是滿足人君私欲和統治階級需要而迫害人民的「非法之法」。這樣，在特權的保護下，統治階級可以凌駕於法律之上而任意施治，結果造成了整個社會的依人治國而非依法治國，強化的是一種專制的人治。

3. 理論根源

中國人治的理論基礎就在於傳統的儒家學說——「內聖外王之道」。內聖是指主體的內在修養，對善的領悟，對仁義道德的把握；外王，指的是把主體內在的修養所得，推廣於社會，使天下道一風同，用儒家的話說，是通過修身來齊家，進而治國平天下。

如何達到「內聖外王」的境界，儒家倡導了以「三綱八目」爲主要方法的修養論。所謂「三綱」就是指列爲「四書」之首的儒家經典《大學》開頭就提出的：「明明德。親民。止於至善。」明明德。即領會、把握仁義禮智等封建倫理之類的天理。親民。親即新。程朱解釋爲：「新者，革其舊之謂也。言既自明其明德，又當推己及人，使之亦有以去其舊染之污也。」止於至善，就是要修身養性，達到把握仁義禮智等綱常名教的境界，執著不放。而要達到這一目標，就必須從自己做起，即先正己，後正人，先治身，後治國，於

是就自然導出了「八目」。「八目」即：格物、致知、正心、誠意、修身、齊家、治國、平天下。這是一種由近及遠、由己及人、由小到大、由個體到群體的修養方法，它構成了一套完整的封建倫理政治哲學體系。

格物致知，即接觸事物、獲得知識。通過格物致知，來使自己心正意誠，進而沿著修齊治平的路徑來實現自己個人的價值。「誠意、正心、修身」是道德修養。「齊家、治國、平天下」是政治實踐。通過道德來實現政治抱負，這樣，道德便與政治水乳交融。所以，中國人歷來就認為政治乃是倫理的延長，把政治道德化，強調的是德治、禮治而非法治，要求的是人們自省自律，自我修善，從而達到聖賢的境界。

中國古代「法治」世界觀，不只是儒家一派的觀念，而是揉合了儒、法、道等各派中有利於封建統治階級的成分，如儒家的「君親無將，將而誅焉」、「明刑弼教」、「宗法等級」、「親親相隱」、「原心定罪」等思想，法家的「君權至上」、「三綱」、「重刑」、「株連」、「刑無等級」（君主除外）等學說，道家的「天下無不是的君主」、〔註27〕「君人南面之術」以及「愚民」政策的理論等。這一世界觀，將法視為君主意志的體現，是規範文武百官的準則，統治百姓的工具；將法視為倫理道德之器械，治理國家首先必須靠道德教化，只有在教化不成時，才不得已使用法律，因此法律實際上是而且也只能是保證道德施行的帶有強制力的懲罰手段（在這個意義上，「法」就等同了「刑」）；將法視為維護宗法等級社會秩序的工具，它不是張揚公民的平等、自由和權利意識，而是強調社會中每個成員的義務，維護既定的秩序及和諧；將法視為整個社會既不可無又不可高揚的東西，所謂「不刑，則罪無所禁；不制，則群惡橫肆」，〔註28〕「刑為盛世所不能廢，而亦盛世所不尚」〔註29〕等，就生動地表達了統治階級的這種心態。這一世界觀自秦漢時期形成後，統治中國思想界長達兩千多年。

〔註27〕余英時：《中國思想傳統的現代詮釋》，江蘇人民出版社 1995 年版，第 79 頁。
〔註28〕《晉書·刑法志》
〔註29〕紀昀編：《四庫全書總目提要》按語。

第三章　晚清：西方法治觀念與
中國實際的銜接

3.1　對外部世界由表及裏的認識

3.1.1　千年人治亮起紅燈

　　以 1840 年的鴉片戰爭爲標誌，西方列強用鴉片和堅船利炮敲開了中國的大門，毫不留情地把古老而落後的中國捲入了世界近代化的進程，中國從此開始淪爲半殖民地半封建社會。此時的清王朝已走過了它的鼎盛時期而進入衰落階段，政治腐敗，軍隊廢弛，財政困窘，社會矛盾尖銳。正如馬克思所說：「清王朝的聲威一遇到不列顛的槍炮就掃地以盡，天朝帝國萬世長存的迷信受到了致命的打擊，野蠻的、閉關自守的、與文明世界隔絕的狀態被打破了，開始建立起聯繫」。〔註 1〕

　　在資本主義列強的侵略面前，清專制政體面臨著前所未有的嚴重危機，這種危機表現在：

　　首先，一系列不平等條約的簽訂，專制皇權一統天下的統治遇到了前所未有的挑戰。「大一統」是中央集權的君主專制制度的最大特徵。「大一統」不僅僅是指領土上的，而且也包含了政治、經濟與文化的統一與集中。鴉片戰爭之後，中國不僅領土完整受到破壞，更重要的是，列強取得了一系列政

〔註 1〕馬克思：《中國革命和歐洲革命》，《馬克思恩格斯選集》第 2 卷，北京：人民
　　　　出版社 1972 年，第 2 頁。

治、經濟、文化的特權，打破了清朝封建統治固有的穩定的秩序，實際上成為皇權之外的統治中國的第二權力者。

其次，這種危機還表現在專制政體所依託的傳統社會結構的解體。

鴉片戰爭以後，中國傳統社會結構逐步發生變化。一是在經濟方面，隨著通商口岸的增加，自然經濟解體速度加快、範圍擴展。二是在國內矛盾尖銳、太平天國等農民起義不斷的情況下，清王朝以皇權和滿族貴族為中心的統治結構瓦解了，一部分非正選出身的漢族地主官僚擔任地方督撫大員，集兵權、財權、政權於一身，高度集中的中央權力下移。三是西方文化的輸入，使中國人對世界的瞭解逐步加深，統治集團開始分化，出現了一批主張向西方學習的洋務官僚和知識分子。專制政體所依託的封建經濟與社會結構開始解體，這從根本上危及到了專制政體的生存。

第三，清朝專制政體缺乏調整與適應能力。在傳統政體中，以皇帝為中心的大一統統治是國家政治結構的核心，使統治者形成了唯我獨尊的心理定勢。自然經濟做為專制政體的經濟基礎大大削弱了封建王朝的對外需要，形成一種自我循環的封閉的經濟結構，統治者的穩定感與滿足感很強。清朝統治者就是帶著這種唯我獨尊和自我滿足的心態去面對西方挑戰的，他們對西方列強的侵略毫無準備，對這種侵略所帶來的危機毫無感覺，其結果，只能是毫無應變能力。

腐敗的晚清政府本身已是危機四伏，再加上近代西方的武力衝擊，致使「腐爛之餘」的「流極下衰之時」與「強敵相攻」的「形見勢絀之際」相交疊，〔註2〕傳統君主專制制度再也難以為繼了。外部危機加深了內部危機，內部危機的嚴重化使得外部危機更加尖銳。在內外危機的雙重作用下，傳統政治秩序受到了極大的挑戰。再從傳統思想的資源中思考和尋找解決問題的方案恐怕無濟於事了，封建人治已經走到了盡頭。

3.1.2 先進的中國人對外部世界的初步認識

在鴉片戰爭的整個過程裏，「中國以中世紀的武器、中世紀的政府、中世紀的社會來對付近代化的敵人，」〔註3〕由此決定其慘敗是不言而喻的。冥頑、昏庸的道光皇帝懾於侵略者的堅船利炮，力謀妥協，以求苟安，於1842年與

〔註 2〕康有為：《請改八股為策論折（代宋伯魯擬）》，《康有為政論集》上冊，北京：中華書局1981年，第265頁。
〔註 3〕陳旭麓：《近代中國社會的新陳代謝》，上海：上海人民出版社1992年，第65頁。

英國政府簽定了中國近代史上第一個不平等條約，即《南京條約》。一個獨立的中國逐漸變成了喪失獨立地位的半殖民地國家。一個泱泱大國居然打不過「落後」的「蠻夷」，千年帝國固有的觀念受到了衝擊。

傳統中國的「世界秩序」觀念認為，中國是世界文明的中心。這種觀念是基於這樣的事實：中國幅員遼闊，力量雄厚、歷史悠久，而又資源豐富。正如費正清所說，「中國這個國家已經逐漸形成了自己在世界秩序中的形象，即雄踞於中國舞臺之巔的天子是光被四表的。早期的歷史學家就提出了同心圓式的等級理論，據認為，地理距離越大的外圍蠻夷與皇帝的關係也就越淡，但不管怎樣，他們仍得臣屬於皇帝」。〔註4〕

1583 年，利瑪竇來到了中國，為了讓中國人對基督教產生興趣與信仰，他認識到，首先要用科學理性為中國知識階層引進「世界意識」。1584 年，他在南方肇慶繪出了第一幅世界地圖，並譯注上中文名稱。這幅世界地圖中有經緯度數，根據歐洲製圖學者將福島本初子午線（十九世紀以前，許多國家採用通過大西洋加那利群島耶羅島的子午線。那條子午線相當於今天的西經17°39′46″經線。）置於世界全圖中央，由上而下垂為中央經線，分東西兩半球的傳統，中國被局處一隅。《利瑪竇中國札記》中這樣寫道：中國人認為天是圓的，但地是平而方的，「他們深信他們的國家就在它的中央。他們不喜歡我們把中國推到東方一角的地理概念。他們不能理解那種證實大地是球形、由陸地和海洋所構成的說法，而且球體的本性就是無頭無尾的。」〔註5〕通過幾年與中國人的交往，利瑪竇很快認識到這是一種危險的安排。於是利瑪竇不再企圖以一種理性去論證世界與中國的關係，而是巧妙地做了變通，把福島本初子午線從世界全圖的中央向左移動一百七十度，在地圖兩邊各留下一道邊，使中國正好出現在《坤輿萬國全圖》的中央。同時為了減輕中國人心理上因歐洲人到來而產生的恐懼感，故意把中國與歐洲的距離從「六萬里」擴大到「八萬里」。〔註6〕

中國和非中國的關係便被染上了這種中國中心主義的思想和中國人優於其他民族的偏見。優越的文化觀加劇了政治上的保守和封閉，即使當西方資

〔註4〕費正清：《劍橋中國晚清史：1800～1911》上卷，北京：中國社會科學出版社1993 年，第 33 頁。

〔註5〕《利瑪竇中國札記》，北京：中華書局 1983 年，第 180 頁。

〔註6〕鄒振環：《影響中國近代社會的一百種譯作》，北京：中國對外翻譯出版公司1994 年，第 4 頁。

本主義生產關係大踏步向前邁進時，中國依舊陶醉於昔日的輝煌之中。直到經歷了鴉片戰爭這一千古變局後，才領略了西方列強堅船利炮的威力。

近代中國所面臨的「千古未有的大變局」和由此產生的新認識、催生了近代以來中國人持續高漲的變革訴求，這是這大變局的題中應有之義。儘管近代中國人的變革訴求可以追溯出更久遠些的內在源頭，然而其全面的激發，尤其是變革方向和內容的逐漸明確，不能不說是鴉片戰爭（尤其是第二次鴉片戰爭）所造成的思想震動的結果。

雖然我對西方學者提出的「刺激──反應」或「挑戰──回應」「挑戰──應戰」「衝擊──回應」模式不十分贊同，因為這種說法有誇大外因的作用和西方中心史觀的嫌疑，但鴉片戰爭這個外因的作用實在不可小視，至少它促使中國人「開眼看世界」了。鴉片戰後，林則徐、魏源、徐繼畬等人為代表的一些士大夫，開始感到封建社會的危機，感到遭受外人挾制凌辱是曠古未有的奇恥大辱，要抵抗侵略、制止危機就必須瞭解西方，瞭解世界。於是出現了研究世界地理與中國邊疆的浪潮。對世界地理學的興趣表面上似乎是旨在獲得有關那個未知的泰西世界的知識，但實際上確是為了取得關於整個世界的知識。

林則徐是清朝高級官吏中提倡「通夷務」的第一人。他在奉旨查禁鴉片的過程中，廣泛搜集外文書報，組織人員進行翻譯。在他的主持下，把 1836 年在倫敦出版的《世界地理大全》翻譯成了漢文，定名為《四洲志》，述及的國家和地區有東南洋的暹羅（泰國）、緬甸，西南洋的印度、南都魯機（南土耳其），小西洋的東、北、南、西、中，阿利未加洲（非洲），大西洋的布路亞（葡萄牙）、大呂宋（西班牙）、荷蘭、佛蘭西（法蘭西）、意大利亞（意大利）、耶馬尼（德國）、奧地裏加（奧地利）、波蘭、瑞士、北都魯機（北土耳其）、英吉利、斯葛蘭（蘇格蘭）、愛倫（愛爾蘭），北洋的俄羅斯、普魯社（普魯士），外大西洋的彌利堅（美利堅）。其中，述及英吉利和彌利堅的文字最多，內容也最為詳細。

1841 年 6 月，林則徐遭到妥協派的迫害，被革職，充軍伊黎，他在途徑江蘇鎮江時，把《四洲志》鄭重地交給了魏源，囑咐他以《四洲志》為基礎，編一部更全面地介紹世界的著作，使國人更多地瞭解、認識世界。魏源欣然接受，他以《四洲志》為基礎，又搜集了大量中外有關資料，於 1842 年年底完成了五十卷的巨著《海國圖志》。以後，他又不斷修訂、補充，1847 年擴編

為六十卷，1852 年又增補為一百卷。在是書序言中他說：「是書何以作」？曰「為以夷攻夷而作，為以夷款夷而作，為師夷之長技以制夷而作」。「故同一禦敵，而知其形與不知其形，利害相百焉；同一款敵，而知其情與不知其情，利害相百焉。古之禦外夷者，諏以敵形，形同几席；諏以敵情，情同寢饋。然則執此書即可馭外夷乎？曰：唯唯，否否。此兵機也，非兵本也；有形之兵也，非無形之兵也。」〔註7〕

魏源從「師夷之長技」出發，在《海國圖志》中，以大量篇幅介紹了西方的軍事技術、製造技術與養兵練兵之法，同時對西方的政治制度也作了比較詳細的介紹，字裏行間表達了對西方民主制度的羨慕之情。

魏源在《海國圖志》中，對美國政治制度做了如下介紹：

「合眾國，又名彌利堅，又名花旗國。……百姓約二千萬之數，都城地名瓦升敦。部分三十，每部各立一賢士以為總統，各總統公舉一極正至公之賢士，總攝三十部之全政，名伯理師天德（即英文「總統」的音譯——引者）。又各部總統或一年、或二年一任，惟總攝國政者四年為一任，按期退職，公舉迭更」。〔註8〕「如綜理允協，通國悅服，亦有再留一任者。」〔註9〕「其國律例合民意則設，否則廢之。……立兩會，一曰尊會（即參議院），即長領並大官辦重務；一曰民會（即眾議院），論民人所獻之議、所稟求之事，每四萬人擇一人，各國皆同」。〔註10〕「議事聽訟，選官舉賢，皆自下始，眾可可之，眾否否之，眾好好之，眾惡惡之，三占從二，捨獨徇同，即在下預議之人，亦先由公舉，可不謂周乎」。〔註11〕認為美國以民選總統代君長，此民選總統「匪惟不世及，且不四載即受代」，〔註12〕一變古今皇帝世襲之制。

魏源在《海國圖志》中對瑞士的民主共和的聯邦制度更是讚賞，說該國「初分三部，後分十三部，皆擇公官理事，不立王侯」，國家「不設君位，惟立官長貴族等辦理國務」，「國無苛政，數百年不見兵革」，「此誠西土之桃園也」。〔註13〕

〔註 7〕 魏源：《海國圖志》，長沙：嶽麓書社 1998 年，第 1 頁。
〔註 8〕 魏源：《海國圖志》卷 61，長沙：嶽麓書社 1998 年，第 1681 頁。
〔註 9〕 魏源：《海國圖志》卷 61，長沙：嶽麓書社 1998 年，第 8 頁。
〔註 10〕 魏源：《海國圖志》卷 60，長沙：嶽麓書社 1998 年，第 4 頁。
〔註 11〕 魏源：《海國圖志》卷 59，長沙：嶽麓書社 1998 年，第 1611 頁。
〔註 12〕 魏源：《海國圖志——外大西洋墨利加洲總序》，長沙：嶽麓書社 1998 年。
〔註 13〕 魏源：《海國圖志》卷 47，長沙：嶽麓書社 1998 年，第 1337 頁。

　　魏源對英國的君主立憲制度也有介紹，他說：英國是「王后立國」，「貴臣共十二人……皆理政事也。」除「王后」和「貴臣」外，設有「公會所」（即議會）。公會所「內分兩所：一曰爵房（即上議院——引者注），一曰鄉紳房（即下議院——引者注）。爵房者，有爵位貴人及耶穌教師處之；鄉紳房者，由庶民推擇有才識學術者處之。國有大事，王諭相，以聞於王，否則報罷」。〔註14〕

　　與林則徐、魏源同時代的梁廷枏、徐繼畬，在他們的著作中也不同程度地介紹了西方國家的政治制度，特別是西方的法治。梁廷枏在 1844 年刊行的《合省國說‧序》中，對美國憲法、總統及議會的介紹，較魏源要詳細。他說，美利堅「自立國以來，凡一國之賞罰、禁令，咸於民定其議，而後擇人以守之。未有統領，先有國法。法也者，民心之公也。統領限年而易，殆如中國之命吏，雖有善者，終未嘗以人變法。既不能據而不退，又不能舉以自代。其舉其退，一公於民。持鄉舉里選之意，擇無可爭奪、無可擁戴之人，置之不能作威、不能久據之地，而群聽命焉」。他稱讚美國這種「未嘗以人變法」制度的優越性。〔註15〕

　　徐繼畬在他 1848 年出版的《瀛寰志略》中對美國的民主制度也做了頗為系統的介紹。他說美國「合眾國以為國，幅員萬里，不設王侯之號，不循世及之規，公器付之公論，創古今未有之局，一何奇也」。〔註16〕他介紹了美國的選舉制度：總統任期四年，四年期滿，「集部眾議之，眾皆曰賢，則再留四年（八年之後，不准再留）。否則，推其副者為正。副或不協人望，則別行推擇。鄉邑之長，各以所推書姓名，投匭中，畢則啟匭，視所推獨多者立之，或官吏，或庶民，不拘資格」。〔註17〕他尤其對華盛頓讚賞不已，稱「兀興騰，異人也。起事勇於勝、廣，割據雄於曹劉。既已提三尺劍，開疆萬里，乃不僭位號，不傳子孫，而創為推舉之法，幾於天下為公，駸駸乎三代之遺意」。「泰西古今之人，能不為兀興騰為稱首哉」。〔註18〕

　　魏源等人還大量介紹了西方資本主義的物質文明。如介紹英國時，說英國工商業皆十分發達，「每百人中務農者十分之三，開礦者十分之一，製造者十分之一，為商賈者十分之二，餘教師、法師、醫生、武士、水手」。無

〔註14〕魏源：《海國圖志》卷 52，長沙：嶽麓書社 1998 年，第 1446 頁。
〔註15〕梁廷枏：《合省國說》《海國四說》，北京：中華書局 2005 年，第 50 頁。
〔註16〕徐繼畬：《瀛寰志略》卷 9，上海：上海書店 2001 年，第 291、277 頁。
〔註17〕徐繼畬：《瀛寰志略》卷 9，上海：上海書店 2001 年，第 276 頁。
〔註18〕徐繼畬：《瀛寰志略》卷 9，上海：上海書店 2001 年，第 291、277 頁。

論城鄉，店鋪林立，「帆檣雲集，百貨流通，富饒遂爲西國之最」。〔註19〕「倫敦者，英夷都城也。記道里所見，極意誇飾，謂其法度嚴明，仁愛兼至，富強未艾，寰海歸心。」〔註20〕比之英國，美國的物質文明也毫不遜色，交通便利，城市繁榮，「技藝工作最精，造火輪船，即紡織棉花、製造呢羽、器具，均用火煙激機運動，不資人力。他國雖有，皆不能及。」〔註21〕

不僅英美，其他歐洲國家也「長於製器，金木之工，精巧不可思議；運用水火，尤爲奇妙。……蓬索器具，無一不精測量海道，處處志其淺深，不失尺寸」。〔註22〕「至於輪船、火車、電報信局、自來水火、電氣等公司之設，實關天地未有之奇，而裨益於民生日用甚巨。」「其人嗜利無厭，發若鷙鳥猛獸，然居官無貪墨，好善樂施，往往學館、監牢、養老、恤孤之屬，率由富紳捐集，爭相推廣，略無倦容，亦不爲子孫計劃，儼然物與民胞。」「每禮拜日，上下休息，舉國嬉遊，浩浩蕩蕩，實有一種王者氣象。決獄無死刑，而人懷自勵，幾於道不拾遺。用兵服而後止，不殘虐百姓。蒙嘗以爲直是一部老、墨二子境界，老、墨知而言之，西人踐而行之。」〔註23〕

魏源等人對西方資本主義國家的社會風俗、文化教育等也做了介紹。說歐洲各國「風俗尙天主教，通曆數，善製造」。「通國之中，一夫一婦居室，無買妾生子者」。〔註24〕「富貴貧賤皆一妻，無妾，妻死乃得繼娶，雖國王亦只一妃」。「倘違禁娶兩女者，其罪流」。〔註25〕男女平等，婚姻自主，「娶妻不用媒妁，與女子自訂可否，諾則告其父母而聘定焉，聘後往來，以知其性情，乃集兩家親朋赴禮拜堂，請教師，祈上帝，遂爲夫婦。」「父母產業，男女均分，不能男多婦少。」〔註26〕各國皆重視教育，如美利堅「最好進學，遍開庠序以習法術，武藝，文學」，「每鄉設學館一所，」「不拘貧富」均可入學。〔註27〕國內遍設大小書院不計其數，國之男婦無不能書算者。

〔註19〕徐繼畬：《瀛寰志略》卷7，上海：上海書店2001年，第238頁。
〔註20〕李慈銘：《評〈使西紀程〉》，《越縵堂讀書記》，上海：上海書店出版社2000年，第529～530頁。
〔註21〕魏源：《海國圖志》卷60，長沙：嶽麓書社1998年，第1663頁。
〔註22〕徐繼畬：《瀛寰志略》卷9，上海：上海書店2001年，第113頁。
〔註23〕黎庶昌：《與莫芷升攝學泰西大要》，《拙尊園叢稿》卷五，光緒二十一年金陵李氏狀元閣刊本，第2頁。
〔註24〕梁廷枏：《粵道貢國說》卷4，《海國四說》，第217頁。
〔註25〕魏源：《海國圖志》卷51，長沙：嶽麓書社1998年，第1406頁。
〔註26〕魏源：《海國圖志》卷51，長沙：嶽麓書社1998年，第1406頁。
〔註27〕魏源：《海國圖志》卷59，長沙：嶽麓書社1998年，第1638頁。

他們的介紹，逐漸改變著中國人對「蠻夷」的認識。認識到西方資本主義國家並不是既渺小又低賤的，不是一概落後，有的甚至很先進，遠客之中，有明禮行義，上通天象，下察地理，旁徹物情，貫串古今者，是皆瀛寰之奇士。

對西方資本主義政治制度的介紹（儘管由於歷史和階級的局限，他們還不可能對西方資本主義的政治制度有真正的認識和理解）並表示欣賞和讚美，說明開明士大夫已經朦朧的感受到這種制度在某些方面要比中國的君主專制制度優越，幾千年的傳統君主制開始遭到質疑。

由於時代的局限，作為開眼看世界的第一批人，他們對西方世界只能停留在客觀的介紹上，對西方資本主義國家的民主政治還談不上有什麼深刻認識，更不可能把西方的民主制度和中國的封建專制制度進行比較研究，但是，「判斷歷史的功績，不是根據歷史活動家沒有提供現代所要求的東西，而是根據他們比他們的前輩提供了新的東西」。[註28] 他們對於西方資本主義政治制度的介紹影響了近代中國前八十年的歷史進程，「其論實支配百年來之人心，直至今日猶未脫離淨盡」。[註29]「是為中國知西政之始」。[註30]

林則徐、魏源等有識之士把目光投向世界的同時，認識到「善師四夷者，能制四夷，不善師外夷者，外夷制之」。[註31] 這一思想具有劃時代的意義。「師夷」，即向西方學習，這看似一個很平常的口號，但在一個有著「夷狄之有君，不如中夏之亡也」[註32] 的思維定式的國度，可謂石破天驚。表示這些有識之士放下「中心王國」的架子，承認中國有不如人之處，這是一個了不起的變化。

「百聞不如一見」。早期的外交官、買辦、商人、留學生等，把他們在外洋的所見所聞和比較瞭解中國同西洋後的心得，或公開或私下地告訴、傳播給更多的朝野人士，引起他們對世界和中國的進一步思考。李鳳

〔註28〕《列寧全集》第 2 卷，北京：人民出版社 1959 年，第 150 頁。

〔註29〕梁啓超：《中國近三百年學術史》，《飲冰室合集》專集之七十五，北京：中華書局 2003 年，第 323 頁。

〔註30〕田濤：《近代國人對〈海國圖志〉的認識與評價》，載劉泱泱等編《魏源與近代中國的改革開放》，長沙：湖南師範大學出版社 1995 年。

〔註31〕魏源：《海國圖志》卷 37，長沙：嶽麓書社 1998 年，第 2 頁。

〔註32〕楊伯峻譯注：《論語譯注》，中華書局 1980 年，第 24 頁。

苞〔註33〕在《巴黎答友人書》中就寫到：

「竊嘗謂西國富強，不盡由於製器治兵，誠如來諭。謹就見聞所及，爲知己陳之。西國制治之要，約有五大端。一曰通民氣。民居甚散，分位懸殊，通之匪易。乃由鄉舉里選，以設上下議院，遇事昌言無忌。凡纖悉不便於民者，必本至誠，以設法妥帖之。又設卿大夫里正等官，以安閭閻，以審獄訟。用民治民，自無紛擾。而復實查戶版，生死婚嫁，靡弗詳記，俾一夫無不得所。則君公之分愈尊，而上下之情愈通矣。二曰保民生。人情莫不欲安富壽考。使以橫逆待之，誅求困之，盜賊冤獄以折挫之，惠未必吉，逆未必凶，人人無自立之權，遂人人無自堅之志矣。西國則上以誠心保民，下亦咸知自保。凡身家性命、器用財賄，絕無意外之虞。且予告官員，半俸贍之，老病弁兵，終身養之，老幼廢疾，陣亡子息，皆設局教育之。使官員無落職之慮，則不至貪墨。臨陣無內顧之憂，則無所畏縮。有不共勉厥職，上下一心，固結不解者乎？三曰牖民衷。凡智慧材力，日濬則日靈，日梏則日窒。西國孩提，教以認識實字。稍長，教以貫串文義。量其材質，分習算繪氣化各學。而月杪年終，總其所習而試之。必令心領神會，手舞足蹈。不令讀未解之書，不妄試未習之事。及其成人，或專一事，或名一藝，而終身無一日廢學者，何也？有新報之流傳，有社會之宣講也。……四曰養民恥。西國無殘忍之刑，惟故殺者罪止遠戍苦工。其餘不過監禁及罰鍰而已。監禁之服用精潔，與官家垺。又教以誦讀，課以工藝，濟以醫藥，無拘攣亦無鞭撻。而人猶畏刑自守，視犯罪爲不齒。即尋常偶爽一約，若負重疚。偶拾一遺，若撻市朝。是以牛羊晝夜遍野，貨物堆聚通衢，衣物之忘於舟車者，每出新報招認，從未聞有宵小之覬覦者。雖由民有生計，亦民知廉恥故也。父母不怒責其子，家主

〔註33〕李鳳苞（1834～1887）清末外交家。字丹崖。江蘇崇明（今屬上海市）人。愛好曆算，精於測繪，深爲李鴻章賞識。曾捐資爲道員。後受命辦理江南製造局、吳淞炮臺工程局，併兼任兩局編譯，翻譯科學技術書籍。1876 年經李鴻章推薦，任船政留學生監督。1877 年赴英法兩國學習。1878 年又由李鴻章保薦，擔任駐德公使。不久，又兼任駐奧、意、荷三國公使。1884 年暫署駐法公使。中法戰爭爆發後，奉命回國。旋即充任北洋營務處總辦，兼管水師學堂。不久，因 1884 年在德國購買軍艦，從中受賄銀 60 萬兩一事被揭露而革職。著有《四裔編年表》、《西國政聞彙編》、《文藻齋詩文集》等。

不呵斥其僕，雖犬馬亦不加棰楚，而雍然秩然，自無違忤乖張。男女雜坐談天，而不及淫亂，皆養恥之效也。五曰阜民財。古人言，有國者宜藏富於民。愚謂民之富有三要：一盡地力。謂講水利種植氣化之學，而使尺寸無棄地也。二盡人力。通工易事，而可各擅專門，由熟生巧也。同力合作，而可任用致遠，衰多益寡也。又濟之以機器，可令時省而工倍也。三盡財力。有公司及銀號，而錙銖之積，均得入股生息，彙成大工大賈，庶蓄財者不致浪費矣。有鈔票及金銀錢，而便於輕賫，利於轉運，一錢可抵百錢之用矣。凡此五端之所以上下相學，永久不渝者，」〔註34〕

這些見聞和心得都提示著這樣的答案：這是一個列國並立的時代，中國不僅是這萬國中的一國，而且是一弱國，與列強相比，不僅在軍事、商業等方面，中國處於明顯的劣勢，即便是政教風俗也無優勢可言。隨著中西方接觸的增多，國人視野的不斷開闊，認識的不斷提高，師夷之長技的外延也日漸擴大，由師法西方的堅船利炮到學習西方政教風俗。因此，中國要生存發展於這一世界，就必須變法自強。

3.1.3 西方憲政法理在中國的傳播

1. 西學東漸

西學傳入中國，最早由明清之際傳教士的到來而引發，是被動輸入，無論在規模和範圍上都十分有限。也有一部分中國人主動引介西學，但引介的內容主要在格致天算領域。「自明徐光啓、李之藻等廣譯算學、天文、水利諸書，為歐籍入中國之始。前清學術，頗蒙其影響，而範圍亦限於天算。」〔註35〕而近代西方政治學東漸主要是 1860 年以後的事。這時政府創辦譯書機構，如京師同文館、江南製造局等，翻譯西書中社會科學佔有相當比例。自 1900～1911 年，數量空前的西學著作從日本轉口輸入中國，其中社會科學的比重繼續加大。〔註36〕

〔註34〕 李鳳苞：《巴黎答友人書》，鄭振鐸編：《晚清文選》北京：中國社會科學出版社 2002 年，第 219～220 頁。
〔註35〕 梁啓超：《清代學術概論》，《飲冰室合集》專集之三十四，北京：中華書局 2003 年，第 71 頁。
〔註36〕 見熊月之：《西學東漸與晚清社會》，上海：上海人民出版社 1994 年，第 9～14 頁。

　　中國政治革新對理論的需求甚為迫切，所以在引進西學中不可避免地帶有濃厚的功利主義色彩，「不以學問為目的而以學問為手段」。〔註37〕

　　近代中國對西方政治學的引進是一個由淺入深、由零散到比較集中、由不系統到比較系統的漸進深化過程。

　　傳播基督教義是傳教士的神聖天職，不過他們往往又不自覺地充當了傳播西方科技、政治和文化的使者。近代來華的傳教士就編著了一批西方政治書籍，起到了在中國的傳播西方政治學知識的效果。

　　著名的《萬國史記》（1879年）、《泰西新史攬要》（1895年）、《希臘志略》、《大英國志》（1881年）、《聯邦志略》、《法國律例》、《公法便覽》、《國際法導論》、《萬國公法》、《公法會通》、《公法總論》、《佐治芻言》等政治學著作，都是通過傳教士譯介而來。

　　除此之外，傳教士還在《教會新報》、《萬國公報》等報紙上介紹了不少西方政治學說。由馬禮遜教育協會出版的《遐邇貫珍》曾介紹過《英國政治制度》（1853年10月），1854年第2號《華旗國政治制度》一文，不但介紹了美國的總統選舉制，立法、司法、行政、聯邦及各州之組織，還將英美作了比較。其中《佐治芻言》（Homely Words to Aid Governance）影響甚大，應是戊戌前介紹西方政治學最為系統的一部著作，影響很大。

　　十九世紀六十年代後期，一向自大排外的中國開始派人出國考察西方，這是破天荒的舉動。由於語言障礙和文化差異決定他們不可能一下子瞭解到西方文化之精髓，但他們畢竟親身感受到了西方文化的種種表象，親眼目睹了有別於中國的域外風情，更認識到了西方政治的先進，於是中國人首次經過實地考察後引進西方政治學，這有別於傳教士對西方政治學的輸入。

　　1875年始，郭嵩燾、陳蘭彬、何知章、劉錫鴻等人先後出使英、美、日、德等國，他們分別就所在國的政治體制、政治原則、憲政制度等作了較為詳細的介紹，特別對西方的議會制度、政黨制度傾注了極大的熱情。

　　駐英大使薛福成曾記述：英國上下議院有公、保兩黨，疊為進退，互相維制。公黨者主因時變通，裨益公務；保黨者主保守舊章，勿使損壞。兩黨勝負之數，視宰相為轉移。徐建寅在出使德國期間，曾翻譯《德國議院章程》。馬建忠在給李鴻章的信中也曾大談西方議會政治等等。總之，出使人員對西

〔註37〕梁啓超：《清代學術概論》，《飲冰室合集》專集之三十四，北京：中華書局2003年，第72頁。

方政治學的介紹還是停留在較低水平上，仍然只是把譯介的興趣點滯留在西方政治的表層結構上。

2. 對西方憲政法理的譯介

從西書的編譯出版來看，從 1901 年到 1904 年，中譯西書 533 種，其中人文社會科學類 401 種〔註38〕；從 1896 年到 1911 年，翻譯日文圖書（包括轉譯西書）958 種，其中人文社會科學類 786 種，〔註39〕特別是 1905 年以後，有關政治法律的報刊書籍如雨後春筍，廣爲流傳。

其中，嚴復是最具代表性的翻譯者，在傳播西方法治理念等方面做出了巨大的貢獻。「他是第一位對現代西方思想那樣認眞、那樣嚴謹、以及那樣始終熱情地進行研究的中國學者。」〔註40〕蔡元培先生也曾不無讚歎地說：「五十年來介紹西洋哲學的，要推侯官嚴復爲第一。」〔註41〕他的譯著「每一本都是資本主義思想的奠基之作，涉及到經濟、政治、哲學、社會科學等重要方面，合起來構成西方的主導意識形態系統」。〔註42〕他的最主要的功績「就在於他第一個比較系統地把西方資產階級學術思想、政治制度介紹到中國來」。〔註43〕

1895 年，嚴復翻譯《天演論》（Evolution and Ethics），1898 年正式出版。該書在當時的影響很大，書中宣揚的社會達爾文主義甚至到今天還仍有市場。《天演論》一出，人們爭先購買，在辛亥革命前的十多年中竟發行了 30 多種版本，甚至「有錢的人還拿錢出來翻印新版以廣流傳」。〔註44〕之後，嚴復翻譯的多部政治學名著相繼出版，1903 年《群己權界論》（On liberty《論自由》，約翰·穆勒著）面世。同年，斯賓塞的《群學肆言》（The Study of Sociology）

〔註38〕 顧燮光：《譯書經眼錄》，《中國近代出版史料》第 2 編，北京：中華書局 1957 年，第 100 頁。

〔註39〕 譚汝謙：《中國譯日本書綜合目錄》，香港中文大學出版社 1980 年，第 41 頁。

〔註40〕 〔美〕許華茨著，滕復等譯：《嚴復與西方》，北京：職工教育出版社 1990 年，第 2 頁。

〔註41〕 蔡元培：《五十年來中國之哲學》，《蔡元培全集》第 4 卷，北京：中華書局 1984 年，第 351 頁。

〔註42〕 王佐良：《嚴復的用心》，《論嚴復與嚴譯名著》，北京：商務印書館 1982 年，第 26 頁。

〔註43〕 王汝豐：《嚴復思想試探》，見《論嚴復與嚴譯名著》，北京：商務印書館 1982 年，第 63 頁。

〔註44〕 胡適：《我的信仰》，《胡適文集》第 1 卷，北京：北京大學出版社 1998 年，第 5 頁。

也一併問世。1904 年甄克思（E・jenks）的《社會通詮》（A History of Politics）出版。1904～1909 年，孟德斯鳩的《法意》（Lesprit deslois）先後出版（中譯本共 7 冊，1904 年出了 3 冊，1905～1909 每年各出一冊）。

1900～1901 年，由楊玉棟譯的盧梭的《民約論》刊於《譯書彙編》。除此之外，梁啓超先生在此期間也譯介了大量西方政治學說，如《霍布斯學案》、《盧梭學案》（1901 年《清議報》第 96～100 冊），《洛克主權》（1903 年新民叢報第 20、21 號）等。

另外，留日學生從日本譯介了大量西方政治學傳入國內。康有爲、梁啓超等認爲「日本自維新三十年來，廣求知識於寰宇，其所譯所著有用之書，不下數千種，而尤於政治學。」〔註 45〕翻譯西書，若求速效，就由日譯文轉譯成中文。

著名的《政治泛論》、《萬國憲法比較》、《憲政論》、《國際私法》、《議會政黨論》、《國家學原理》、《國法學》、《社會改良論》、《社會黨》、《英國憲法論》、《國憲泛論》、《政治原論》、《近世社會主義》（1903 年，近代中國系統介紹馬克思主義的第一部著作）等政治學著作都是從日文翻譯而來的。

3.2 由國學接引西學的方案設計

3.2.1 先進中國人對專制人治的抨擊

批判是改革的前奏。當西方文明以咄咄逼人之勢擊敗天朝的文化精神時，便在中國吸引和培養了一批自己的信徒。他們把西方政治文明拿來改造中國傳統。他們用近世的民族觀念向傳統的天下觀念挑戰，用議會制向專制結構發難，用選舉制來攻擊世襲制度，用民主意識來消解民本觀念，用權力思想來反抗權威法統，用法治來反對人治。

一大批憂心國事的各階層代表人物，從龔自珍到林則徐，從魏源到鄭觀應，從黃遵憲到康有爲、梁啓超。他們從不同角度對封建專制人治開展了嚴厲的批判。

1.「一夫爲綱，萬夫爲柔」

龔自珍生活的時代，正是中國封建社會急劇解體，清王朝由盛轉衰的歷

〔註 45〕馬祖毅：《中國翻譯簡史——五四以前部分》，北京：中國對外翻譯出版公司 1984 年，第 249 頁。

史時期。尖銳的民族矛盾和國內劇烈的階級鬥爭，使清王朝面臨嚴重的困境。龔自珍作爲封建統治集團的一員，一方面，對清朝的封建統治深懷憂慮；另一方面，仕途坎坷的個人遭遇使他對清朝統治者的昏庸腐朽極端憤懣；加之三代京官的家世，使他有條件熟悉清王朝上層社會腐敗黑暗的內幕。這一切，促使龔自珍身居「積思之門」，懷著「寡歡」、「多憤」的心情，〔註46〕指陳時弊，譏切時政，尖銳地揭露和批判清朝封建社會的腐朽和危機。從而使社會批判思想成爲他整個思想體系中最突出的部分，也是他政治思想極爲顯著的一大特色。

龔自珍從政治、經濟、思想文化等各個方面揭露和批判了清朝封建社會的種種矛盾和弊端，觸及到當時社會政治生活中的許多重要問題。

他深刻地揭露了清朝封建統治面臨的嚴重社會危機和必將走向崩潰的歷史趨勢。龔自珍曾說：他在這個社會裏的「所見所聞，胸弗謂是」。〔註47〕他寫道：「自乾隆末年以來，官吏士民，狼艱狽撅，不士、不農、不工、不商之人，十將五六；又或殤菸草，習邪教，取誅戮，或凍餒以死；……自京師始，概乎四方，大抵富戶變貧戶，貧戶變餓者，四民之首，奔走下賤，各省大局。岌岌乎者不可以支月日，奚暇問年歲」？〔註48〕指出了鴉片煙毒泛濫，土地兼併劇烈，流民問題嚴重，清王朝的政局，已經岌岌可危快要崩潰了。龔自珍認爲：清王朝雖然還維持著表面的、虛假的「太平」和「盛世」，實際上已經日薄西山、氣息奄奄，如同一個快要死去的垂危病人。

造成這麼嚴重問題的原因是什麼？龔自珍大膽地給出了答案。他認爲極端君主專制制度是造成如此凋敝腐敗的根源。1813年嘉慶帝在鎮壓天理會起義後下了一道罪己詔，指責群臣「寡廉鮮恥」，「自甘卑鄙」，「私心太重」，認爲群臣要爲乾隆末年以來政治的腐敗負責。但在龔自珍看來，對此負責的應是清朝君主自己，是封建君主的「一夫爲綱，萬夫爲柔」的專制淫威。〔註49〕

〔註46〕龔自珍：《與江居士箋》，《龔自珍全集》，上海：上海人民出版社1975年，第319頁。

〔註47〕龔自珍：《上大學士書》，《龔自珍全集》，上海：上海人民出版社1975年，第319頁。

〔註48〕龔自珍：《西域置行省議》，《龔自珍全集》，上海：上海人民出版社1975年，第106頁。

〔註49〕龔自珍：《乙丙之際著議第九》，《龔自珍全集》，上海：上海人民出版社1975年，第7頁。

這種專制制度不僅使人喪失了個性的尊嚴和自由，還扼殺了人們的能力，使人們成為因循守舊、無所作為「盡奄然而無有生氣」的行尸走肉。人才被扼殺、被埋沒。因此，嘉道年間，「左無才相，右無才吏（史），閫無才將，庠序無才士，隴無才民，廛無才工，衢無才商」。〔註50〕即使有才能的、想貢獻自己力量的人，朝廷也不重視，相反卻「束縛之、羈縻之」。龔自珍意識到，在現存的政體下，官僚隊伍不僅敷衍失責，無所作為，而且使得上下阻隔，政令懈怠，人心渙散。「五治不下究，民隱不上述，國有養士之貲，士無報國之日」。〔註51〕所以他大聲疾呼變法，主張刪則例、變法度，改換用人標準。他說：「自古至今，法無不改，勢無不積，事例無不變遷，風氣無不移易」。〔註52〕

當然，他的這些主張不過是要求在封建政治體制範圍內作較大幅度的革新，並未有實質性的突破。

龔自珍的變法思想沒有西學的內容，更多的是對舊制度的批判，主張中國自己改革。「一祖之法無不敝，千夫之議無不靡，與其贈來者以勁改革，孰若自改革？抑思我祖所以興，豈非革前代之敗耶？」〔註53〕如果說在古代，龔自珍式的思想家與許多改朝換代之際一些主張變法的人實屬同一類型，過人之處並不太多，但處在由傳統向近代轉型時期，龔自珍則成了歷史上承前啟後的「但丁」式的人物。對此，梁啓超有過精湛的評價：「晚清思想之解放，自珍確與有功焉。光緒間所謂新學家者，大率人人皆經過崇拜龔氏之一時期，初讀《定庵文集》，若受電然」。〔註54〕

2.「壅塞」不通「自私之極」

1894 年，清政府在甲午戰爭中的慘敗，是近代中國的又一次巨大災難，使民族危機變得越發嚴重，同時也引發了以救亡圖存為宗旨的維新變法思潮

〔註50〕 龔自珍：《乙丙之際著議第九》，《龔自珍全集》，上海：上海人民出版社 1975 年，第 6 頁。

〔註51〕 龔自珍：《乙丙之際著議第七》，《龔自珍全集》，上海：上海人民出版社 1975 年，第 5～6 頁。

〔註52〕 龔自珍：《上大學士書》，《龔自珍全集》，上海：上海人民出版社 1975 年，第 319 頁。

〔註53〕 龔自珍：《乙丙之際著議第七》，《龔自珍全集》，上海：上海人民出版社 1975 年，第 6 頁。

〔註54〕 梁啓超：《清代學術概論》，《飲冰室合集》專集之三十四，北京：中華書局 2003 年，第 72 頁。

的興起，湧現出一批維新變法的領袖人物，其中康有爲、梁啓超、嚴復最爲著名。他們對中國君主專制制度的合法性和權威性提出了挑戰。認識到專制制度是落後的制度，弊端明顯，「二十世紀中，無復專制政體容足之餘地。」〔註55〕

在康有爲看來，強調上下差別，森嚴等級的傳統君主專制制度，其弊端的最基本表現是「壅塞」或「不通」。這種「壅塞」或「不通」就是上下不通，「上下不交」或「下情不達」。康有爲在《上清帝第五書》中說：「皇上堂陛尊崇，既與臣民隔絕；恭親王以藩邸議政，亦與士夫不親；吾有四萬萬人民，而執政行權，能通於上者，不過公卿臺諫督撫百人而已。自餘百僚萬數，無有上達，等於無有」。〔註56〕

在《上清帝第七書》中，康有爲又說：「考中國敗弱之由，百弊叢積，皆由體制尊隔之故……故直省民數雖四萬萬，而達官僅數十，餘皆隔絕，是雖有四萬萬人，而實俱棄之」。〔註57〕

由於「尊嚴既甚，忌諱遂多，上雖有好言之誠，臣善爲行意之媚，樂作太平頌聖之詞，畏言危敗亂賊之事」，致使「一切壅塞」，上下不通。〔註58〕

所以，康有爲認爲「尊卑太過」〔註59〕的傳統君主專制制度，使中國「終難自強」。〔註60〕自私或「獨尊」是傳統君主專制制度的根本特徵，是造成近代中國「割地棄民」的罪魁禍首。

梁啓超也認爲極端「自私」（「自私之極」）是中國君主專制制度的本質特徵。所以秦漢以後，「制一切法草，一切律則，咸爲王者一身之私計」，「歷代制度，皆爲保王者一家而設」。〔註61〕

〔註55〕覺民：《立憲與教育的關係》，《東方雜誌》12 卷 12 期。

〔註56〕康有爲：《上清帝第五書》，《康有爲政論集》上冊，北京：中華書局 1981 年，第 204 頁。

〔註57〕康有爲：《上清帝第七書》，《康有爲政論集》上冊，北京：中華書局 1981 年，第 219 頁。

〔註58〕康有爲：《上清帝第七書》，《康有爲政論集》上冊，北京：中華書局 1981 年，第 220 頁。

〔註59〕康有爲：《萬木草堂口說》，《康有爲全集》第 2 集，上海：上海古籍出版社 1990 年，第 419 頁。

〔註60〕康有爲：《上清帝第四書》，《康有爲全集》第 2 集，上海：上海古籍出版社 1990 年，第 177 頁。

〔註61〕梁啓超：《西學書目表後序》，《飲冰室合集》文集之一，北京：中華書局 2003 年，第 128 頁。

　　傳統政制的這種極端自私的本質，決定了專制君主實行統治的基本原則：「防弊」。所謂防弊，就是在治理國家的過程中，「歷代民賊」〔註62〕出於統治者及其家族的私利，盡量束縛人們的手腳，並進而「塞其耳目而使之愚，縛其手足而驅之為不肖」，〔註63〕以杜絕不利於王朝統治的「弊端」。這種出自統治者一身一家私計的「防弊」，造成了全體官民僵化麻痺的社會政治局面，只能導致國家治理上的更大弊端——「廢事」。這種統治方式，在「一統閉關之世」猶可苟延殘喘，而在「諸國並立」、外患日亟的時代就只能坐以待斃了。所以，「自秦迄明，垂二千年，法禁則日密，政教則日夷，君權則日尊，國威則日損。」〔註64〕在維新志士看來，「天下之權勢，出於一則弱，出於億兆人則強。」〔註65〕所以「眾人」之治優於「一人」之治，中國要自救和富強必須改變一人之治，奉行眾人之治。

　　因循守舊是君主專制政治的通病。專制君主往往「隔絕才賢，威臨臣下，以不見不動為尊，以忌諱壅塞為樂」。〔註66〕

　　康有為認為，選拔官員只憑資格、忽略賢能的制度，違背了自古以來的社會政治理想，失掉了先王古聖的本意。他說：「從古治國皆在尊賢使能，未聞尊資使格也。」只有改變這種局面，中國才能振興。「若不亟變，不可振救」。而「變之之道，在辨取捨，取日新以圖自強，去因循以厲天下而已」。〔註67〕

　　不根據歷史條件變化而進行制度創新的「因循」，必然導致政治紊亂。而「國勢貧弱，至於威迫者，蓋法弊致然也」。〔註68〕

〔註62〕「民賊」是梁啟超對專制君主的稱謂。
〔註63〕梁啟超：《變法通議》，《飲冰室合集》文集之一，北京：中華書局2003年，第10頁。
〔註64〕梁啟超：《論中國積弱由於防弊》，《飲冰室合集》文集之一，北京：中華書局2003年，第96～100頁。
〔註65〕汪康年：論中國參用民權之利益，轉引自王人博：《憲政文化與近代中國》，北京：法律出版社1997年，第58頁。
〔註66〕康有為：《上清帝第七書》，《康有為政論集》上冊，北京：中華書局1981年，第220頁。
〔註67〕康有為：《殿試策》，《康有為全集》第2集，上海：上海古籍出版社1990年，第128頁。
〔註68〕康有為：《上清帝第三書》，《康有為全集》第2集，上海：上海古籍出版社1990年，第135頁。

　　十九世紀末，傳統君主專制制度正在經歷著前所未有的危機。變法維新，制度創新，建立「交泰於臣民」〔註69〕的政治制度，是近代中國人的正確選擇。

3. 「秦政也」「皆大盜也」

　　譚嗣同憂國憂民的愛國思想比同時代的其他思想家表現得更爲強烈，更爲激進。

　　「沖決一切網羅」，反對一切封建束縛和壓迫，實行民主、自由、平等、博愛，是譚嗣同政治思想的基本內容。以君主專制爲核心的封建網羅是他所要掃蕩沖決的主要對象。

　　譚嗣同首先指責「君爲獨夫民賊」，揭露了君主奴役人民的種種罪惡。他說：「兩千年來之政，秦政也，皆大盜也」，〔註70〕歷代君主視天下爲私產，「竭天下之身命膏血，供其享樂、怠傲，驕奢而淫殺」，「供一身之不足，又濫縱其百官，又欲傳之世世萬代子孫，一切酷毒不可思議之法，由此其繁興矣」。〔註71〕獨夫民賊「待官待農待工待商者，繁其條例，降其等差」，「侵其利權」，「摯其手足，塗塞其耳目」，「壓制其心思，絕其利源，窘其生計，塞蔽其智術」，興文字之冤獄以威脅，張科舉八股以利誘，「以消磨當世之豪傑」，「盡窒生民之靈思」。〔註72〕把矛頭直指清朝君主專制制度。他罵清朝統治者是「愛新覺羅諸賤類異種」，〔註73〕認爲，對於這樣野蠻落後、滅絕人性的強盜暴君和反動政府，除掉流血反抗外，沒有其他可走的路。

　　譚嗣同從探索國家起源入手，吸取了盧梭的「社會契約說」觀點，指出「生民之初本無所謂君臣，則皆民也，民不能相治，亦不暇治，於是共舉一民爲君，夫曰共舉之，則非君擇民，而民擇君也。夫曰共舉之，則其分際又非甚於民，而不下儕於民也。夫曰共舉之，則因有民而後有君，君末也，民

〔註69〕康有爲：《上清帝第七書》，《康有爲政論集》上冊，北京：中華書局1981年，第221頁。

〔註70〕譚嗣同：《仁學》，《譚嗣同全集》（增訂本）下冊，北京：中華書局1981年，第337頁。

〔註71〕譚嗣同：《仁學》，《譚嗣同全集》（增訂本）下冊，北京：中華書局1981年，第335頁。

〔註72〕譚嗣同：《仁學》，《譚嗣同全集》（增訂本）下冊，北京：中華書局1981年，第337頁。

〔註73〕譚嗣同：《仁學》，《譚嗣同全集》（增訂本）下冊，北京：中華書局，1981年，第337頁。

本也。天下無有國末而累及本者，亦豈可因君而累及民哉？夫曰共舉之，則且必可共廢之。君也者，爲民辦事者也，臣也者，助辦民事者也。賦稅取之於民，所以爲辦民事之資也。如此而事猶不辦，事不辦而易其人，亦天下之通義也。」〔註74〕強調國家以民爲本，君爲末，說明君主不是天生的，是民選的，君主不過是民的辦事人員，君權由民所賦予，如不符民需，民就可以把它廢掉，不是君權神授，而是共舉共廢之權在民。所以凌駕於民眾之上的封建君主必須廢除。

3.2.2 由國學接引西學的新方案設計

1.「西藥」療「舊疾」──用君民共主醫治專制人治

早期維新思想家根據自己的瞭解，把西方國家的政治制度歸結爲三種形式，即君主之國、民主之國和君民共主之國。他們認爲，君主制之國「權偏於上」，君權過重，民主之國「權偏於下」，民權過重，只有君民共主制「之國「權得其平」，才是理想的政治制度。〔註75〕用王韜的話說：「君爲主，則必堯、舜之君在上，而後可久安長治；民爲主，則法制多紛更，心志難專一，究其極，不無流弊。惟君民共治，上下相通，民隱得以上達，君惠亦得以下逮，都俞籲咈，猶有中國三代以上之遺意焉」。〔註76〕陳熾在介紹西方國家的這三種政治制度時，也對君民共主制予以高度評價，認爲這三種制度中，惟君民共主之國「舉無過言，行無廢事，如身使臂，如臂使指，一心一德，合眾志以成城也」。〔註77〕

早期維新派已初步認識到君民共主制度比君主專制制度優越，中國貧弱落後的根源就是君主專制制度，於是他們提出變革封建專制體制，實行「君民共主」制度。

而實行君民共主制的關鍵是設議院。議院起聯繫上下、平衡權力的作用。正如鄭觀應所描述的那樣：泰西列國其都城設有上下議院。上院以國之宗室勳戚及各大員當之，以其近於君也。下院以紳耆士商、才優望重者充之，以

〔註74〕 譚嗣同：《仁學》，《譚嗣同全集》（增訂本）下冊，北京：中華書局，1981年，第339頁。
〔註75〕 鄭觀應：《盛世危言·議院上》，《鄭觀應集》上冊，上海：上海人民出版社1982年，第314頁。
〔註76〕 王韜：《重民下》，《弢園文錄外編》卷1，第23頁。
〔註77〕 陳熾：《庸書議院》，《陳熾集》，北京：中華書局1997年，第107頁。

其遍於民也。凡有國事，先令下院議定，詳達之上院。上院議定，奏聞國主。若兩院議意符合，則國主決其從違。倘彼此參差，則或令停止不議，或覆議而後定。故泰西政事舉國咸知，所以通上下之情，期措施之善也。〔註78〕如果中國能實行這種制度，就能使上下無扞格之虞，臣民泯異同之見，那麼中國長治久安就爲期不遠了。王韜也認爲「中國苟得君主於上，而民主於下，則上下交固，君民之分親矣，內可以無亂，外可以無侮，而國本有若苞桑磐石焉。」而「富強之效亦無不基於此矣」。〔註79〕

　　早期維新派還提出了設議院的具體方案。如湯震設計的議院：其上議院由「自王公至各衙門堂官及翰林院四品以上者」組成，「以軍機處主之」。國家遇有大事，如「大利之當興，大害之當替，大制度之當沿革」，經請示皇帝，認爲需要討論的，就由軍機處、都察院分別召集上、下議院開會，「互陳所見」，然後「由宰相覈其同異之多寡」，「上之天子，請如所議行」。〔註80〕

　　陳熾的議院方案則是：上院由「國家爵命之官」組成；下院由「紳民公舉之員」組成，選舉議員按級進行，逐級選出，「縣選之達於府，府舉之達於省，省保之達於朝，皆仿泰西投匭公舉之法，以舉主多者爲準」。議員選出後，「設院以處之，給俸以養之」。議院的權力是對大政進行議論，至於「事之行否，仍由在上者主之」。〔註81〕

　　何啓、胡禮垣提出的議院方案更具體。根據他們的方案，朝廷設有中央議院，省、府、縣分別設有地方議院，省、府、縣三級地方議院各設議員 60 人，議員由公舉產生。凡男子 20 歲以上能讀書明理者都有公舉之權。「縣議員於秀才中選擇其人，公舉者平民主之」；「府議員於舉人選擇其人」，「省議員於進士中選擇其人」。議員的職責是議政，「地方之利弊，民情之好惡，皆藉議員以達於官。興革之事，官有所欲爲，則謀之於議員；議員有所欲爲，亦謀之於官，皆以敘議之法爲之，官與議員意合，然後定其從違也」。地方政事都要通過地方議院表決通過。各省要政，則須上報國君：「從違既定，乃由縣詳府；府議員意合，則由府詳省；省議員意合，則詳於君；君意合，則書

〔註78〕《鄭觀應集》上冊，上海：上海人民出版社 1982 年，第 103 頁。

〔註79〕王韜：《弢園文錄外編》，北京：中華書局 1959 年，第 24 頁。

〔註80〕湯震：《危言·議院》，《戊戌變法》第 1 冊，神州國光出版社 1953 年，第 177 頁。

〔註81〕陳熾：《庸書·議院》，《戊戌變法》第 1 冊，神州國光出版社 1953 年，第 246 頁。

名頒行；意不合，則令其再議。若事有不能衷於一是者，則視議員中可之者否之者之人數多寡，則以人多者爲是，所謂從眾也」。〔註82〕這是地方議院。中央議院則由各省議員組成：「各省議員一年一次會於都會，開院議事，以宰輔爲主席；議畢，各員將其本省來歲應行之事，如公項出入、選取人員等件，記明畫押公奏，主上御筆書名，以爲奉行之據，如有未洽，則再議再奏，務期盡善而止」。〔註83〕

從以上幾種方案的內容看，議院還只是供皇帝咨詢的機構，而遠非權力機構，其議員也不是眞正的民意代表。他們設議會只不過是爲了「合君民爲一體，通上下爲一心，」「民令日舒，君威亦日振，」〔註84〕其目的仍然是維護皇帝的權威而已。

19 世紀的政體改革思想具有一個共同的特徵：在傳統政治的樹干上嫁接西方民主枝芽，即在保留傳統政體核心——君權的基礎上，移植西方議會制度，形式就是「君民共主」。

2. 學習日本「以法治國」「卓然能自樹立」

日本在明治維新後不僅建立了君主立憲制的資本主義國家制度，而且擺脫了淪爲西方列強殖民地的危機，成爲亞洲強國。所以日本成爲當時先進中國人研究學習的對象。黃遵憲就是較早、較全面研究日本的中國人。他認爲日本能成爲亞洲強國，是它能「改從西法，革故取新」的緣故，〔註85〕所以在編寫《日本雜事詩》時，他就建議要學習日本。在其史著《日本國志》中，明確提出中國應仿傚英日走君主立憲之路，爲戊戌變法指導思想的確立，發揮了積極的作用。

通過考察，黃遵憲發現法治是日本富強的一個主要原因。他說：「立憲政體，蓋謂仿泰西制，設立國法，官民上下，分權立限，同受治於法律中也」。〔註86〕他推崇改良循法而動，君臣民上下皆不得超越法律之上或被排斥於法律之外。

〔註82〕 何啓、胡禮垣：《新政論議》，《新政眞詮》，瀋陽：遼寧人民出版社 1994 年，第 115 頁。

〔註83〕 何啓、胡禮垣：《新政論議》，《新政眞詮》，瀋陽：遼寧人民出版社 1994 年，第 117 頁。

〔註84〕 陳熾：《庸書·議院》，《戊戌變法》第 1 冊，神州國光出版社 1953 年，第 245 ～246 頁。

〔註85〕 黃遵憲：《日本雜事詩·自序》，錢仲聯：《人境廬詩草箋注》（全二冊）下，上海：上海古籍出版社 1981 年，第 1095 頁。

〔註86〕 黃遵憲：《日本國志·國統志三》，上海：上海古籍出版社 2001 年，第 46 頁。

　　黃遵憲認爲西方政治昌達的重要原因就在於重視法治。因此，只有實行分權自治、以法治國，才能促進社會的發展。在《日本國志．職官志》中，他高度讚揚日本採用議政官、行政官、刑法官三權分立的君民共主制，主張中國仿傚之。黃遵憲把日本君主立憲與我國實際情況結合起來，並參考歐美等國法制的特點，設計了「百姓與政府分權自治」的政體模式，即：「乃以我國政體，必當法英，而其著手次第，則欲取租稅、訟獄、警察之權歸之於四方百姓；欲取學校、武備、交通之權歸於中央政府；盡廢督、撫、藩、皋等級官僚，以分巡道爲地方大吏，其職在行政而不許議政。上自朝廷，下自府縣，咸設民選議院，爲出政之所（初仿日本後仿英國）。而又將二十一行省劃分五大部，各設總督，其體制如澳洲、加拿大總督；中央政府權，如英主其統轄本國五大部，如德意志之統率日耳曼全部，如合眾國統領之統轄美利堅聯邦。如此則內安民生，外聯與國，或亦足以自立。」〔註87〕這種政體模式，既體現君民共主天下的立憲原則和分權立限的法治精神，又集中強調了分權自治的民權色彩，充分反映了中國新興資產階級要求參與政治、推行君主立憲改良，使中國迅速走上資本主義法治化道路的意願。

　　黃遵憲特別推崇日本的「府縣會議」，認爲它是國會開設的基礎。他認爲日本的「府縣會議之制」，可以「公國是」，「伸民權」，「意甚美」，「設法之至巧」。〔註88〕「是制之建，人人皆謂政出於民，於地方事狀宜莫不洞悉，坐而言，起而行，必有大可觀者也」，「府縣會之所議，專在籌地方之稅以供府縣之用，官爲民籌費而民疑，民爲民籌費而民信，民自以爲分官之權謀己之利，而官無籌費之名，得因民之利以治民之事，其所議之當否，官又得操縱取捨於其間，終不至於偏箖偏枯，使豪農富商罔利以爲民害」。黃遵憲在詳細介紹了日本府縣會議的設置過程後，希望中國仿傚之，使「處士橫議，變封建爲郡縣」，「庶人議政，倡國立爲共和」，惟此方能「治亂」。

　　在建立這樣的法治機構後，黃遵憲還強調要加強法治的力度，以求人無論尊卑，事無論大小，悉予之權，以使之無抑；復立之限，以使之無縱。全國上下同受治於法律之中。因此，他在《日本國志》中建議清政府設立元老院作爲立法機關，設大審院作爲司法機關，並在大審院之下設上等裁判所和

〔註87〕丁文江、趙豐田：《梁啓超年譜長編》，上海：上海人民出版社1983年，第290頁。
〔註88〕黃遵憲：《日本國志．職官志二》，（王寶平主編），上海古籍出版社2001年2月第1版，第178頁。

地方裁判所，作爲具體的司法機關。在涉及「法治」的特性時，他認爲法律的根本任務就是限制權力和阻止權力的濫用，並將日本的《治罪法》、《刑法》抄譯過來以供清廷立法時參考，力勸編成一部精密的、能覆蓋現代生活中每一件意外事故的中國化的法典。

　　黃遵憲上述設議院、開國會、「民分官權」的設想和立法、行政、刑法分立的「法治」實踐，雖然抽象、零碎，不夠徹底，但它從實質上否定了中國封建專制統治和等級制度，反映了當時要求參政的新興資產階級知識分子的分立意識和法治觀念，爲發展資本主義、建立資產階級法治起到了積極的啓蒙作用。

3. 「仿英德日本之制，定爲立憲政體之圖」

　　1905 年日俄戰爭的結果是俄國慘敗於日本。俄國之大數倍於日本，而戰爭的結果卻是如此。在許多中國人看來，這場戰爭不惟是日俄兩國之戰，而是「立憲專制二政體之戰也。」這場「以小克大，以亞挫歐」，「違歷史之公例」的戰爭只能以「立憲不立憲之義解釋之」。〔註89〕《中外日報》亦稱：「此非俄日之戰也，乃立憲專制二治術之戰也」。〔註90〕日俄戰爭成爲觸發立憲問題的媒介，於是立憲之議紛起。《時報》著論稱：「欲圖存必先定國是，立國是在立憲法。」「否則日日言更張，道旁築舍，多謀少成，亦徒滋俟亂而玩愒時日耳。」〔註91〕

　　時勢至此，在戊戌時期只是少數人的立憲思想現已發展爲一種社會輿論了。

　　《時敏報》稱：「泰西各國幾絕專制之影迹，以故國無大小，莫不立憲法，設議院，以圖議國事，用能合眾策，聚眾謀，而日臻富強」。「中國苟能立憲法」，從小處看則有數利：其一「能使上下相通」，其次「能使民調和」，又次「能使籌款易於措置」。若從大處看，「則能公是公非，萬人一心，上下同德。以守則固，以戰則克，以謀內政，足以泯私之見，以謀外交，足以杜賄賂之源」，中國不欲興也則已，而果欲興也，「捨立憲其曷以哉」。〔註92〕《南方報》則說：「治國者如操舟然，必先定其嚮之方，而後有達陸岸之日，故立憲政體

〔註89〕 《東方雜誌》：第三年（丙午）臨時增刊，憲政初綱，刊印憲政初綱緣起及立
　　　　 憲（紀聞），第 1 頁。
〔註90〕 《中外日報》，光緒三十一年八月二十二日，轉見《東方雜誌》第二年，第 12
　　　　 期。
〔註91〕 《時報》，光緒三十年六月二十六日，轉見《東方雜誌》第一年，第 7 期。
〔註92〕 《時敏報》，光緒三十年十月初六，轉見《東方雜誌》第一年，第 12 期。

之於國，猶舟之有指北針也。否則迷陰而喪其行矣。」〔註93〕

在這風湧而起的社會輿論裏，憲政被看做是包醫百病的神明醫手。清廷部分有些見識的朝臣疆吏，亦紛紛提出立憲主張。駐法公使孫寶琦電奏《上政務處書》，首先表達了立憲自救的心情，他說「溯自庚子以後，維新論旨，不爲不多，督勵臣工，不爲不切。而百事之玩泄依然，天下之精神不振者，則以未立綱中之綱，而壅蔽之弊未除，無由上下一心，共扶危局也」，而「欲求所以除壅蔽，則各國之立憲政體，詢可效法」。他說日本就是因爲變法而富強的，明治六年確定爲立憲政體，至二十二年始發佈憲法，於是「君民上下一心，遂成鞏固不搖之勢」。歐洲各國，除俄與土耳其外，皆爲立憲之國，而尤以英德之憲法爲最完備，此英德兩國所以能俯視列強，築成大國也。他說「夫政體既立，則弱者浸強，亂者浸治。何也？合通國之民共治一國，何弱不可強，何亂不可戢。不立政體，則民氣渙散，國勢日微，弱者被兼，亂者被取。何也？君臣孤立，民不相親也。」他「籲懇聖明仿英德日本之制，定爲立憲政體之圖」，「以固結民心，保全邦本」。〔註94〕

此後，駐英使臣汪大燮，以各國盼望中國立憲，而奏請速定辦法；駐美使臣梁誠，因華僑要求立憲，而奏請速定宗旨；其他如學部尚書張百熙、禮部侍郎唐景崇、粵督岑春萱、滇督丁振鐸、黔撫林紹年等，亦紛紛奏請立憲。1905 年 7 月，北洋大臣袁世凱、湖廣總督張之洞、南洋大臣周馥聯銜上奏，也開始「倡言立憲」了。〔註95〕

西方法治思想傳入中國是從政治制度層面進入的，不少人由於認識到議會制度具有廣開言路、下情上達的重大意義，而心嚮往之，然而從理論上根究議會制的來龍去脈及其思想基礎卻極爲罕見。〔註96〕

在中國人以西方近代法學和法治世界觀、基本原則以及框架體系等建設中國近代法治時，中國古代法學與法治的某些成果得到了保留，並獲得了再生。改變中國傳統意義上的有「律」無「法」，有法不能達「治」的狀況。但這種變革自然遭到了頑固派和保守派的極力攻擊，出現了「變」與「不變」的交鋒。

〔註93〕《南方報》，光緒三十一年七月二十三日，轉見《東方雜誌》第二卷，第 10 期。
〔註94〕孫寶琦：《上政務處書》，《東方雜誌》第一卷第 7 期。
〔註95〕參見王人博：《憲政文化與近代中國》，北京：法律出版社 1997 年，第 9 頁。
〔註96〕方維規：《「議會」、「民主」與「共和」概念在西方與中國的嬗變》；王爾敏：《十九世紀中國士大夫對中西關係之理解及衍生之新概念》，《中國近代思想史論》，臺北：商務印書館 1995 年，第 34～35 頁。

3.3 「變」與「不變」的交鋒

3.3.1 維新派和頑固派的較量

　　中國人對西方民主法治思想的認識有一個較漫長的過程。起初由於鴉片戰爭的失敗，認為我們是武器落後，技術不如人，於是便出現了富國強兵、求強求富的「洋務運動」，其目的是師夷長技以制夷，是「變器不變道」。及至甲午戰爭失敗，認識到我們在制度上與洋人的差距，於是出現了維新變法的主張。但這一主張不被頑固派所容，發生了激烈的衝突。

　　頑固派堅持「天不變道亦不變」的觀點，攻擊維新派「詆毀前人」，「仇視君主」、「判逆作亂」，要求清政府下令查封維新派辦的報紙，燒毀康有為的書籍以維持「世道人心」。維新派以進化論為武器，宣傳宇宙萬物無時不變，無事不變，而且總是向前發展進化的，人類社會的發展也一樣。

　　康有為在《進呈〈俄羅斯大彼得變政記〉序》1898 年 1 月底）中指出：「泰西之國，一姓累敗而累興」的原因是「善變以應天」也。而「中國一姓不再興」的原因則是「不變而逆天」也。「順天者興」，「興其變而順天」，；「逆天者亡，亡其不變而逆天」。「一姓不自變，人將順天代變之，而一姓亡矣；一姓能順天，時時自變，則一姓雖萬世存可也。」〔註 97〕論證了變法的必然性和合理性。他認為「方今之病，在篤守舊法而不知變，處列國競爭之世而行一統垂裳之法，此如已夏而衣重裘，涉水而乘高車，未有不病暍而淪胥者也。」「夫物新則壯，舊則老；新則鮮，舊則腐；新則活，舊則板；新則通，舊則滯」，此乃「物之理也」；同樣的道理，「法既積久，弊必叢生」，故「無百年不變之法」。〔註 98〕

　　康有為認為日本維新之所以「成功甚速」，「惟要義有三：一曰大誓群臣以定國是，二曰立對策所以徵賢才，三曰開制度局而定憲法。其誓文在決萬機於公論，採萬國之良法，協國民之同心，無分種族，一上下之議論，無論藩庶，令群臣咸誓言上表，革面相從，於是國是定而議論一矣。召天下之征士、貢士，咸上書於對策所，五日一見，稱旨者擢用，於是下情通而群才進矣。開制度局於宮中，選公卿、諸侯、大夫及草茅才士二十人充總裁，議定

〔註97〕康有為：《進呈〈俄羅斯大彼得變政記〉序》（1898 年 1 月底），《戊戌變法》（三），上海：上海人民出版社 1957 年，第 1 頁。

〔註98〕康有為：《上清帝第六書》，《戊戌變法》（二），上海：上海人民出版社 1957 年，第 197 頁。

參預之任，商榷新政，草定憲法，於是謀議詳而章程密矣。」〔註99〕

梁啓超也在《新知報》以《說動》爲題，撰文呼籲變法。他從自然界的變化規律說起，指出不變動必然要滅亡的道理。何謂動力？「合聲、光、熱、電、風、雲、雨、露、霜、雪，摩激鼓宕，而成地球」，這是動力；「合地球與金、水、火、木、土、天王、海王暨無數小行星、無數彗星，繞日疾旋，互相吸引，而成世界」，這是動力；「合此世界之日，統行星與月，繞昴星而疾旋，凡得恒河沙數，成天河之星圈，互相吸引，而成大千世界」，這是動力；「合此大千世界之昴星繞日，與行星、與月、以至於天河之星圈，又別有所繞而疾旋，凡得恒河沙數，若星團、星林、星雲、星氣，互相吸引，而成一世界海」，這是動力。假使沒有這些動力，則世界海毀，而吾所處八行星繞日之世界，不知隳壞幾千萬年矣。他由此概括說：「則無物無動力，無動力不本於百千萬億恒河沙數世界自然之公理，而電、熱、聲、光，尤所以通無量無邊之動力以爲功用。小而至於人身，而血，而腦筋，而靈魂，其機緘之妙，至不可思議，否則爲聾瞶，爲麻木痿痹，而體魄之僵隨之。更小而至於一滴水，一微塵，莫不有微生物萬千浮動於其中，否則空氣因之而不靈。蓋動則通，通則仁，仁則一切痛癢相關之事，自不能以秦越肥瘠處之，而必思所以震蕩之，疏淪之，以新新不已。此動力之根原也。」「吾又聞之公理家言：凡生生之道，其動力大而速者，則賤種可進爲良種；其動力小而遲而無者，則由文化而土番、而猿狄、而生理殄絕。」〔註100〕而國家社會亦如是，因循守舊，固執不動則是死路一條。

頑固派還認爲，中國自古以來，就是君主之國，權力不應下移。他們極力反對民權學說，誣衊中國人民愚昧無知，根本沒有資格享受民權，認爲提倡民權，紊亂綱紀，中國就會大亂，將被帝國主義瓜分滅亡。維新派則根棍「天賦人權」自由平等學說，說明民權是天賦的，不是君主所恩賜，也不是君主能剝奪的。他們認爲，中國致弱之根源，是君權尊，民權衰，所以必須改變君主專制制度。只有興民權，設議院，實行君主立憲，才能振興中國。

〔註99〕康有爲：《上清帝第六書》，《戊戌變法》（二），上海：上海人民出版社 1957年，第 197 頁。

〔註100〕梁啓超：《說動》，《飲冰室合集》文集之三，北京：中華書局 2003 年，第 37 ～40 頁。

維新派與頑固派的較量是要民主還是要專制的較量，也是要法治還是要人治的較量。

3.3.2 革命民主派與立憲派的交鋒

在近代思想史的研究中，幾乎所有的研究者都不可能繞過這場論戰。就本文所探討的問題來看，這場爭論的歷史影響也是極其深遠的。

革命派於 1905 年 8 月成立中國同盟會後，立即同立憲派進行了一場激烈的論戰。

這場論戰，主要涉及的問題有：建立民主制度的必要條件是什麼？中國是否能夠迅速實行民主政治？當時中國人民是否具有民主政治所需要的素質？怎樣解決「人民程度」不足的問題？革命勝利後是否能夠迅速建立共和制度、實行民主政治？對於這些問題，雙方針鋒相對地發表了許多意見，主要見之於汪精衛、胡漢民、陳天華和梁啓超等人的文章。

當時以孫中山爲代表的革命民主派）主張用革命手段推翻清王朝，建立共和制度，而立憲派則主張君主立憲和開明專制。革命民主派主張「取法乎上」，「要從高尚的下手，萬莫取法乎中，以貽我四萬萬同胞子子孫孫的後禍。」〔註101〕誰若是反對中國共和，就是反對「進化之公理」，「是不知文明之眞價也」。〔註102〕

立憲派對革命派的這一看法進行了批評。他們反對革命民主派把政治制度和汽車一類器械進行類比。並指出一種政治制度的建立，必須具備相關的條件，條件不具備，這種制度再好也建立不起來，硬要去建立，必然不會有好的結果。中國久處專制政治之下，各方面都很落後，目前根本不具備實行「立憲」（即民主）的條件，不僅「共和立憲」談不到，就是君主立憲目前也不能實行。但專制政治終須變革，爲此目前只能實行「開明專制」爲未來的「立憲「創造條件。

立憲派認爲，中國條件不具備主要表現在「人民程度未及格」和「施政機關未整備」〔註103〕兩個方面。

〔註101〕孫中山：《在東京中國留學生歡迎大會的演說》（1905 年 8 月 13 日），《孫中山全集》第 1 卷，北京：中華書局 1981 年，第 280～282 頁。

〔註102〕孫中山：《在東京中國留學生歡迎大會的演說》（1905 年 8 月 13 日），《孫中山全集》第 1 卷，第 283 頁。

〔註103〕梁啓超：《開明專制論》，《飲冰室合集》文集之十七，北京：中華書局 2003 年，第 77、81 頁。

所謂「人民程度未及格」即人民缺乏民主意識和參政能力，不但沒有「共和國民之資格」，也不足以實行君主立憲。而要改變這種狀況，不是短時間甚至一二十年能夠做到的。〔註 104〕

另外「施政機關未整備」，即實行立憲政治必須先行建立的有關法規和設施在中國還毫無基礎。如國籍法未訂，「中國人」的界說不明；義務教育尚未履行，教育程度無從測定；租稅法尚未備，稅率之多寡不明；選區未劃定；地方自治未實行，選舉無人組織；警察未普及，選舉秩序無保障；民法未制定，人民的權利不明確等等。〔註 105〕在這種情況下，立憲派認為：如行立憲，憲法將無從實施，必需的選舉也無法進行。應當承認，立憲派的分析是合乎當時中國實情的。

面對立憲派的辯難，革命民主派也不否認實行民主政治需要相應的條件，但他們認為只要革命取得了勝利，建立了共和政府，種種問題都會很快解決，無須專門經歷一段「開明專制」。革命民主派認為「凡為人類，莫不有人權思想」，「蓋疾專制、樂自由，為人類之天性」。〔註 106〕正是根據這樣的認識，革命民主派堅決否定立憲派關於中國人民政治素質低下的說法，認為中國完全可以實行共和政治。

革命民主派與立憲派的最終目標是一致的，都想把專制的中國變成民主的中國，他們都是中國資產階級利益的代表，救亡圖存、發展資本主義是他們共同的願望。他們具有共同的政治理想，即在中國建立民主憲政制度，無論是共和制，還是立憲制，都是資產階級民主制度，只是政體不同而已。專制制度是他們共同的敵人，要求以民權取代君權是他們共同的目標。所以說，革命民主派和立憲派的交鋒是要何種民主形式的交鋒，亦即要何種法治的交鋒。

思想的衝突與交鋒，促使人們對中國前途和命運進行深入思考，並在實踐中作出抉擇。

〔註 104〕梁啓超：《開明專制論》，《飲冰室合集》文集之十七，北京：中華書局 2003年，第 70～80 頁。

〔註 105〕梁啓超：《開明專制論》，《飲冰室合集》文集之十七，北京：中華書局 2003年，第 81～82 頁。

〔註 106〕撲滿：《發難篇》，《辛亥革命前十年間時論選集》第 2 卷上冊，北京：生活 讀書 新知三聯書店 1963 年，第 387～388 頁。

3.4　極爲有限的法治嘗試

晚清，由於這兩次思想交鋒的激烈的碰撞，法治的理論的影像日益在人們面前廓清，出於統治者維護自身統治的需要，也作出了還政於人的的嘗試，先後進行了戊戌變法和晚清新政，開始了定法立憲的「法治」實踐。

3.4.1　建立君主立憲法治國的維新

西方法治觀念傳入中國後引起各界強烈反響，在思想的衝突與交鋒中，西方法治觀念與中國實際得以銜接，這主要體現爲戊戌維新和清末新政。

十九世紀末帝國主義列強瓜分中國，局勢危急。怎樣才能拯救祖國的危亡呢？

以康有爲爲代表的維新派認爲唯一的辦法，就是趕快實行變法。康有爲多次上書光緒皇帝，提出變法圖強主張，認爲變法是形勢和時代的需要，是救亡圖存、國家獨立富強的必由之路。1888 年中法戰爭時他指出：「方今外夷交迫」、「日謀高麗，而伺吉林於東；英啓藏衛，而窺川滇於西；俄築鐵路於北，而迫盛京；法煽亂民於南，以取滇粵」，〔註 107〕表達了他對祖國領土淪喪的「憂憤悲切」。甲午戰爭後，他看到帝國主義瓜分殖民地的狂潮席卷中國，民族危亡迫在眉睫，德國佔領膠州灣後，「日本議院，日日會議，萬國報館，議論沸騰，咸以分中國爲言」。〔註 108〕諸國環伺，岌岌待亡，中國已到了名存實亡的生死關頭。他說：「觀大地諸國，皆以變法而強，守舊而亡」，「觀萬國之勢，能變則全，不變則亡，全變則強，小變仍亡。」〔註 109〕因此中國要自強，除變法外，再無別的出路。

康有爲提出的變法指導方針是「全變」與「變本」。所謂「全變」是指在政治、經濟、文化、教育各個方面全面學習西方，全面進行改革。不能變甲不變乙，變彼不變此，不能枝枝節節，零零碎碎的變，而要統籌全局，實行「全變」，否則國家仍要滅亡。康有爲批判洋務派的變法是「變事而已，非變法也。變一事者，微特偏端不舉，即使能舉，亦於救國之大體無成。」，「夫

〔註 107〕康有爲：《上清帝第一書》，《戊戌變法》（二），上海：上海人民出版社 1957 年，第 123 頁。

〔註 108〕康有爲：《上清帝第五書》，《戊戌變法》（二），上海：上海人民出版社 1957 年，第 189 頁。

〔註 109〕康有爲：《上清帝第六書》，《戊戌變法》（二），上海：上海人民出版社 1957 年，第 197 頁。

物之爲體，合多質點而後成，室之可居，合多土木而後備；體不備，謂之不成人，政不備，亦謂不成國」。他提出「不變則已，若決欲變法，勢當全變」。〔註 110〕所謂「變本」是指改變國家的政體和法律。康有爲認爲「政有本末，不先定其本，而徒從事於其末，無當也」。〔註 111〕他批評洋務派過去搞的所謂「變法」和「新政」，是飾糞牆，雕朽木，是變事不是變法。康有爲主張變法必須「變本」，必須從政治制度，法律等變起，先開制度局而變法律，仿照東西各國「立行憲法，大開國會，以庶政與國民共之，行三權鼎立之制，則中國之治強，可計日待也。」〔註 112〕

在「全變」與「變本」方針的指導下，康有爲又提出了變法維新的各項具體內容。

在政治上：主張改變國家政體，用資產階級君主立憲政體代替封建君主專制政體。康有爲認爲中國百弊叢積、腐敗羸弱都是封建君主專制制度造成的。他認爲實行君主立憲的國家，「人君與千百萬之國民合爲一體，國安得不強？」而我國行專制政體，「一君與大臣數人共治其國，國安得不弱？」〔註 113〕所以，中國要富強，只有仿傚俄日等國，實行君主立憲政體。

康有爲提出實行君主立憲的主要辦法是：

設議院。他在「公車上書」中提出的議郎制即初步的議會制，規定議郎職權爲「上駁詔書，下達民情」，凡國家大事都召集議郎開會確定。後來他正式提出「設議院通下情」，國事由國會議行，以後又主張設「制度局」，制定憲法，改革官制，君民共同治理國家等等。

組成維新內閣，成立責任制政府。康有爲主張設「制度局以總其綱」外，在全國應成立法律、度支、學校、農、工、商、鐵路、郵政、礦務、遊會、陸軍、海軍等十二局，由十二局組成政府，分別掌握行政權，皇帝不直接過問行政事務，不准守舊大臣過問政事。

司法獨立，設司法官執掌司法權。

〔註 110〕 康有爲：《敬謝天恩並統籌全局摺》，《戊戌變法》（二），上海：上海人民出版社 1957 年，第 215 頁。

〔註 111〕 康有爲：《上清帝第六書》，《戊戌變法》（二），上海：上海人民出版社 1957 年，第 199 頁。

〔註 112〕 康有爲：《請定立憲開國會摺》，《戊戌變法》（二），上海：上海人民出版社 1957 年，第 237 頁。

〔註 113〕 康有爲：《請定立憲開國會摺》，《戊戌變法》（二），上海：上海人民出版社 1957 年，第 236 頁。

　　實行立法、司法、行政三權分立的君主立憲政體，讓資產階級參加政權，是康有爲政治上學習西方、變法維新思想的根本內容。

　　在唯新派的推動下，光緒皇帝終於採納了康有爲的建議，於 1898 年 6 月 11 日發佈《明定國是詔》，實行變法。從 6 月 11 日至 9 月 21 日的 103 天的「百日維新」。期間，光緒帝陸續發佈了幾十件有關變法的詔令，內容幾乎囊括了一切國務要政。

　　可是變法詔令頒佈後，以慈禧太后爲首的頑固派強烈反對。9 月 21 日，慈禧發動政變，囚禁光緒於瀛臺，再次由她「臨朝訓政」，並下令逮捕康、梁等維新派人士。康有爲、梁啓超事前已聞訊逃亡到香港、日本。9 月 28 日，維新派志士譚嗣同、楊銳、林旭、劉光第、康廣仁、楊深秀等 6 人被斬首於北京菜市口。「百日維新」淹沒在血泊之中。

　　戊戌變法雖然僅有百日，但它是以在中國實現近現代法治爲目的的變革，是中國政治當局在資產階級維新派推動下謀求法治的開端。

3.4.2 晚清修律變制的實踐

　　1900 年，在中國發生了兩件大事：一件是震驚世界的義和團反帝愛國運動；另一件是八國聯軍入侵北京。義和團運動沉重地打擊了帝國主義陰謀瓜分中國的囂張氣焰。連八國聯軍頭子瓦德西也不得不承認：「無論歐美、日本各國，皆無此腦力與兵力可以統治此天下生靈四分之一也」，「故瓜分一事，實爲下策。」〔註 114〕然而，腐朽的清政府卻卑躬屈膝，1901年 9 月，同列強簽訂了屈辱的《辛丑條約》，用出賣民族利益換得了其統治地位的「保全」，成了地地道道的「洋人的朝廷」。致使許多有識之士不再對清政府抱有任何幻想，不再重蹈戊戌維新自上而下進行改革的覆轍，決心以自下而上的革命手段，推翻清王朝的統治，爲中華民族的復興尋求新的出路。

　　1894 年 11 月，孫中山聯絡海外愛國華僑，在檀香山成立了興中會；以「驅除韃虜，恢復中華，創立合眾政府」爲綱領，這是中國近代資產階級第一個革命團體。1895 年 10 月，興中會在廣州發動起義，孫中山稱之爲「第一次革命」。1900 年，在義和團運動高漲時，興中會又發動了廣州、惠州起

〔註114〕　〔日〕佐源篤介：《八國聯軍志》，中國史學會主編：《義和團》第 3 冊，神州國光出版社 1951 年，第 244 頁。轉引自張學仁、陳寧生主編：《二十世紀之中國憲政》，武漢大學出版社 2002 年 6 月，第 21 頁。

義。雖然兩次起義都失敗了，然而孫中山點燃的資產階級革命的星星之火直接威脅著清王朝的統治。

在內憂外患下，清政府不得不採取措施，以應國民，發出實行「新政」的上諭，通飭京外各大臣「參酌中西政要，舉凡朝章國故、吏治民生、學校科舉、軍政財政、當因當革、當省當並，或取諸人，或求諸己。如何而國勢始興，如何而人才始出，如何而度支始裕，如何而武備始修。各舉所知，各抒所見，通限兩個月，詳悉條議以聞」。〔註115〕

隨後，清政府開始了修律變制的實踐。這一實踐過程主要包括：翻譯資本主義國家的法典法規；制定頒佈《欽定憲法大綱》和《憲法重大信條十九條》等一系列新政措施。

當時，從事西方法律法學翻譯、介紹、考察、研究者數量很多。從 1896 年的《西學書目表》、1899 年的《東西學書錄》、1904 年的《譯書經眼錄》、1905 年《新學書目表》的幾種譯書類作一統計，法律類書目的增長速度最快（見附表一）在法律法規等書目的翻譯介紹過程中，引進了近代的法律思想、法律原則、法學術語，還分科別類地制定了一系列新法律，基本上形成了符合法制規範的、以憲法為統率，包括民法、商法、刑法、訴訟法、組織法在內的近代法律體系。

這些法律法規成為南京臨時政府、北洋政府、南京國民政府制訂法律的基礎和重要依據。〔註116〕

表 3.1〔註117〕 三類翻譯文獻數量變化表

	1896 年《西學書目表》	1899 年《東西學書錄》	1904 年《譯書經眼錄》	1905 年《新學書目表》
法律類	13	12	64	73
兵制類	53	45	32	——
工政類	38	65	1	——

〔註115〕《上諭》，《義和團檔案史料》（下冊），北京：中華書局 1959 年，第 915 頁。
〔註116〕潘念之：《中國法律思想史》（上）上海：上海社會科學院出版社 1992 年，第 233～235 頁。
〔註117〕雲嶺：《清末西方法律、法學的輸入及影響》，《法律史論叢》第三輯，北京：法律出版社 1983 年，第 184 頁。

1908 年 9 月頒佈《欽定憲法大綱》和 1911 年 11 月頒佈《憲法重大信條十九條》。清政府主觀上並無實行民主法治的目的，憲法在實質上並沒有改變專制人治的封建政治基礎。

首先，《欽定憲法大綱》第 1、2 條，開宗明義規定：「大清皇帝統治大清帝國，萬世一系，永永尊戴。」「君上神聖尊嚴，不可侵犯」。即以法律形式肯定了大清皇帝對大清帝國「萬世一系」的統治權。至於《憲法重大信條十九條》，其實質與《欽定憲法大綱》是一致的，仍把「大清帝國皇位萬世不易」（第一條）；「皇帝神聖不可侵犯」（第二條）列在首位。此外，還規定：皇帝有任命總理大臣和國務大臣的權力（第八條）；皇帝直接統率海陸軍（第十條），從而保證了政權和軍權牢牢地控制在皇帝之手

其次關於臣民權利的規定也只是塗飾耳目、敷衍門面而已。《欽定憲法大綱》羅列的人民的權利不算少，如在法律範圍內，臣民有言論、著作、出版、集會、結社、財產、居住、人身等自由，有訴訟的權利，還有依法定資格擔任官吏及當議員的權利，但有一個先決條件，那就是這些權利必須在法律規定的範圍內方可享受。既然憲法是欽定的，那麼這些「權利」就是君上所「賜予」，由君上所操縱的。不言而喻，君上自然可以借各種理由來限制甚至取消這些沒有任何保障的權利。這與法治原則是相違背的。而《憲法重大信條十九條》對人民權利則隻字未提。

第三，憲法所確立的君主立憲政體，其形式上是想通過憲法來限制皇帝的權力，但事實上，《欽定憲法大綱》和《憲法重大信條十九條》對皇帝權力的限制是極其有限的。清政府企圖用「君主立憲」這件時髦外衣來包裝它那腐朽的君主專制軀體。這種金縷其表敗絮其中的伎倆，在 20 世紀中國法治發展史上開創了一個極其惡劣的先例。後來，中國的多個掌權者無不借憲法之名行獨裁之實。

清政府假法治真人治的做法在當時就遭到有識之士的猛烈批判。清廷頒佈《欽定憲法大綱》之後，宋教仁一針見血地指出：「憲法大綱」是在「東鄰島國半專制之憲法條文」基礎上，根據自己的意志拼湊而成的，與中國歷史上的暴君專制一脈相承，只不過是滿清政府「裝腔作勢抵禦人們之利刃」。他譏諷清廷：「今古史上第一專制君主秦始皇帝之大一統也，詔曰『朕為始皇，二世、三世至於萬世』，而清廷宣佈憲法，亦曰『大清皇帝萬世一系，永遠尊戴』。近世史上第一荒淫君主明武帝之威天下也，自封為鎮國公威武大將軍；

而今聖天子換汗大號，亦曰『朕親任大清帝國統率海陸軍大元帥。噫，孰謂中國古世無完全美備之立憲制度可師法也耶？』」從宋教仁深邃的剖析中，我們可以看出，清朝統治集團「實無眞正改良政治組織之誠意」，其「預備立憲」不過是「遮天下之耳目，以籠絡人心」，「行其集權專制之策略」而已。

在《民聲》第 1 期蓀樓的一篇《憲法大綱芻議》就把清政府騙人的把戲揭露得十分深刻。

他在文章中首先分析了國人對憲法的盲從，他說「數年以來，朝野上下，震懾於東西文物之美備，乃闖究其極旨，以爲列強盛衰隆替之由，胥緣發佈憲章之一端有以肇之。秀桀之倫，聯翩而起，簧鼓其說，競以縱談憲政爲高；盲識之徒，亦罔能精覈中實之所在，吠影吠形，異口同聲。風響所及，幾合二十餘行省爲一致。而肉食官吏，亦且俯拾餘瀝，挾其似通非通之知識，用其將開未開之政見，借名預備，以助其流而揚其波。而我國現勢，遂成一口頭憲政之世界矣。無識之流，方欣然色喜，以爲實行憲政之期既不遠，則吾民權之利，其少有擴張，而吾國勢之根本，亦將於此鞏固矣。」

然後他對憲法大綱本身進行了分析。他認爲「凡法制條文之定案，不可不先標明大綱者，若主義、若本位、若範圍、若順序排列，皆其尤焉者也。蓋綱領者，乃法制之精神骨髓，而全體之結構形式也，據之以明，緣之而定」，但憲法大綱卻十分令人費解。他從三個方面進行闡述。首先，憲法大綱所標示之主義不明確，但從第一條 「大清皇帝統治大清帝國」一語可看出其「微露君主之意」，而對國會之地位，大臣之責任卻省略。其次，憲法大綱對權利義務的規定是「顛倒反覆」，「於君上則本位權利，於臣民、議院則本位義務」。第三，憲法大綱在內容上「掛漏罔憂」，「以內閣大臣之重任，不署其名；司法制之獨立，無少龥舉；而會稽之法爲國家整理財政之紐樞，竟無一字述及」。他說：「詳觀我政府之行動，既無改革之效驗可徵，民權之伸張復壓抑焉惟恐不力，其無決行憲政之目的」。「所謂大綱者」，「是蓋塗飾耳目，愚侮眾庶，迹其中情，迥非有誠意於其間者」。

作者認爲「尤可怪者」，是「其奏牘及案語中乃大書欽定憲法字樣」。「憲法制定之由來，本緣人權競爭之趨勢而生，欽定名義，渺無聞焉」。他追溯憲政發展的歷史，指出：「歐洲十八世紀以前，專制之毒與中國現勢正同，盧騷忿之，特創民約之義。北美拾其餘，乃背英建制；法人逐其流，遂爲公民權宣言。至是而後，大陸各國，電摯雲激，小之則爲罷市停工，大之則爲革命

流血，製成憲法，國本始固，專制之威，卒難復延」。由此可知憲法「非成制於上」。

接著作者又進一步把憲法大綱中的「鉅謬」一一指出，列舉「鉅謬」如下：

一是「悖正義」。培根曾說：法律最高之品位在於正義，反是不可稱爲公正之法律，而紊亂亦將於此成之。作者認爲憲法關係重大，「於正義誠有絲毫不可忽者」。原因在於「憲法者，國家機關之組織，上下權利之界限，政治機能之活動，胥於此數十條中宣明，其他各項法律，無一能與此相背謬，稍有不正，則延引以至其極，其禍難正無窮也」。而清政府所頒佈的憲法大綱，「於君上之權，則備記惟恐不周；臣民之權，則漏遺滋甚，如書信密秘、身體安全、請願信教等，均弗注錄。而義務又取尚付疑問之當兵者，亦並記之。至若國會之權限，更不若方今都察院之能肆言，惟資以爲籌款之具」。似此規定，於正義果何如耶？「今立法者之心，其以一切大權，群集中於君上，意必可息背亂而圖久安，不知益之厚者損之速，高以危者敗以屬」。物極必返，勢盈則虧，無中無西，或未爽者。作者認爲「現今大勢，各國皆以伸張民氣爲矩矱，時運潮流，亦萬有不能抑遏之勢」。他告誡說：「正義不立，則競爭將因此而益劇。誰生屬階？其勿以此自得，而謂人民可欺，世界無公理之可言矣」。

二是「昧法理」。作者說「三權鼎立之制，褊陋粗疏之子，亦罔不洞澈其理由。蓋其說創自孟德斯鳩，以立法屬議會，司法入法院，行政歸政府，互相對立，權勢各異，而全國事務胥歸納於此中以運行。沿遞至今，駁議時見。顧世界立憲國，率分立法、司法、行政三大機關，是孟氏之功實仍有未磨滅者。雖三權分配，不盡如孟氏所言，其細密畛域，又多有雜廁難理之趣，如各國現制，立法部間有司法、行政事務，行政部或有司法、立法行爲，推之司法部，亦莫不然。蓋緣各國規定，自有重輕，運用之妙，各存權變。要之三權形式，均存孟氏學說之精神，苟以立憲名國，則未有出此範圍以外者」。而清政府頒佈的憲法大綱第十一條注云：「法律爲君上實行司法權之用，命令爲君上實行行政權之用。兩權分立，故不以命令廢法律。」作者說他「瀏覽此語，不禁狂笑欲絕」。「推其誤謬，蓋迥不知立法、行政、司法三大綱之爲何意，故創爲兩權分立之言」。

他說「吾聞有三權分立之制，簡兩權者殊未嘗聞」。「此種條解，實於三權分立之義茫乎未聞，故於司法、行政之內容，法律、命令之意義，無往而不背馳」，無法想像「起憲法草案者」，「不審法理若斯」！

作者認為，憲法大綱不僅「昧法理」，就連文字也不通。他舉兩事以質
閱者。（一）君上大權第一條：「大清皇帝，統治大清帝國，萬世一系，永遠
尊戴」。按此仿自日本。而日本則以天皇自開國以來未嘗易姓，故以「萬世
一系」四字形容之，此日人常以驕萬國者。我國朝代累更，帝位時易，本朝
開基，歷世幾三百年，以云萬世，豈實錄乎！萃此者亦自知其不倫，乃以日
本溯洄之字，轉而沿流之，變形容詞為動作詞，殆欲以秦一世至萬世之意，
隱寓其中乎？不然，欽定憲法，語意當出自君上，若本臣民尊戴一姓之義，
是于欽定之義，大相鑿枘。則是擬以日本，為不通原文之義；本諸臣民，為
大反上諭之文。（觀各國憲法，文義均用契約體，此憲法大綱作臣民語氣文，
當為民定憲法，而又表明為欽定者，是君上代臣民說話，可笑孰甚。）如斯
文義，可理喻乎！（二）第二條：「君上神聖尊嚴，不可侵犯。」考歐西憲
法，君主亦多有神聖二字。推求其原，本於羅馬，當貴族專制時代，人民為
保護權利計，特選護民官，以神聖二字冠之，無論有無罪惡，均不負責，蓋
所以抵貴族者。嗣後國君襲之，遂為習慣。日本採用，學者多譏之，謂於事
實法理全無涉也。今復益以尊嚴二字，其義更不能索解。渭以敬君上耶，則
神聖二字盡矣，豈有神聖而不尊嚴乎？是仿徽號累積之例，又贅文之大不安
者也。且此條之要義，在「不可侵犯」四字，而上文之形容，須因自國之歷
史酌量之，今沿襲於東西，既未明其義。而增益自本國，復又昧其理。即以
詞賦文句論，彼「神聖尊嚴」四字可聯繫乎？況法律名詞，而不可以絲毫亂
耶。作者說，以上所舉，略見一班。諸如此類，繁不勝言。作者認為法規之
文，最重明晰，倘真意不易理會，人民之欲據以證權利義務者，將夢夢焉弗
盡知也。他舉例說：希臘有暴君曰底哇里修斯者，每制一法，必懸諸百尺
竿頭，令民難讀，致冤民極甚。故西人謂立法者若草難文，用奇語，使常
人不解者，是底哇里修斯之徒也。他說：清政府頒佈的憲法大綱就有沿據
此態之勢，「謂其為綱，則提要不存；謂其為法，則規定不備」。而「所用
名詞，又多不中不東，暧昧模糊」。「如此立法，殆亦別具底哇里修斯之手
段耶」。

三是「反事實」。作者認為，一國之法治，必附麗於民情、道德、風俗、
習慣以為準者。然明知有反於此義，而顧不能限制，或以前此惡習，而更宜
於改良者，此萬不可以無謂之條文，再增惡俗之習慣。蓋世事有不能防閒之
途轍，而習慣有當改良之精神也。他以選舉法第二條注選舉權及被選舉權之

資格，竟有品行悖謬、營私武斷及身家不清兩項規定爲例，指出「果實行第一義，則議員將無正士；果實行第二義，則草野沈霾奇傑」。他非常理解創制者之苦心，認爲人生之品行既墮落，則一躍而爲議員，將有不堪設想之勢，不如明限禁之爲得。但他認爲判斷品行悖謬、營私武斷者的標準是很難確定的。至選舉法要領第六條：「凡人民於選舉之前，非在原籍地方住居滿一年以上者，暫停其選舉及被選舉權」，作者亦不知如此規定，據何理由？「將謂人民善良，惟以閉門不出者爲標準耶？夫世固有浪遊四海而心性惡劣之人，而蜷伏一鄉終身未他適，其無惡不爲者亦未嘗不多見也。將謂被選人須知民隱，乃以常住本地爲定擇，而選舉人亦非久住本地不能熟習人才，有失於遴選之虞耶」？作者認爲這種規定也不符合事實，因爲「議員之職雖以體察民隱爲先，然尤以識天下大局爲要。使不能會通情勢，雖諳習鄉中瑣屑，其於議院中議案有一毫補益者殆幾希也。至於地方人才，平昔知之最稔，雖邀遊何地，無不問訊之甚悉。如以住居原籍一年，始能辨別，稍經世事者，又以知其必不然也。若如原文所定行之，竊恐被選者皆頑固不化之流，而投票者盡愚戇無知之輩。事實所趨，有必然者。何則？方今時勢，交通繁盛，而文治樞紐，胥朝宗於各大都市。超軼等倫之士，恒往來於文軌繁盛之區以事經營。或初開化者，亦緣此開化地而增識見。故常居庭戶者，必不足以知現今大勢。使被選舉人而必枯守原籍一年，則夙有名望者多離鄉有所規畫，其肯拋其所經營者靜籠故里，以待此選舉之機，吾意雖至愚者必不出此也。高識者既有向隅，而常坐窮鄉之老頑固，素能恃鄰近鄉愿之聲，際此時機，遂承其乏而翩然出矣。有選舉權者亦緣此義，是惟多數一無知愚氓，紛紛投票，辨別人才之能力，固可預決其疏淺無倫矣。是其結果，求開明被選人，而開明者均見斥；求明達選舉人，而明達者無其迹」。作者歎曰：「吾不解此創制者，盍竟不語世事如此耶」！

令作者更爲驚異的是大清帝國所頒佈之憲法大綱，「猶不過完全一種專製法律」，「不能自成條例，竟取坊間所譯日本憲法，隨筆抄襲」致使憲法大綱四十條中有二十七條照錄成文。其結果遂有六種特質；（一）改字句者，則國文不通，如「萬世一系」，「神聖尊嚴」等是。〔二〕釋意義者，則不諳法規，如「兩權分立」等是。（三）增語句者，則昧法文體裁，如滿篇贅字等是。（四）換意義者，則純取專制，如君上大權所定及法律上之歲出等是。（五）變語氣者，如欽定憲法用臣民意思等是。（六）滋重複者，如君上大權已載黜陟百司

之權，而議院法又加「其用捨之權仍操之君上」等是。綜此六事，皆創制人按照成文振筆直書，而字裏行間，頗有點綴刪削之勞者。」

總之憲法大綱「悖正義」，「昧法理」，「反事實」，「主此稿件者，罪大惡極，殊非一言所能備述。」〔註118〕

儘管如此，晚清修律變制的實踐意義卻不容忽視。晚清修律變制所要解決的是法治第一個層面的問題，即國家權力機關的權力要用法律來規定，但由於這個法律是由清政府制定的，而不是由選舉產生的機構制定，因此，皇帝權威的至上性並未取消。僅從法治的第一個層面看，也還存在很多問題，而此時第二個層面的問題則根本沒有觸及。但晚清修律變制的實踐在法治進程中具有重要意義，它是近代中國從人治到法治的第一個階梯。因爲，首先，晚清形成的近代憲、刑、民、商等法律及與之相關的近代法律思想、法制原則、法學術語等是亙古未有的。其次，晚清修律變制過程中形成的近代法律體系構成了近代法治社會的基本框架，表明法治已從思想家們的意識轉化爲實在的法律制度。儘管清政府修律變制的實踐只想在保持其「常經」不變的情況下，有選擇地引入西方富強之道，以挽救其統治危機，這些形式具有合理性的法律制度也沒有眞正的實行。誠如羅茲曼所說：「在清朝的最後十年裏，中國曾以許多仿照西方模式的新式而帶有試驗性的知識，去取代舊的帝國政府的許多制度設施。」「這些制度漸漸地，但卻從來沒有完全地獲得實質性的發展；但是，這頭幾步的重要性與其說是在於它們實現了什麼永恒的東西，不如說在於它們和過去決裂了」。〔註119〕

歷史的發展並不以人的主觀意志爲轉移。隨著形勢的發展，清政府想控制或迫使人們按照它的要求來有限地實行法治已經不可能了。

〔註118〕《辛亥革命前十年間時論選集》第三卷，北京：生活‧讀書‧新知三聯書店 1977 年，第 678～693 頁。

〔註119〕G‧羅茲曼主編：《中國的現代化》，南京：江蘇人民出版社 1988 年，第 345～346 頁。

第四章　北洋政府時期（1912～1928）：
法治的踐行與挫折

　　辛亥革命推翻了清王朝，基本上結束了中國延續幾千年之久的封建皇權專制，中華民國建立後，在歡呼慶祝中國社會這一歷史巨變的同時，從這場革命的領導者到各界人士紛紛強調，這個新建立的國家，應是一個尊崇法律，依法行事的法治國家，將中國建成民主共和的法治國家。這一主張得到社會各界的廣泛響應，以法治國成為舉國上下的普遍輿論。

4.1　以法治國成為社會共識

4.1.1　「中國當為法治國」

　　辛亥革命推翻了清王朝，基本上結束了中國延續幾千年之久的封建皇權專制。中華民國建立後，在歡呼慶祝中國社會這一歷史巨變的同時，從這場革命的領導者到各界人士紛紛強調，這個新建立的國家，應是一個尊崇法律，依法行事的法治國家。將中國建成民主共和的法治國家這一主張得到社會各界的廣泛響應，以法治國成為舉國上下的普遍輿論。

　　當時，社會各界人士都普遍懷有以法治國的要求和願望，中華民國建立後，梁啓超於 1913 年 9 月就任北京政府司法總長。他指出：「今之稍知大體者，咸以養成法治國家為要圖。」〔註 1〕熊希齡就任國務總理後不久，在一次

〔註 1〕梁啓超：《政府大政方針宣言書》，《飲冰室合集》文集之二十九，北京：中華書局 2003 年，第 121 頁。

招待國會議員和各政黨代表的茶話會上也宣稱：「鄙人之政見可以簡單言之者，則使中華民國爲法治國是也。……欲使中華民國鞏固，非造成法制國不可。」〔註2〕雖然其在使用「法治」「法制」時不分彼此，但其渴望建立一個有別於以往的專制國的決心和信心則是十分明確的。

民國建立後任南京臨時政府司法總長的伍廷芳，更是一個以法治國的積極鼓吹者和實踐者。他甚至認爲「國家之強弱全視乎法制之精神」，〔註3〕因而辛亥革命成功之後，伍廷芳及李平書等便在上海、南京、杭州、福建等地發起「中華共和憲政會」，並出版《共和憲政雜誌》。〔註4〕

宋教仁更視憲法爲共和政體的保障，認爲實施政黨政治、建設共和政體的關鍵在於制定並施行一部眞正的共和憲法。中國能否成爲眞正的共和政體，還要依憲法而定。宋教仁堅信資產階級的統治應當靠憲政和法治來實現，無論何人掌權，都必須在憲法規定的範圍內治理國家。王寵惠也提出：「茲當革命成功，南北同意，制定一完美之憲法，實爲目前之急務。憲法爲國家之根本大法，憲法若不確立，則一切法令均無所本，而憲法之當否，又爲國家安危、政治良窳之所繫，是不可不深切加以注意。」〔註5〕

隨著各界人士建立法治國家的呼聲不斷高漲，研究討論憲法及法律問題的文章也見諸多種報刊。由宋教仁、徐血兒、邵力子等革命黨人主持的《民立報》，是宣傳以法治國思想的重要陣地，其刊載的鼓吹以法治國、建立民主共和法治國家以及討論憲法和各種法律問題的文章連篇累牘，還詳盡報導有關法政學校的情況以及臨時參議院和國會的立法活動。除《民立報》外，當時最有影響，發行量最大的刊物《東方雜誌》在每期的「中國大事記」欄中，刊載了所有經臨時參議院和第一屆正式國會（一期常會）議決的法律法規案，以及未經臨時參議院議決，由袁世凱以臨時大總統「教令」的形式公佈的法律、法規；《大公報》也在「法律」欄或「要件」欄內刊登了這些法律、法規。

〔註2〕熊希齡：《在參眾兩院議員暨各黨代表茶話會上演說辭》（1913年9月27日），《熊希齡集》（上），長沙：湖南人民出版社1985年，第502～503頁。
〔註3〕伍廷芳：《〈法國憲政通詮〉序》，《伍廷芳集》，北京：中華書局1993年，第529頁。
〔註4〕陳旭麓等：《中國近代史詞典》，上海：上海辭書出版社1982年，第537頁。
〔註5〕王寵惠：《憲法平議》，載謝瀛洲編：《困學齋文存》，臺北：中華叢書委員會出版1957年，第159頁。

　　當時社會各界人士對制憲問題也十分關注，迫切要求盡快制定憲法。因為人們認為制定一部好憲法，是鞏固中華民國，使國家擺脫貧弱走向強盛的惟一途徑。憲法具有「立國於不拔之基，措國於不傾之地」的重要作用。〔註6〕正如黃興所言：「今者，正式國會成立在即，建設共和國家之第一著，首在制定憲法。憲法者，人民之保障、國家強弱之所繫焉也。憲法而良，國家日臻強盛；憲法不良，國家日即於危弱。吾黨負建設之責任至繁至巨，首先注意憲法，以固國家之基礎。」〔註7〕「有良憲法而後有良政治，而後可以鞏固國家之丕基，以雄飛於大地」，希望國家轉弱為強，「惟憲法是賴」。國民對於憲法也要「研究之」，「毋徒委其責於議院。」制定憲法不光是那些議員、政客的事情，也有希望國家轉弱為強的「我國民諸君」的一份責任。〔註8〕正是這種認識和信念，使社會各界眾多人士參加到討論研究憲法問題的行列中來。海內外同胞皆欲為憲法盡其心力，以盡國民對憲法研究之責。此時在報紙上出現的關於憲法的言論很多，如張東蓀、梁啓超、譚延闓、張鳳翽、黎元洪、有賀長雄、鄒琳均曾發表專文。除了這些名人撰文探討憲法外，更有普通百姓參與其中，如《民立報》上就登載了一華僑代擬的憲法草案。王寵惠在《憲法芻議》的序中就記述了當時他周遭的人力勸其籍此時刻表達其對中國立憲的意見，以作為國會的參考的情形。他寫道：「乃二三同志，以國會召集在即，憲法急待制定，勸余從事於憲法問題。且曰：民國憲法，全國國民之憲法也，非數百議員所得而私也。是故國會雖有制定之權，而國民皆有研究之責。先哲不云乎，國家興亡，匹夫有責焉。」〔註9〕時人對有關憲法內容的許多具體問題進行了熱烈的討論，提出了各種主張和意見，除了涉及國會與大總統各自的權限、國家是集權還是分權、採用內閣制還是總統制等這些各黨派之間爭論的主要問題外，還討論了一些細節問題，如張葆彝在《民國憲法論綱》中就提出，制定憲法時應對少數民族問題予以關注。他認為，我國民族眾多，但「同為國家組成分子」，那些多居住於邊疆地區的少數民族，雖與內地習俗不同，語言各異，但在法律上應平等

〔註6〕黃興：《〈國民〉月刊出世辭》（1913年3月），《黃興集》，北京：中華書局1981年，第316頁。
〔註7〕黃興：《〈國民〉月刊出世辭》（1913年3月），《黃興集》，北京：中華書局1981年，第316頁。
〔註8〕《雜評一·憲法研究問題》，《申報》1913年2月1日。
〔註9〕王寵惠：《王寵惠先生文集》，臺北：中國國民黨中央委員會黨史委員會出版1981年，第1～83頁。

一致，「不容稍存歧視」。〔註10〕這也從一個方面表明了人們對以法治國思想接受的深度和以法治國信念的堅定，說明法治思潮在當時產生了廣泛而深刻的影響。

在法治政治中，憲法是根本大法，一經制定就不應隨意更改，以保障國家政治的穩定性。民國初年即有人提出，民國要制定的憲法應該是一種「強力的憲法」。所謂「強力的憲法」，是指「其修正與變更需煩重之手續，用特別之機關，與一般法律迥然大殊」。〔註11〕這一意見非常重要，在社會階級矛盾激烈尖銳，政治變動劇烈頻繁的非常時期，這種意見是非常可貴的。

在制憲原則問題上，有人認為民國制定憲法不可照搬歐美國家，即使是當時一致看好的美國和法國憲法，亦「皆有可採者，有不可採者」，而法美之外其他國家的憲法，「有可採者採之亦無不可」，其原則要在「惟斟酌乎吾民國現在之國情」，且「順乎世界政治之趨勢」。〔註12〕這是十分正確的觀點。

由此可見，以法治國，將中華民國建為民主共和的法治國家，在當時已成為國人一種強烈的願望和要求，並形成了普遍的社會輿論。

4.1.2 「夫國家治亂一系於法」

孫中山非常重視法制建設，南京臨時政府剛剛誕生，孫中山就莊嚴宣佈：「中華民國建設伊始，宜首重法律」。〔註13〕孫中山把立法看作和奪取政權一樣重要。他說：「立法事業，在在與戎機相待為用」，〔註14〕認為「所有一切法律命令，在在須行編訂」。〔註15〕他認為民國政府一經成立，「當更張法律，改訂民、刑、商法」，〔註16〕「現在民國統一，司法機關將次第成立，民刑各律及訴訟法，均關緊要」，〔註17〕並指出「國無法不立」，視「法」為治國的

〔註10〕張葆彝：《民國憲法論綱》，《申報》1913 年 7 月 2 日。
〔註11〕吳灼昭：《憲法內容之商榷》，《憲法新聞》第 3 期。
〔註12〕空海：《中華民國制定新憲法之先決問題》，《民立報》1912 年 1 月 25 日。
〔註13〕孫中山：《宴請國會及省議會議員時的演說》（1918 年 2 月 7 日），《孫中山全集》第 4 卷，北京：中華書局 1985 年，第 331 頁。
〔註14〕孫中山：《祝參議院開院文》，《孫中山全集》第 2 卷，北京：中華書局 1982 年，第 44 頁。
〔註15〕孫中山：《咨參議院請核議法制局職制草案文》，《孫中山全集》第 2 卷，北京：中華書局 1982 年，第 17 頁。
〔註16〕孫中山：《對外宣言書》，《孫中山全集》第 2 卷，北京：中華書局 1982 年，第 10 頁。
〔註17〕孫中山：《咨參議院請核議暫行法律文》，《孫中山全集》第 2 卷，北京：中華書局 1982 年，第 276 頁。

一大法寶。〔註18〕「法律二字與他種事物迥乎不同；法律之性質如幾何學，如物理學，當然是板定的，絕無通融挪移之餘地。國人對於法律往往混道德、人情爲一例，此根本之錯誤。」「蓋國家之治安，惟繫於法律」。〔註19〕

　　孫中山堅持法律至上原則，明確主張「今日辦法只有以人就法，不可以法就人」，〔註20〕並且提出，一切政黨和勢力均要在法律的範圍內活動。雖然他認爲一個政黨內部可以用「人治」的辦法管理，但作爲一個社會組織的政黨在處理其外部關係時，仍然要受法律的約束。「民黨之所求者，國中無論何人及何種勢力，均應納服於法律之下，不應在法律之外稍有活動」〔註21〕。即使貴爲總統，也應在法律範圍內活動，因爲在孫中山看來，「總統不過國民公僕，當守憲法，從輿論」。〔註22〕至於國會議員，「不過國民之公僕，並非有何神聖，苟其瀆職，即須受法律之制裁」。〔註23〕在一國之內，不允許有超越法律之上的人，「人人受此大法之支配」。〔註24〕他說，民國「既爲人人共有之國家，則國家之權利，人人當共享，而國家之義務，人人亦當共擔。界無分乎軍、學、農、工、商，族無分乎漢、滿、蒙、回、藏，皆得享共和之權利，亦當盡共和之義務。」〔註25〕共和國家，首當守法。此乃全體國民對國家應盡之義務。他的這一正確思想，對今天中國的法治建設，仍有其現實意義。

　　法律至上最重要的是憲法至上。孫中山稱憲法爲立國的根本法，又說：「憲法者，國家之構成法，亦即人民權利之保障書也。」〔註26〕他認爲在整

〔註18〕　孫中山：《宴請國會及省議會議員時的演說》（1918年2月7日），《孫中山全集》第4卷，北京：中華書局1985年，第331頁。

〔註19〕　孫中山：《與戊午通信社記者的談話》（1918年10月27日），《孫中山集外集》，上海：上海人民出版社1990年，第234頁。

〔註20〕　孫中山：《接見國會議員代表的談話》（1918年4月13日）《孫中山全集》第4卷，北京：中華書局，1985年，第444頁。

〔註21〕　孫中山：《與戊午通信社記者的談話》（1918年10月27日）《孫中山集外集》上海：上海人民出版社1990年，第235頁。

〔註22〕　孫中山：《覆譚人鳳及民立報館電》，《孫中山全集》第2卷，北京：中華書局1982年，第110頁。

〔註23〕　《孫宅重要辯正》，《孫中山集外集》，上海：上海人民出版社1990年，第645頁。

〔註24〕　孫中山：《與蘇贛督軍代表的談話》，《孫中山全集》第4卷，北京：中華書局1985年，第265頁。

〔註25〕　孫中山：《在張家口各界歡迎會的演說》（1912年9月7日），《孫中山全集》第2卷，北京：中華書局1982年，第451頁。

〔註26〕　孫中山：《中華民國憲法史》前編序（1920年8月），《孫中山全集》第5卷，北京：中華書局1985年，第319頁。

個法律體系中，憲法最重要。他說：「憲法爲國家的根本大法，與國之存亡相始終。蓋憲法成立，國之根本，庶難搖動」，「憲法成，國本斯固」。〔註27〕，「國家憲法良，則國強；憲法不良，則國弱。強弱之點，盡在憲法」〔註28〕。因此其他法律均要以憲法爲依據，「諸事當求與法律不相違背」，「當與根本大法性質不相牴觸」〔註29〕。早在同盟會綱領中，孫中山就明確提出要「制定中華民國憲法，人人共守」。在他被迫向袁世凱交出政權時，又鄭重提出：「總統不過國民公僕，當守憲法，從輿論。」〔註30〕繼在《中華革命軍大元帥檄》中憤怒批判袁世凱「改毀約法，解除國會」〔註31〕後，孫中山又在《討袁宣言》中強調約法爲民國開創時國民眞意之所發表，而實賴前此優秀之士，出無量代價購得之也。……違反約法，則願與國民共棄之，尊重約法，則願與國民共助之。

孫中山爲了探求一個最佳憲法，對西方國家的憲法作了深入的考察和研究。他說：「兄弟歷觀各國的憲法，有文憲法是美國最好，無文憲法是英國最好。英是不能學的，美是不必學的。」爲什麼不必學美？因其憲法「不完備的地方很多，而且流弊亦不少。」考美國憲法，以孟德斯鳩的三權分立學說爲依據，行政、立法、司法三權的界限雖然分得十分清楚，但沒有獨立的考試權和糾察權（監察權），美國選舉或委任官吏的不少流弊，乃「考選制度不發達的原故」，無獨立的糾察權，也「因此生出無數弊病」，所以美國憲法雖「幾爲十九世紀以來第一之完全憲法」，〔註32〕但「現在已經不適用的了。」〔註33〕爲此，孫中山吸收了我國歷代考試制度和監察制度的積極因素，在行政、立法、司法三權之外，加上考試、糾察兩權，用「五權分立」彌補「三

〔註27〕 孫中山：《在宴請美領事會上的講話》（1918 年 3 月 16 日），《孫中山全集》第 4 卷，北京：中華書局 1985 年，第 400 頁。

〔註28〕 孫中山：《宴請國會及省議會議員時的演說》（1918 年 2 月 7 日），《孫中山全集》第 4 卷，北京：中華書局 1984 年，第 331 頁。

〔註29〕 孫中山：《對全體國會議員的談話》（1918 年 4 月 11 日），《孫中山全集》第 4 卷，北京：中華書局 1985 年，第 443 頁。

〔註30〕 中國科學院近代史研究所史料編譯組：《辛亥革命資料》，北京：中華書局 1961 年，第 137 頁。

〔註31〕 孫中山：《中華革命軍大元帥檄》，《孫中山全集》第 3 卷，第 130～131 頁。

〔註32〕 孫中山：《宴請國會及省議會議員時的演說》（1918 年 2 月 7 日），《孫中山全集》第 4 卷，北京：中華書局 1985 年，第 331 頁。

〔註33〕 孫中山：《在東京〈民報〉創刊週年慶祝大會的演說》（1906 年 12 月 2 日），《孫中山全集》第 1 卷，北京：中華書局 1981 年，第 329～330 頁。

權分立」之不足。他說：「我們現在要集合中外的精華，防止一切的流弊，便要採用外國的行政權、立法權、司法權，加入中國的考試權和監察權，連成一個很好的完璧，造成一個五權分立的政府。」〔註34〕同時，孫中山認為，英、美代議制另一重大缺陷，乃人民沒有直接民權，人民管不了政府。他說，英、美的代議制「不是真正民權，直接民權才是真正民權。」〔註35〕何謂直接民權？即人民「對行政有選舉權、罷免權，前者所以舉賢才，後者可以救濟誤選」；「對立法方面有創制權，復決權。創制權以補法律所未備，復決權所以矯法律之不善。」〔註36〕國家最重要的是官吏和法律，選舉權和罷免權是「管理官吏」的，創制權和復決權是「管理法律」的，「人民有了這四個權，才算是充分的民權；能夠實行這四個權，才算是徹底的直接民權。」〔註37〕這就彌補了間接民權之不足。總之，人民擁有直接民權，用人民的四個政權來管你政府的五個治權，那才算是一個完全的民權政治機關。有了這樣的政治機關，人民和政府的力量才可以彼此平衡。……彼此保持平衡，民權問題才算是解決，政治才算是有軌道。〔註38〕他認為此乃「各國制度上所未有」的、「學說上也不多見」的「可謂破天荒的政體」，〔註39〕「二十世紀之完全憲法」。〔註40〕

　　孫中山將法視為治國的一大法寶，他認為民國之後動蕩的局面皆由於「執政者營私亂法之所致」。他說「大國家治亂一系於法，法本空文，專賴合法機關之合法行為之表現。約法為民國命脈，國會為法律本源。國會存，則民國存；國會亡，則民國亡。」〔註41〕「約法與國會，共和國之命脈也，命脈不

〔註34〕　《孫中山全集》第1卷，北京：中華書局1981年，第330～331頁。

〔註35〕　孫中山：《在中國國民黨本部特設駐粵辦事處的演說》（1921年3月6日），《孫中山全集》第5卷，北京：中華書局1985年，第476頁。

〔註36〕　孫中山：《在廣東省第五次教育大會上的演說》（1921年6月30日前），《孫中山全集》第5卷，北京：中華書局1985年，第560頁。

〔註37〕　孫中山：《民權主義》（第六講），《孫中山全集》第9卷，北京：中華書局1986年，第350頁。

〔註38〕　《孫中山全集》第1卷，北京：中華書局1981年，第331頁。

〔註39〕　孫中山：《在東京〈民報〉創刊週年慶祝大會的演說》（1906年12月2日）《孫中山全集》第1卷，北京：中華書局1981年，第317頁。

〔註40〕　孫中山：《宴請國會及省議會議員時的演說》（1918年2月7日），《孫中山全集》第4卷，北京：中華書局1985年，第332頁。

〔註41〕　孫中山：《通告護法各省軍政首領支持軍政府電》（1918年2月22日），《孫中山全集》第4卷，北京：中華書局1985年，第349頁。

存，體將安託？」〔註42〕他甚至將法律提高到關係國家存亡的高度加以闡釋。國無法則不立，法不爲法，國無以爲存，「國家之治安，惟繫於法律，法律一失其效力，則所尙專在勢力；勢力大者，雖橫行一世而無礙；勢力少者，則惟有終日匍伏於強者腳下，而不得全其生。則強暴專國，公理夭絕，其國內多數人，日在恐惶中，不獨不足以對外，且必革命迭起，殺戮日猛。平時不能治安，外力乘之，必至亡國。故吾人對於法律問題，終不敢稍有遷就也。」〔註43〕

爲了搞好立法工作，孫中山專門成立了編訂所有一切法律命令的法制局，並親自領導了臨時政府的立法工作，除了制訂頒佈《中華民國臨時約法》外，還頒佈了改良財政，蠲除工商業種種之限制的各項法令。

立法是以法治國的前提，無法就根本談不上法治。但「徒法不足以自行」，有法不依，等於無法。孫中山對執法提出嚴格要求。他說：「奉大法以治國」，「國之大事，一依法律解決」。〔註44〕執法者要秉公執法，對任何案件，都要查清事實，視證據之充實與否，依法處理。不管任何人，凡違法的，一定要追究法律責任，無所容其遷避。

司法機關是重要的執法機關，法官是重要的執法者，他們要「盡保護人民之責」，「爲人民謀享受法律保護之幸福」，孫中山對這些機關及其人員的素質頗爲重視。他說，爲了保護人民，司法機關要完善設置，否則「不足以實踐其保護之責，而貫徹法之精神」。〔註45〕同時，「所有司法人員必須應法官考試合格人員，方能任用。」〔註46〕俾其眞能勝任職務，秉公執法。否則，法治無由實現。要保證執法機關和執法人員秉公執法，還必須完善各項制度，加強對執法機關和執法人員的監督。孫中山認爲監督官吏和考選官吏同等重要。他說，他還主張實行官吏宣誓就職新例，「凡百官吏於就職，必發誓奉公守法，不取賄賂；以後有違誓者，必盡法懲治之。」〔註47〕公僕爲主

〔註42〕孫中山：《在東京與某某的談話》，《孫中山全集》第 3 卷，北京：中華書局 1984年，第 281 頁。
〔註43〕《孫中山集外集》，上海：上海人民出版社 1990 年，第 234 頁。
〔註44〕孫中山：《通告駐華各國公使書》（1918 年 4 月 17 日），《孫中山全集》第 4 卷，北京：中華書局 1985 年，第 448 頁。
〔註45〕孫中山：《咨國會非常會議請設大理院文》（1918 年 2 月 18 日），《孫中山全集》第 4 卷，北京：中華書局 1985 年，第 341 頁。
〔註46〕孫中山：《咨參議院請核議法官考試委員官職令草案等文》（1912 年 3 月 26日），《孫中山全集》第 2 卷，北京：中華書局 1982 年，第 281 頁。
〔註47〕孫中山：《與〈字林西報〉記者的談話》（1920 年 11 月 25 日），《孫中山全集》第 5 卷，北京：中華書局 1985 年，第 429 頁。

人辦事，要接受主人監督，這就需要有完善的監督制度，除國會代表國民行使監督政府的職權外，還需設立監察機關，專司監察，對官吏的失職違法行爲進行彈劾。在司法方面，他還主張設立陪審、律師制度，與司法獨立相輔爲用。〔註48〕陪審制度和律師制度是近代國家通行的一種文明司法制度，是訟務平允的一種制度保證。司法獨立乃近代國家一個司法原則，他強調司法獨立，保證司法機關和法官在執法中不受上級官廳、行政長官干涉，以杜絕「以法就人」的壞法弊端。

總之，任何人都得遵紀守法，如有違法，都得追究法律責任，不允許有超越法律的特權。在「朕即國家」、皇帝的命令就是法律這一思想長期影響的國度裏，孫中山的這一思想具有重大的歷史意義和深遠的現實意義。

4.1.3　珍視法治原則

1. 一視同仁不畏權

以法治國，依法行事在民國初年雖已成爲社會共識，但專制人治的歷史傳統不是一朝一夕就可廢止的。當時南京臨時政府在有些事情上就未能嚴格依法辦事，對此，當時作爲中華民國立法機關的南京臨時參議院及其前身代理參議院，曾與之進行了針鋒相對的鬥爭，表現出強烈的維護法律尊嚴和監督政府的意識。

在完成了制定《中華民國臨時政府組織大綱》，選舉臨時大總統的任務之後，1912 年 1 月 2 日，各省都督府代表聯合會改稱代理參議院。此後各省根據《中華民國臨時政府組織大綱》的規定選派的參議員陸續到寧，至 1 月 17 日，已有 15 省 22 位參議員（或代表）出席代理參議院會議（其省份與人員爲，廣東：趙士北；廣西：馬君武、章勤士；湖北：劉成禹、時功玖；江西：湯漪、王有蘭；雲南：段自清、呂志伊；浙江：王正廷；湖南：彭允彝、歐陽振聲、劉彥；直隸：谷鍾秀；河南：李磐；四川：周代本；福建：潘祖彝、陳承澤；陝西：常恒芳；山西：景耀月；陝西：馬步雲；奉天：吳景濂。〔註49〕南京臨時參議院的格局初步形成。

〔註48〕孫中山：《令法制局審核呈覆律師法草案文》（1912 年 3 月 22 日），《孫中山全集》第 2 卷，北京：中華書局 1982 年，第 274 頁。

〔註49〕李學智：《民國初年的法治思潮與法制建設——以國會立法活動爲中心的研究》，北京：中國社會科學出版社 2004 年，第 90 頁。

　　在南北議和期間，南京臨時政府在未爭得參議院同意的情況下，擅自做主停戰十四日，這顯然違反了《中華民國臨時政府組織大綱》第 4 條：「臨時大總統得參議院之同意，有宣戰、媾合及締結條約之權」的規定。〔註50〕在 1 月 19 日的代理參議院會議上，臨時政府的這一違法行為引起議員們的不滿，會議議決：「質問政府繼續停戰十四日事，不特未得參議院同意，且未通知參議院，實為違背臨時政府組織大綱」，在會後致臨時大總統咨文中，代理參議院指責臨時政府「竟冒然將議和日期一再繼續，殊不可解；亦未來聞有統籌全局之計劃，甚至繼續停戰之約，並不通告本院，尤為駭異」。〔註51〕這是南京參議院第一次為嚴格依法行事而對臨時政府提出指責，表現了強烈的監督政府維護法制的意識。

　　此後，南北議和磋商的主要內容是清帝退位的優待條件。但在 1 月 22 日，南京臨時政府又自作主張，將優待條件電告袁世凱，23 日才將各條文抄呈代理參議院，請求追認。1 月 25 日，代理參議院開會，同意了臨時政府的請求，追認各項條文，但同時對臨時政府這種違反《中華民國臨時政府組織大綱》的做法，表示了強烈的不滿，在咨行大總統文中稱：「嗣後政府對於應由本院議決事件，無論如何緊急，得要求本院即時開會議決，不得要求追認。」〔註52〕

　　辛亥革命取得勝利後，革命黨人要建立新的全國性政權，處處需要經費，然而不幸的是，由於當時中國民困國窮，各級庫存空虛；西方國家又迅速控制了中國的海關，使大量海關稅款流入國外。革命黨人碰到了一個十分難以解決的問題——財政問題。

　　當時許多人將解脫新政府財政困境的希望唯一地寄託於孫中山，謂：「孫中山先生久在外洋，信用素著，……能否於新政府成立之後，擔任募集外債一萬萬兩或至少五千萬兩以上」。〔註53〕英《泰晤士報》駐北京記者莫里循 1 月 5 日評論孫中山與他的臨時政府：「孫中山迄今給人們良好的印象。人們認為孫中山隨身攜帶鉅額的外幣，因此對他有好印象，但印象好

〔註50〕《中華民國檔案資料彙編》第 2 輯，南京：江蘇古籍出版社 1991 年，第 5 頁。
〔註51〕劉星楠：《辛亥各省代表會議日誌》，《辛亥革命回憶錄》（六），北京：中華書局 1963 年，第 257 頁。
〔註52〕劉星楠：《辛亥各省代表會議日誌》，《辛亥革命回憶錄》（六），北京：中華書局 1963 年，第 259 頁。
〔註53〕張孝若：《南通張季直先生傳記》，上海：上海書店 1991 年影印版，第 169 頁。

到底多少是由於所傳他帶來鉅款卻很難說。據我瞭解，實際上他什麼錢都沒有帶來」。〔註 54〕

　　事實確實如此，孫中山回國後，首先被記者問到的問題就是帶回了多少錢。孫中山的回答卻是：「予不名一錢也，所帶回者，革命之精神耳。」〔註 55〕

　　「革命之精神」固然可以鼓舞民眾士氣，但僅靠革命精神也是遠遠解決不了當前最緊迫的實際問題的。孫中山不得不絞盡腦汁、殫精竭慮，為南京臨時政府的財政問題尋找解決的途徑。

　　當時的臨時政府無錢支付工作人員的工資，更無錢按時支付軍餉，致使「民軍待哺，日有嘩潰之虞，譬猶寒天解衣裘付質庫，急不能擇也。」〔註 56〕正如李學智所說：「舉借外債成為迫不得已的事情」。〔註 57〕於是，南京臨時政府乃接受日方建議，由盛宣懷與日本三井財閥簽訂中日合辦漢冶萍合同，借日本一筆鉅款，其中部分借款轉貸給南京臨時政府，對盛宣懷擁有之公司產業則不予沒收。1912 年 1 月 29 日中日「合辦」漢冶萍草約在日本神戶簽訂。此舉引起各方反對、責難，「而參議院持之尤烈」。〔註 58〕

　　2 月 12 日，參議院向臨時政府提出質問，指責臨時政府違法借款。2 月 18 日，孫中山對臨時參議院的質問作出答覆，但在答覆文中，孫中山迴避了臨時政府與日方簽約之事，亦未將此項借款的真實情況和盤托出，而是含糊其辭地稱：政府原來準備向漢冶萍及招商局商准將私產抵押以借鉅款，借得鉅款後再以國民名義轉借於政府，作為一萬萬國債之內的一部分。後來因為政府批准以漢冶萍由私人與外人合股，得錢難保無意外枝節，旋令取消五百萬元合股之議，仍採用私人押借的辦法，借到二百萬元，轉借於政府。是政府原依院議而行，因火急借入二百萬元，以應軍隊之需要，手續未及分明。

〔註 54〕〔澳〕駱惠敏編：《清末民初政情內幕——〈泰晤士報〉駐北京記者、袁世凱政治顧問喬　莫里循書信集》（上冊），北京：中國社會科學出版社 1984 年，第 823 頁。

〔註 55〕孫中山：《建國方略》，1917 至 1919 年，《孫中山全集》第 1 卷，北京：中華書局 1981 年，第 246 頁。

〔註 56〕孫中山：《覆張謇函》（1912 年 1 至 2 月間），《孫中山全集》第 2 卷，北京：中華書局 1982 年，第 142 頁。

〔註 57〕李學智：《民國初年的法治思潮與法制建設——以國會立法活動為中心的研究》，北京：中國社會科學出版社 2004 年，第 91 頁。

〔註 58〕高勞：《臨時政府借債彙記》，《東方雜誌》第 8 卷第 11 號。

實際上並無違法之處。〔註59〕

　　臨時參議院對於這樣含糊其詞且不得要領的答覆十分不滿。2月22日，臨時參議院再次追問此事，質問：「漢冶萍是否皆可用私人押借？所謂私人，究希何人？」政府既然已取消五百萬元合股之議，又轉借二百萬元，係用何種手續？其條件究係如何？」參議院要求「即日派專員到院切實答覆，並將有關漢冶萍借款各種文件攜交本院，以便討論。」〔註60〕面對臨時參議院咄咄逼人的質問，孫中山於2月23日作出答覆如下：漢冶萍之款，係該公司以私人資格與日本商訂合辦，其股份係各千五百萬元，尚未通過合同於股東會。先由該公司借日本五百萬元，轉借與臨時政府，而求批准其事。先交二百萬至三百萬，俟合辦合同成立，交清五百萬。該款已陸續收到二百萬元。本總統以與外人合股，不無流弊，而其交款又極濡滯，不能踐期，是以取消前令。惟已收支二百萬元，照原約須為擔保之借款。〔註61〕這一答覆將臨時政府積極促成漢冶萍借款的主動，說成是完全的被動；又將政府在各方的巨大壓力下被迫取消此借款，說成是為防「流弊」，且懲「濡滯」而主動「取消前令」，力圖諉卸或減輕責任。按照臨時參議院的要求，孫中山又派總統府秘書長胡漢民出席參議院會議，回答質問。此後，臨時參議院雖仍稱「總統兩次答覆，均無理由之可言，此事既未先交院議，無論股東會能否通過，該院絕不承認」。〔註62〕但臨時政府既已明令取消在前，股東會又「全體反對」於後，1912年3月22日，漢冶萍公司召開臨時股東大會，公決是否與日本合辦問題，投票結果，共計440票，全體反對〔註63〕此事遂告結束。

　　南京臨時政府從成立到北遷結束為止，一直處於極度困難之中。當時是北寇崛強，困獸有猶鬥之念；遺孽負固，瘈犬存反噬之心，民國新建，外交內政，百緒繁生。處於極度財政困難中的南京臨時政府，為了解決燃眉之急，飲鴆止渴。但是，南京臨時參議院對違反法治原則的任何人，無論其聲望有

〔註59〕　《大總統咨參議院答覆漢冶萍借款並無違法文》，《臨時政府公報》第26號，1912年3月1日。

〔註60〕　《南京臨時參議院咨孫中山質問漢冶萍借款等事文》，《孫中山藏檔選編》，中華書局1986年版，第201頁。

〔註61〕　《咨覆參議院再次質詢臨時政府抵押借款等案文》（1912年2月23日），《孫中山全集》第2卷，第123～124頁。

〔註62〕　高勞：《臨時政府借債彙記》，《東方雜誌》第8卷第11號。

〔註63〕　見《漢冶萍有限公司商辦歷史》，載《舊中國漢冶萍公司與日本關係史料選輯》，上海人民出版社1985年版，第337～341頁。

多高，權威有多大，情況多麼值得同情，都進行堅決的鬥爭，勇敢地擔當起維護法制的重任，這是值得稱道的。

2. 拍案而起為原則

南京臨時參議院內部因華俄道勝銀行借款問題也引發了一場維護法規與違反法規的衝突，事情經過如下：

南京臨時政府為解決財政困難在上海與華俄道勝銀行談成一筆150萬鎊的借款，並於2月21日簽訂了草合同。因為事情緊急，孫中山接到財政部的報告後，立即接連向臨時參議院提出兩道咨文，請其時會，對此事提前決議，並派總統府秘書長胡漢民和財政部委員黃體謙親自到參議院陳述一切。〔註64〕2月26日上午，胡漢民到臨時參議院報告了此項借款情況，參議院指出「多數可決政府交擬案諸要點，但訂定草約須交由參議院通過方能作實」。〔註65〕於是，27日上午，臨時政府將借款草合同咨送參議院審查、議決。

由於事情緊急，臨時政府要求參議院召開臨時會，提前決議借款合同事宜，議長林森即指定錢樹芬、湯漪、劉彥、張耀曾、谷鍾秀等5人為特別審查員，錢樹芬等人數小時內即將此草合同審查完畢，擬定了審查報告。〔註66〕

當天下午2時，臨時參議院即開會討論此案。參議院每日上午9～12時為開會時間，此次下午加開臨時會，故當時在院的全體38名議員僅到19人，而表決時只剩下14人，贊成此案者8人。主持會議的議長林森即宣告此案多數通過，「第三讀會可從省略」。〔註67〕林森等人此舉雖意在盡快通過此借款案，以解臨時政府燃眉之急，但明顯違反了《參議院議事細則》。此細則規定：「凡會議須有半數以上之議員到會方可開議」；「關於法律、財政及重大議案必經三讀會始得議決」；「凡政府提出之議案，既經第一讀會者，應交審查會審查之，待其報告後，以該案大綱付之討論並議決應否開第二讀會」；「第二、第三讀會日期間兩日或間一日，得由議員公決之」。〔註68〕借大額外債實屬

〔註64〕《大總統準財政部電稱擬借華俄道勝銀行款項咨參議院提前議決文》，《大總統咨參議院提出華俄道勝銀行借款草合同請提前議決文》，《臨時政府公報》第26號，1912年3月1日。
〔註65〕《參議院議事錄》2月26日條。
〔註66〕《南京臨時政府新借大外債之草合同》及所附之《參議院審查報告》，《申報》1912年2月29日。
〔註67〕《參議院議事錄》2月27日條；《鄂省參議員劉成禺、時功玖、張伯烈辭職之公佈》，《申報》1912年3月2日。
〔註68〕《參議院議決案彙編》甲部一冊。

財政重案，如此匆忙議決，縱然事出有因，亦難辭違規之咎。

當日下午，當鄂籍參議員劉成禺帶借款草合同來到會場時，此案已表決通過。當劉得知表決的情況後，即向議長林森提出，此案違法通過，表決應作無效。林森未予理睬，搖鈴宣佈散會。〔註69〕

翌日上午臨時參議院開會時，劉成禺等議員又提出，昨日出席人員不足，議決借款案違法。林森亦自知此案如此通過，有所不妥，遂提議昨日下午可作爲二讀會，今日補行三讀，然後再作表決。但劉成禺等議員堅持認爲，根據《參議員議事細則》的規定，昨天下午只能作爲審查報告的討論會，並非第二讀會。且議事細則還有第二、三讀會之間須有間隔的規定，故今日亦不能作爲第二讀會。此外，劉成禺等人還指責此借款合同「以民國賦稅作抵借之非」，〔註70〕於是會場上發生了激烈的爭辯。林森拍案呵斥劉成禺「阻撓他人言論」，聲色俱厲，劉成禺等三名鄂籍參議員以「議長對議員竟如野蠻法官對待囚虜」爲辭，當即宣佈辭職。〔註71〕

此事在參議院內激起一場不小的震蕩。部分議員對林森等人之所爲極爲不滿。28日下午和29日上、下午連續三次會議，均因只有十幾人出席，未及半數而流會。在3月1日的會議上，林森不得不宣佈，此借款案因手續尚未完備，已請政府暫緩簽字。現請討論補完前次議決之手續。這天開會出席議員24人，當有人提議以2月27日下午的會議作爲此借款案的第二讀會時，僅10人贊成而未獲通過。於是又有人提議將今日之會作爲第二讀會，得多數議員的同意。遂開第二讀會，然後連續開第三讀會，最後以22票的多數通過了此案。但後來華俄道勝銀行總行「並未承允」，故此借款合同終歸於無效。〔註72〕

以上事例可以看出，臨時參議院議長及一些議員因所議議案緊急，未能嚴格遵行《參議院議事細則》，無論理由如何，這是缺乏嚴格遵行法治觀念的表現。劉成禺等人堅持按照《參議院議事細則》的規定議事，是在堅持嚴格按照參議院既定的有關法規行事，是在維護革命黨人所崇尚的政治原則和信念，樹立了維護法治原則的榜樣。

〔註69〕 《鄂省參議員劉成禺、時功玖、張伯烈辭職之公佈》，《申報》1912年3月2日。
〔註70〕 《參議員以借款案辭職》，《申報》1912年3月1日。
〔註71〕 《南京參議院議員時劉張三君電》，《申報》1912年3月1日；《鄂省參議員劉成禺、時功玖、張伯烈辭職之公佈》，《申報》1912年3月2日。
〔註72〕 高勞：《臨時政府借債彙記》，《東方雜誌》第8卷第11號。

　　以孫中山為代表的革命黨人，懷有建設民主共和國家、實行法制、以法治國的美好理想，並為此進行了積極的努力和鬥爭。但是，他們對於在中國這樣一個封建傳統深厚的國家嚴格實行法制的艱巨性，缺乏足夠的認識和充分的思想準備，加之當時政治局勢的緊張、動盪和南京臨時政府處境的困厄，客觀上也還缺乏嚴格遵行法規的充分條件，致使南京臨時政府發生未能嚴格遵行法制的行為。

　　但是南京臨時參議院嚴格依法行事，挺身而出，以堅決維護法治為己任，表現了建設法治國家的決心。做為一個具有革命性質的立法機關，為了維護法治原則而與孫中山及南京臨時政府進行鬥爭，但其內部也曾出現了違反法規的事情。這說明，中國社會由於長期處於封建皇權的專制統治之下，沒有以法治國的歷史傳統，缺乏嚴格遵守法規、照章辦事的社會心理和行為習慣，表明當時嚴格施行法治是多麼艱難。但歷史總是向前發展的，每一次的衝突或鬥爭都是推動歷史進步的手段。

4.2 以法治國理論的構建

4.2.1 「法治是眾人之治」

　　中華民國是中國創建資產階級民主制度的試驗，它是按照孫中山的理論創立的。孫中山是中國最早闡述了「法治是眾人之治」的理論並進行了實踐的革命家，在其著述和演講中，不厭其煩地闡釋「法治」問題。

　　作為一種治國方略，法治與人治是對立的，「法治是眾人之治（民主政治），人治是一人（或幾人）之治（君主專制或貴族政治），法治是「法律高於個人意志」，人治是「個人意志凌駕於法律之上」。〔註73〕在法治社會，「法律一經制定，任何人也不能憑自己的權威逃避法律的制裁；也不能以地位優越為藉口，放任自己或任何屬下胡作非為，而要求免受法律的制裁。公民社會中的任何人都是不能免受它的法律的制裁的」。〔註74〕

　　中國有著漫長的人治歷史，正如孫中山所說：「我國乃係老專制國，完全為人治人力」，〔註75〕「吾國昔為君主專制國家，因人而治，所謂一正君而天

〔註73〕張文顯：《二十世紀西方法哲學思潮研究》，北京：法律出版社1996年，第629頁。
〔註74〕洛克：《政府論》（下篇），北京：商務印書館1964年，第59頁。
〔註75〕孫中山：《宴請國會及省議會議員時的演說》（1918年2月7日），《孫中山全集》第4卷，北京：中華書局1985年，第331頁。

下定。數千年來，只求正君之道，不思長治之方，而君之正，不可數數見，故治常少，而亂常多，其弊極於清季」。〔註76〕不僅無法律秩序可言，而且法律遭到任意踐踏蹂躪，「中國現行政治，可以數語賅括之曰：無論爲朝廷之事，爲國民之事，甚至爲地方之事，百姓均無發言或與聞之權，其身爲民牧者，操有審判之全權，人民身受冤抑，無所籲訴。且官場一語等於法律，上下相蒙相結」。〔註77〕所以，孫中山竭力主張，應適應世界「法治潮流」，建立一種法治社會。有了法治則可以絕寇賊，息訟爭，人民知法之尊嚴莊重，而能終身以之耳。民初，武力破壞法律之事又屢屢發生，以致「國紀蕩然，民命莫託」。欲改變這種法制無序的政治狀況，使「法律得完全之保障」，只有實行法治，「舉國皆託庇於法治之下」。否則，「國本未固，暴力猶在，而暴力之於法律，又每處於不兩立之地，則異日又孰能保障而維持之」。〔註78〕

孫中山主張，要實行法治，必須反對個人獨裁專制的人治，認爲「共和國家，……國法不容妄干，而人治斷無由再復也」。〔註79〕他嚴厲譴責封建軍閥撕毀《臨時約法》、廢棄共和制國會的反動行徑，實是「燃人治已死之灰，播專制未盡之毒」，〔註80〕故欲民國復安，法律有效非先驅除封建軍閥和不法官僚不爲功。所以，他明確聲言，要把「結束數千年專制人治之陳迹，而開億萬年民主法治之宏基」〔註81〕作爲他終身奮鬥的目標，主張「今日辦法只有以人就法，不可以法就人」。〔註82〕

4.2.2 「法律者」「全國人民賴以保障」

保護人權是法治的初衷。孫中山先生對人權的保護問題始終都給予了充

〔註76〕孫中山：《元旦布告》（1918年1月1日），《孫中山全集》第4卷，北京：中華書局1985年，第285頁。
〔註77〕孫中山：《倫敦被難記》（1897年初），《孫中山全集》第1卷，北京：中華書局1981年，第50頁。
〔註78〕孫中山：《覆熊希齡蔡元培函》（1918年12月12日）《孫中山全集》第4卷，北京：中華書局1985年，第523頁。
〔註79〕孫中山：《元旦布告》（1918年1月1日），《孫中山全集》第4卷，北京：中華書局1985年，第285頁。
〔註80〕孫中山：《元旦布告》（1918年1月1日），《孫中山全集》第4卷，北京：中華書局1985年，第285頁。
〔註81〕陳旭麓、郝盛潮主編：《孫中山集外集》，上海：上海人民出版社1990年，第221頁。
〔註82〕孫中山：《接見國會議員代表的談話》（1918年4月13日），《孫中山全集》第4卷，北京：中華書局1985年，第444頁。

分的關注。在他初登政治舞臺批判滿清政府的專制統治時，即列舉了其 11 條罪狀，如壓制言論自由、禁止結社自由、對人犯行刑逼供、不依適當的法律程序剝奪公民的各項權利等等。有學者指出，這些罪狀大部分都是當今國際人權公約所禁止的行為〔註83〕。

孫中山主持南京臨時政府期間，以臨時大總統令的形式頒佈了一系列法律、法令，這些法律、法令中有不少都體現了孫中山的人權思想。法治與其說是一種社會事實，不如說它是一種社會理想目標。在通向法治的終極目標的過程中，民權是重要的內在動力。所以，孫中山認為，沒有民權就沒有法治，惟民國之主權在人民，人民以為可則可，人民以為否則否。

孫中山特別重視法律在保護人權中的作用。他認為西方國家文明富強，是由於政府有法律、民權得保障所致。舊國家和現代國家的根本區別之一，乃在於一個「重人」，行人治，一個「重法」，行法治。〔註84〕「蔑法律而徇權勢，是乃苟且偷安，敷衍彌縫，雖足以勉持旦夕；而武人把持政柄，法律不能生效，民權無從保障，政治無由進化，權利爭競，擾攘不已。一旦傾軋破裂，則戰禍又起，故民國若不行法治之實，則政治終無根本解決之望，暫安久亂，所失益多。」〔註85〕共和國政治必須「以法律為綱」，〔註86〕共和國法律必須以維護民權為己任，「法律者天下之平，全國人民賴以保障，不能對於任何方面，有所袒庇或蹂躪者」。〔註87〕

共和國政治必須以法律為綱，共和國法律必須以維護民權為己任。民國政府不但要以法律形式確認國民在國家中居於主人的尊嚴地位和管理政事的權力，對具體的民權給以充分的法律保障，同時要切實維護法律權威，認真依照法律規定辦事，使法律成為保障民權的有力武器。

孫中山認為法治應從以下兩個方面保障民權：

首先應該用法律形式確認國民在國家中居於主人的尊嚴地位和管理政事的權力。在資產階級共和制度下，人民應當享有選舉、參政等公權和居

〔註83〕萬鄂湘等：《國際人權法》，武漢：武漢大學出版社 1994 年，第 34 頁。

〔註84〕孫中山：《在上海中國國民黨本部會議的演說》（1920 年 11 月 4 日），《孫中山全集》第 5 卷，北京：中華書局 1985 年，第 391 頁。

〔註85〕孫中山：《覆蔡元培函》（1918 年 12 月 4 日），《孫中山全集》第 4 卷，北京：中華書局 1985 年，第 520 頁。

〔註86〕孫中山：《申張討逆護法令》（1917 年 11 月 18 日），《孫中山全集》第 4 卷，北京：中華書局 1985 年，第 240 頁。

〔註87〕《孫中山全集》第 2 卷，北京：中華書局 1982 年，第 52～53 頁。

住、言論、出版、集會、宗教自由等私權。各族人民一律平等。孫中山在通令《令內務部通令疍戶惰民等一律享有公權私權文》中指出:「天賦人權,胥屬平等。自專制者設為種種無理之法制,以淩轢斯民,而自張其毒焰,於是人民之階級以生。前清沿數千年專制之秕政,變本加屬,抑又甚焉。若閩粵之疍戶,浙之惰民,豫之丐戶,及所謂發功臣暨披甲為奴,即俗所謂義民者,又若薙髮者並優倡隸卒等,均有特別限制,使不得與平民齒。一人蒙垢,辱及子孫,蹂躪人權,莫此為甚。當茲共和告成,人道彰明之際,豈容此等苛令久存,為民國玷!為此特申令示,凡以上所述各種人民,對國家社會之一切權利,公權若選舉、參政等,私權若居住、言論、出版、集會、信教之自由等,均許一體享有,毋稍有歧異,以重人權而彰公理。」〔註88〕法令本身解放了在清朝專制統治下處於社會最低層、被剝奪了一切法定權利的「賤民」,使他們享有法律上的平等權,這在中國歷史上還是第一次。

其次法律要對具體的民權給予充分的保障。近代中國,西方列強販賣華工,任意侵犯中國人民的人身權利,清政府的法律也公開認可人口買賣。孫中山堅決反對此種踐踏人權的暴行。在《大總統令內務部禁止買賣人口文》(1912 年 3 月 2 日)中,他指出:「自法蘭西人權宣言書出後,自由博愛平等之義,昭若日星。各國法律,凡屬人類一律平等,無有階級。」「今查民國開國之始,凡屬國人咸屬平等。背此大義,與眾共棄」,宣佈「通飭所屬,嗣後不得再有買賣人口情事,違者罰如令。其從前所結買賣契約悉予解除,……不得再有主奴名分」。〔註89〕孫中山還明確規定禁止販賣華工和保護華僑的利益,「查海疆各省,姦人拐販『豬仔』,陷人塗炭,曩在清朝,孰視無睹,致使被難同胞窮而無告。今民國既成,亟應拯救,以尊重人權,保全國體。」「今民國人民同享自由幸福,何忍僑民向隅,不為援手。」「除令廣東都督嚴行禁止『豬仔』出口外,合亟令行該部(外交部,作者注)妥籌杜絕販賣及保護僑民辦法,務使博愛平等之義,實力推行」。〔註90〕

〔註88〕孫中山:《令內務部通令疍戶惰民等一律享有公權私權文》,《孫中山全集》第 2 卷,北京:中華書局 1982 年,第 244 頁。

〔註89〕《令內務部禁止買賣人口文》(1912 年 3 月 2 日)《孫中山全集》第 2 卷,北京:中華書局 1982 年,第 156 頁。

〔註90〕《令外交部妥籌禁絕販賣「豬仔」及保護華僑辦法文》(1912 年 3 月 19 日),《孫中山全集》第 2 卷,北京:中華書局 1982 年,第 251～252 頁。

人民財產和人民生命同樣重要，必須得到充分保護。針對地方官吏濫入民室搜索財物，托穀籌餉，強迫勒索，甚至任意逮捕人民，擅刑處死，抄沒家財等現象，孫中山多次重申：「凡假託名義擅自查封民房、搜抄家產諸弊端，必須切實防杜」。〔註91〕在《令江西都督查辦鄭裕慶寶記銀號被封案文》（1912年3月20日）中指出：「民國革命，所以去專制之淫威，謀人民之幸福，是故義師所至，一面除暴，即一面安良。對於人民財產，除果爲反對民國，甘作虎倀，及顯有侵吞虧欠官款確證外，應予一律保護，斷不忍有株連抄沒之舉而禍我生民。縱使戎馬倉皇之日，難免殃及池魚，而承平以後，即應設法挽救。」〔註92〕

4.2.3　「夫國會者」「法治之機樞」

以孫中山爲首的革命黨人對西方民主共和制度有強烈的嚮往和較多的瞭解，他們在領導辛亥革命成功並建立了中華民國之後，一致強調製定憲法和法律，以法治國，是使中華民國的民主共和制度得以確立並鞏固，人民生活幸福的重要保障，所以立法建制是民國政府的當務之急。

1912年1月28日，臨時參議院在南京成立。根據《中華民國臨時政府組織大綱》的規定，臨時參議院是「爲法治植其基」〔註93〕的立法機構，行使立法權，具有臨時國會性質。臨時參議院的參議員由各省都督派遣，每省3人。正式代表沒有到任，則以該省都督府代表會議代表暫時充任。參議院成立時，各省參議員有43人列會，代表湖北、湖南、江蘇、浙江、安徽、江西、福建、廣東、廣西、雲南、貴州、四川、陝西、河南、直隸、奉天等18省。43名參議員中，資產階級革命派有33人，革命黨人佔優勢。在作爲南京臨時政府立法機關的臨時參議院成立之時，孫中山親率內閣成員前往祝賀，並致頌詞，極言立法工作之重要，稱參議院「所議者國家無窮之基，所創者亙古未有之制，其得也，五族之人受其福；其失也，五族之人受其禍。」〔註94〕

〔註91〕　《在廣州各界茶話會上的講話》（1918年1月9日），《孫中山全集》第4卷，北京：中華書局1985年，第291頁。
〔註92〕　《令江西都督查辦鄭裕慶寶記銀號被封案文》（1912年3月20日）《孫中山全集》第2卷，北京：中華書局1982年，第263頁。
〔註93〕　孫中山：《元旦布告》（1918年1月1日），《孫中山全集》第4卷，北京：中華書局1985年，第285頁。
〔註94〕　《祝參議院開院文》（1912年1月28日），《孫中山全集》第2卷，中華書局1982年，第44頁。

認為作為人民代表的立法機關立法建制，是中國歷史上的亙古偉業，其得失關係著國家的前途和各族人民的命運，這表現出孫中山對以法治國，建立民主共和的法制國家的極端重視。故而，孫中山任命同盟會的重要領導人。對法政素有研究的宋教仁任南京臨時政府法制局長，在較短時間內，編制並經參議院通過了一批民國建立後所亟須的法律法規。

臨時參議院的職權是：議決法律和大總統提出的各種官制、官規的立法權；對大總統提出的任命國務員、大使、公使以及宣戰、媾和、締結條約、大赦的同意權和否決權；議決全國預算和決算、全國稅法、幣制、度量衡制、公債等財政權；選舉臨時大總統、副總統的選舉權；對臨時大總統、副總統和國務員的彈劾權，對國務員提出質問並要其出席答覆的質問權；向政府提出建議案的建議權；受理國民請願權；咨請政府查辦違法官吏之權；為審查事件，向政府要求報告、調集文書之權；決定參議院開會、休會、閉會的參議院自行集會不受政府干涉之權；參議院自設警衛之權；參議院懲罰參議員之權等。其中，參議院開會、須半數以上參議員出席；選舉大總統、副總統，須 3／4 以上參議員出席；彈劾大總統，須參議員 20 人以上連署提案，參議員 4／5 以上出席，出席參議員 3／4 以上同意，可成立彈劾；彈劾國務員，須參議員 10 人以上連署提案，參議員 3／4 以上出席，出席參議員 2／3 以上同意，可成立彈劾之；向國務員提出質問書，須參議員 10 人以上連署；向政府提出建議案，須參議員 5 人以上連署；受理國民請願書，須參議員 3 人以上介紹方可受理，由委員會或參議員 10 人以上要求，才能將請願書提交參議院議決。

臨時參議院制定了《中華民國臨時約法》和一系列資產階級性質的法律、條例。1913 年 4 月，第一屆國會開幕，臨時參議院被解散。

法律的制定是通過民主、公開的程序進行的，而執行這種民主、公開程序的機關則是國會。孫中山高度重視國會在法治中的地位和作用。他說，「夫國會者，民國之基礎，法治之機樞」。〔註95〕「民國根本在於約法，而中心在於國會。執權者苟不明此義，大亂將無已時。方今國際競爭劇烈，國本不固，危亡愈速。」〔註96〕

〔註95〕 孫中山：《覆蔡元培函（1918 年 12 月 4 日）《孫中山全集》第 4 卷，北京：中華書局 1985 年，第 520 頁。

〔註96〕 孫中山：《覆徐孝剛鍾體道等電》（1918 年 2 月 22 日），《孫中山全集》第 4 卷，北京：中華書局 1985 年，第 351 頁。

　　國會在法治中具有極高的權威性，國會只有「享有完全自由行使其正當職權」，法律效力才能「永固」。〔註 97〕「國會作爲人民的代表，國會曰可，即主權者之所可；國會曰否，即主權者之所否。行政機關及一般軍人，惟有絕對服從，斷無非法干涉之餘地」。〔註 98〕孫中山還反覆論述了國民大會在民治中的地位和作用。他說，民權國者，爲人民共治國家也。中華民國的主權，係在國民全體。但國民人數眾多，不能人人出來處理國家職務。這就需要由國民中選出代表，組織國會，由國會產生政府。這個國會「是我們國民的保障，是我們民意的總匯」，「代表國民行使最高權」。它的職權是「替他們（國民）創造法律」、「監督政府」，〔註 99〕爲人民的最高利益而工作。

　　孫中山高度重視國會作爲「民國中心」應有的權威和作用，他說：「國於天地，必有與立，民主政治賴以維繫不敝者，其根本存於法律，而機樞在於國會，必全國有共同遵守之大法，斯政治之舉措有常軌；必國會能自由行使其職權，斯法律之效力能永固。所謂民治，所謂法治，其大本要皆在此。」〔註 100〕孫中山指出：「法本空文，專賴合法機關之合法行爲爲之表。約法爲民國之命脈，國會爲法律本源。國會存，則民國存；國會亡，則民國亡。」〔註 101〕他認爲國會能自由行使其正當職權，法律之效力方能永固。〔註 102〕並強調指出：「中華民國有這個國會，中華民國才能算存在；沒有這個國會，中華民國就不能存在了。有這個國會，我們國民的地位，才能夠保存；沒有這個國會，我們國民的地位，就不但不能保存，而且要回覆他舊日奴隸的地位了。」〔註 103〕

〔註 97〕《辭大元帥職臨行通電》（1918 年 5 月 1 日），《孫中山全集》第 4 卷，北京：中華書局 1985 年，第 480 頁。

〔註 98〕《明正段祺瑞亂國盜權罪通令》（1917 年 10 月 3 日），《孫中山全集》第 4 卷，北京：中華書局 1985 年，第 207 頁。

〔註 99〕孫中山：《在上海寰球中國學生會的演說》，《孫中山全集》第 5 卷，北京：中華書局 1985 年，第 143 頁。

〔註 100〕孫中山：《辭大元帥職臨行通電》（1918 年 5 月 21 日），《孫中山全集》第 4 卷，北京：中華書局 1985 年，第 480 頁。

〔註 101〕孫中山：《通告護法各省軍政首領支持軍政府電》（1918 年 2 月 22 日），《孫中山全集》第 4 卷，北京：中華書局 1985 年，第 349 頁。

〔註 102〕孫中山：《辭大元帥職臨行通電》（1918 年 5 月 21 日）《孫中山全集》第 4 卷，北京：中華書局 1985 年，第 480 頁。

〔註 103〕孫中山：《在上海寰球中國學生會的演說》，《孫中山全集》第 5 卷，北京：中華書局 1985 年，第 143 頁。

4.2.4 「約法爲民國之命脈」

　　1912 年 2 月 7 日，臨時參議院開始草擬《中華民國臨時約法》，3 月 8 日通過，3 月 11 日由孫中山公佈。它具有資產階級民主共和國憲法性質，「憲法末施行以前，本約法之效力與憲法等。」〔註104〕其主要內容如下：

　　（1）以根本大法的形式肯定民國是資產階級民主共和國。《臨時約法》將孫中山的舊三民主義中民權主義「建立民國」以法律形式加以具體化。《臨時約法》「第一條　中華民國，由中華人民組織之」，「第二條　中華民國之主權，屬於國民全體」。〔註105〕

　　這在中國政治制度史上第一次以根本大法的形式確認了「主權在民」的共和國原則，肯定了封建皇帝專制制度的滅亡和民國的誕生。當然，《臨時約法》肯定的「主權在民」的原則並不能阻止袁世凱篡奪革命成果，將資產階級專政變爲大地主階級的獨裁統治。但是，它卻宣傳了共和國的理想，並使之深入人心，以至後來袁世凱、曹錕之流制憲時，也不得不在其專制憲法上假惺惺地寫上這兩條規定，以掩蓋其專制面目。

　　（2）規定了國家政權組織形式採用資產階級三權分立的原則和責任內閣制，規定由臨時參議院、臨時大總統、副總統、國務員和法院組成中華民國的國家機構。

　　（3）規定了資產階級民主自由的原則。《臨時約法》第 5 條規定：「中華民國人民，一律平等，無種族階級宗教之區別，」〔註106〕並在第 6 條至第 12 條詳細規定人民享有人身、財產、家庭、言論、出版、集會、結社、通信、遷徙、宗教等自由權，有訴訟、控告違法官吏、應任官考試、選舉和被選舉之權利。這些規定，雖是照抄西方資產階級憲法中有關民主自由的條文，但在中國，以根本法的形式肯定人民的民主自由權利，卻還是第一次，反映了辛亥革命的積極成果，在當時有很大的進步意義。這些有關民主自由的規定，與一切資產階級法律一樣，有其階級局限性，它沒有規定實現這些民主自由的物質基礎和保障，所以「只是紙上的自由，而不是事實上的自由。」〔註107〕

〔註104〕中國第二歷史檔案館編：《中華民國史檔案資料彙編》第 2 輯，南京：江蘇人民出版社 1981 年 5 月，第 110 頁。

〔註105〕中國第二歷史檔案館編：《中華民國史檔案資料彙編》第 2 輯，南京：江蘇人民出版社 1981 年 5 月，第 106 頁。

〔註106〕中國第二歷史檔案館編：《中華民國史檔案資料彙編》第 2 輯，南京：江蘇人民出版社 1981 年 5 月，第 106 頁。

〔註107〕《列寧全集》第 29 卷，北京：人民出版社 1956 年，第 317 頁。

《臨時約法》第 15 條規定「本章所載人民之權利，有以爲增進公益，維持治安，或非常緊急必要時，得依法律限制之」。〔註108〕也就是說，只要這些人民的民主自由權利妨礙資產階級的利益，隨時可以限制。後來，北洋軍閥正是利用這條規定，任意剝奪《臨時約法》規定的人民的民主自由權利。

（4）規定了保護私有財產的原則。《臨時約法》第 6 條第 3 款規定「人民有保有財產，及營業之自由。」反映了中國民族資產階級反對封建專制主義的束縛，發展資本主義工商業的要求，在當時的歷史條件下，有進步意義。

（5）規定了限制袁世凱專制的措施。《臨時約法》在「第三章　參議院」和「第四章　臨時大總統副總統」多方以參議院限制大總統的權力，並規定內閣制不應有的參議院有權彈劾總統的條文，卻沒有規定內閣制應有的總統可解散參議院的條文。爲防止袁世凱修改《臨時約法》，在第 55 條規定「本約法由參議院參議員三分二以上，或臨時大總統之提議，經參議員五分四以上之出席，出席員四分三之可決，得增修之。」〔註109〕《臨時約法》規定實行責任內閣制也是爲了限制袁世凱。

《臨時約法》做爲第一部資產階級憲法性質的法律文獻，規定民國的性質和政權組織形式，規定人民的民主自由權利和反映資產階級發展資本主義、限制袁世凱代表的大地主階級的願望，是有很大進步意義的。

南京臨時政府的立法活動，除「制憲」外，以行政立法數量最多。南京臨時政府頒佈的《修正中華民國臨時政府組織大綱》，規定南京臨時政府由參議院、臨時大總統和各部、臨時中央裁判所這立法、行政、司法三部分機關組成，是南京臨時政府產生的法律根據。以法律形式最先宣佈封建帝制的結束和民主共和制度的誕生，有很大的歷史意義。南京臨時政府還制定了《中華民國臨時政府中央行政各部及其權限》、《南京政府官制》、《參議院法》、《參議院旁聽規則》以及一批有關振興實業、保障民權、實行社會改革的法令，如《保護人民財產令》、《大總統通令開放疍戶、惰民等許其一體享有公權私權文》、《大總統令內務部禁止買賣人口文》、《大總統令外交部妥籌禁絕販賣豬仔及保護華僑辦法文》、《大總統令禁煙文》、《大總統令內務部通飭勸禁纏足文》、《大總統令內務司法部通飭所屬禁止體罰文》、《大總統令內務司法兩

〔註108〕中國第二歷史檔案館編：《中華民國史檔案資料彙編》第 2 輯，南京：江蘇人民出版社 1981 年 5 月，第 107 頁。

〔註109〕中國第二歷史檔案館編：《中華民國史檔案資料彙編》第 2 輯，南京：江蘇人民出版社 1981 年 5 月，第 110 頁。

部通飭所屬禁止刑訊文》等；並草擬了《中央裁判所官職令草案》、《律師法草案》等法案，開創了民國的法制建設工作，奠定了法治的基礎。

4.3 人治逆流

4.3.1 「依法」掙脫法律束縛

南京臨時政府成立後，資產階級革命派積極進行法治建設，以期實現民主法治國的宏圖偉業。但這一切努力的結果在袁世凱上任後不知不覺中發生了逆轉。

孫中山在決計讓出總統職位後，仍然力圖約束袁世凱，這表現在 1912 年 2 月 13 日《咨參議院辭臨時大總統職文》中。他提出孫辭袁繼後的三項條件：一是臨時政府地點設於南京，為各省代表所議定，不能更改；二是新總統親到南京受任之時，大總統及國務各員乃行辭職；三是臨時政府約法為參議院所制定，新總統必須遵守頒佈之一切法制章程。〔註 110〕

這三個條件實際上是兩個問題，一個是要袁世凱遵守參議院所制定的法令；一個是定都南京，袁世凱必須到南京就職。其中心思想是要維護民國正統，奠定共和國基礎。

袁世凱雖然得到了民國總統的職位，但他「從內心深處對於中華民國這個民主共和的體制並不贊成和認同。他長期生活於君主專制制度之下，在清末憲政運動中，他是君主立憲的擁護者、推行者，並不具備民主共和政治意識。」〔註 111〕對於袁世凱來說，當時最關緊要的是如何攫奪並保持住政治和軍事統治權的問題，而孫中山堅持「臨時政府地點設於南京」，新總統必須「親到南京受任」，則為他攫奪並保持住政治、軍事統治權之大忌。所以，袁世凱在被選為新總統後，雖贊同參議院的議決，但明裏暗裏卻背信棄義，鼓動反對遷都風潮。據稱：他曾對親信說：「南中欲以虛榮厚禮誘吾就彼範圍，此調虎離山之計，施於他人，寧不如願。若嘗試於我，夫亦太不自量矣！豈真三十年老娘，今日竟至倒繃孩兒哉！雖然，亦綦險矣，非苦肉計，曷以解此圍。」〔註 112〕這個苦肉計，就是他製造的北京兵變。品德高尚但缺少從政資歷的孫

〔註 110〕《孫中山全集》第 2 卷，中華書局 1982 年，第 84 頁。
〔註 111〕謝俊美：《袁世凱成敗簡論》，《歷史教學》2004 年第 10 期。
〔註 112〕許指嚴：《新華秘記》，《近代稗海》第 3 輯，成都：四川人民出版社 1985 年，第 315 頁。

中山哪裏是袁世凱的對手。袁世凱承諾的所有條件，其後無一不被他巧妙地化解。

1912 年 3 月 10 日，孫中山「首當守法」「遂遵前言，退而下野」，袁世凱施的「苦肉計」奏效，如其所願，在北京就任臨時大總統。袁世凱取代孫中山，表明民主共和已開始向以北洋武力爲後盾的軍閥政治轉換。

袁世凱在就職時卻信誓旦旦地宣誓說：「民國建設肇端，百廢待治。世凱深願竭其能力，發揚共和之精神，滌蕩專制之瑕穢！謹守憲法，依國民之願望，蘄達國家於安全強固之域，俾五大民族，同臻樂利。凡茲志願，率履勿渝！」〔註113〕他宣稱：「世凱衰朽，不能勝總統之任，猥承孫大總統推薦，五大族推戴，重以參議院公舉，固辭不獲，勉承期乏。願竭心力，爲五大民族造幸福，使中華民國成強大之國家。」〔註114〕在 3 月 31 日，袁世凱頒佈了訓勉軍人令，語氣誠懇，十分動聽。他說：「自今以後，破壞之局既終，建設之事方始，所有我陸海軍，熱誠愛國，同贊共和，自以捍衛國民爲天職。」〔註115〕

參議院也代表國民「拳拳敦勉」，告戒袁世凱：「《臨時約法》七章五十六條，倫比憲法，其守之維謹！勿逆輿情，勿鄰專斷，勿狎非德，勿登非才〔註116〕！

袁世凱在南京臨時政府結束前對臨時約法等未曾明確反對，但從他攘權得逞後就藉故指責約法，反對、仇視並伺機撕毀這類法令的意圖日益明顯。

首先袁世凱借對蒙俄問題〔註117〕發表意見，主張對當時正在使用之《臨時約法》進行修正。他認爲《臨時約法》中第三十三、三十四、三十五、四十條多不合理之處，第三十三條「臨時大總統得制定官制官規，但須提交參

〔註113〕白蕉：《袁世凱與中華民國》，榮孟源、章伯鋒：《近代稗海》第三輯，成都：四川人民出版社 1985 年，第 29 頁。

〔註114〕《民立報》，1912 年 3 月 12 日。

〔註115〕白蕉：《袁世凱與中華民國》，榮孟源、章伯鋒：《近代稗海》第三輯，成都：四川人民出版社，1985 年，第 30 頁。

〔註116〕白蕉：《袁世凱與中華民國》，榮孟源、章伯鋒：《近代稗海》第三輯，成都：四川人民出版社，1985 年，第 29 頁。

〔註117〕注：1912 年 11 月，俄國與外蒙簽訂了《蒙俄協約》與《商務章程》，宣稱要保護外蒙的「自治」，爲其編練軍隊，不准中國向外蒙派出軍隊和移民、俄國享有各種特權，如外蒙與他國定約，不經沙俄政府允許，不得改變「協約」與「章程」內容，這樣，沙俄便成爲外蒙內政、外交的監護國。）（參考諸德新、梁德主編：《中外約章彙要 1689～1949》，哈爾濱：黑龍江人民出版社 1989 年，第 431 頁。

議院議決。」應修正爲「大總統制定官制官規。」第三十四條「臨時大總統
得任免文武職員，但任命國務員及外交大使、公使須由參議院之同意。」應
修正爲「大總統任免文武職員。」第三十五條「臨時大總統經參議院之同意，
得宣戰媾和及締結條約。」應修正爲「大總統宣戰媾和及締結條約。」第四
十條「臨時大總統得宣告大赦、特赦、減刑、復權，但大赦須經參議院之同
意。」應追加二條：「（1）大總統爲保持公安防禦災患，於國會閉會時，得制
定與法律同效力之教令。前項教令至次期國會開會十日內須提出兩院求其承
認。（2）大總統爲保持公安防禦災患，有緊急之需用而不及召集國會時，得
以教令爲臨時財政處分。前項處分至次期國會開會十日內須提出眾議院求其
承諾。」〔註118〕其目的就是要擴大臨時大總統的權限，免受參議院的約束，
當時由於時機尚不成熟，袁世凱還是按照《臨時約法》的規定，組織了國務
院。隨後，出現了「新」的「政黨」，國會成立了。從形式上看，袁世凱當眞
實行共和制了。然而，袁世凱是用新瓶裝舊酒，拿了內閣、國會、政黨這些
民主共和的名稱爲己所用。

　　國會既開，應先制憲法，以便依憲法而選舉正式大總統。然憲法產出，
需時甚久，若長此無正式負責之元首，對內對外，均屬不便；遂有「先舉總
統，後定憲法」之說。1913年9月12日，開參眾兩院聯合會，議決由憲法起
草委員會先制定憲法中《總統選舉法》一部，循各國通例，以憲法會議名義
宣佈。10月6日，由兩院組織選舉會，袁遣軍人到會，強迫投票，議員咸不
得自由；院外有袁氏左右所買囑號稱「公民團」者數萬人，整齊嚴肅如軍伍，
包圍眾議院數十匝，迫即日選出所屬望之總統，否則選舉人不能出議院一步。
選舉人不得不俯首聽命，忍餓終日，以行選舉。直至袁世凱當選之聲傳出，
公民始高呼大總統萬歲，振旅而返。是日計投票三次，前兩次袁得票雖多，
然不滿法定之數；第三次就第二次得票最多之袁世凱、黎元洪二人行決議，
袁乃被選爲中華民國第一任正式大總統。十月十日就職。〔註119〕袁世凱「依
法」掙脫了束縛，議會政治徒具其表。中國政治發展進程中初顯的民主法治
之曙光黯然失色。

〔註118〕轉引自：陳惠芬《王寵惠與民國初年憲法：以《憲法芻議》爲核心的探討》，
　　　　胡春惠、薛化元主編：《近代中國社會轉型與變遷》，香港珠海書院亞洲研究
　　　　中心國立政治大學歷史學系2004年，第600頁。
〔註119〕白蕉：《袁世凱與中華民國》，榮孟源、章伯鋒：《近代稗海》第三輯，成都：
　　　　四川人民出版社1985年，第53頁。

4.3.2 毀法造法

國會議員們天眞地以爲袁世凱當選總統後他們便可以專心制定憲法，使國家走上法治的正途。但在袁氏看來，對國會的利用至此已告結束，解散國會便成了他下一個政治目標。

國會於 1913 年 7 月 12 日就成立了憲法起草委員會，選出成員 30 人。因該機構以天壇祈年殿爲會所，故所起草的憲法又稱《天壇憲草》。《天壇憲草》共 113 條，雖擴大了總統的權力，但仍爲袁氏所不容，這主要是因爲它保持了《臨時約法》的基本精神，規定「中華民國永遠爲統一民主國」，並堅持責任內閣制，允許人民有一定的自由權利。袁世凱又故伎重演，10 月 25 日他通電各省，稱憲法起草委員會內國民黨議員居多，其條文妨害國家者甚多，望各省文武長官逐條研究，共抒讜論，五日內條陳電覆。接著各路都督、民政長及其他文武官員攘臂怒目，反對憲草。爲了護憲，部分國民黨和進步黨議員宣佈脫離本黨，成立民憲黨，以擁護憲法草案相號召。10 月 31 日，憲草委員會第三讀通過《憲法草案》。袁世凱以憲草通過在即，先發制人，藉口「二次革命」，宣佈國民黨爲「亂黨」，並於 11 月 4 日下令解散國民黨北京本部及各地國民黨機關，取消國會中的國民黨議員的議員資格。當日下午，出動軍警，徹夜不絕，追繳國民黨籍議員證書及徽章，被駁奪議員資格者竟達 438 人。國會因不足法定人數不能開議，陷於癱瘓。

1913 年底在第一屆合法的國會被袁世凱解散後，下一個政治目標便是廢除南京臨時政府制定的《中華民國臨時約法》。爲了制定一部袁氏滿意的憲法，他成立造法機關，以代行國會的立法權。

1913 年 12 月 15 日，袁世凱召集了一個所謂「中央政治會議」，實際上是一個御用的「立法機關」。政治會議議員 76 人，包括每省派遣的 2 人（共 44 人）、大總統特派的 8 人、國務總理特派的 2 人，此外還有各部總長、法官、蒙藏事務局等特派代表。議長李經羲、副議長張國淦，均由大總統於議員中任命。

中央政治會議成立後，承袁世凱的旨意，呈請「宣佈停止兩院現有議員職務」，遣散議員。還贊成停辦各省地方自治，解散省議會。1914 年 1 月 24 日，中央政治會議議定了一個《約法會議組織條例》，別出心裁地組織了一個「造法」機關，即由約法會議來「增修臨時約法」。

約法會議於 1914 年 3 月中旬開張，以孫毓筠、施愚爲正副議長，有代表 57 名。這些代表名義上由京師、各省、全國商會聯合會、蒙藏青等選舉會選

舉產生，但對選舉人和被選舉人資格要求相當特別，如選舉人的資格為年滿30歲以上的男子，同時又具有下列資格：曾任或現任高等官吏而「通達治術」的；曾由舉人以上出身而「夙著聞望」的；在高等專門以上學校三年以上畢業而「研精科學」的；有萬元以上財產而「熱心公益」的。被選舉人須為年滿35歲以上的男子，且具有下列資格者：曾任或現任高等官吏五年以上而確有成績的；在國內外專門以上學校習法律、政治三年以上畢業，或曾由舉人以上出身習法律、政治而有心得的；碩學通儒，富於專門著述而確有實用者。更重要的是，當選人還要經由袁世凱政府組織的「約法會議議員資格審定會」的審定，選舉則採用記名投票法。如此一來，「選舉」只是在一個相當小的範圍內進行的形式，所選代表基本為袁氏爪牙和御用人物。

約法會議開張後，袁世凱馬上送去《增修臨時約法大綱案》咨文，提出採取總統制，取消《中華民國臨時約法》中總統部分權力行使要經參議院同意的規定；總統有發佈與法律有同等效力的緊急命令和財政緊急處分權；正式憲法起草權由總統及參議院、不由國會而由國民會議制定，最後由總統宣佈等「意見」。約法會議據此如法炮製，於4月底就將起草通過的新約法草案送總統府，1914年5月1日由袁世凱正式公佈，這就是《中華民國約法》（又稱《新約法》）。至此，袁世凱正式撕毀了《中華民國臨時約法》。

《新約法》共10章68條。它的最大特徵是集權於總統。為了做到這一點，新約法不僅斷章取義地從各國憲法中摘取了有利於總統權力的條文。新約法規定總統「總攬統治權」，並只「對國民之全體負責任」，即總統不對議會負責，此點採自美制。然而美國總統是由國民選舉、向國民負責的，而袁世凱恰恰又抽掉了這一精髓。這一年12月，袁世凱又公佈了《修正大總統選舉法》，不僅規定總統任期十年，可以連任，而且完全拋棄民意，規定總統候選人由大總統推舉三人，名單于大總統府特設尊藏金匱石室貯藏之，其鑰匙由大總統掌之。大總統選舉會，由參政院及立法院各選50人組成。每屆選舉時，現任大總統自己除當做候選人之一外，參政院參政若認為有政治上的必要，得以三分之二的同意，議決現任大總統連任，並即由現任大總統公佈。這種離奇的選舉法不僅使總統「向國民全體負責」成為一句空話，而致總統的終身與世襲都合法地確定了。

《新約法》規定總統享有廣泛的行政權，如公佈法律權，發佈命令權，任免文武職員權，統率海陸軍、接受外國大使、公使、宣告開戰媾和、締結

條約之權，有赦賞之權。在這些權力中，除外交權中變更領土或增加人民負擔的條款須經立法院同意外，其他均不受限制。值得注意的是，大總統的行政權中有「定陸海軍之編制及兵額」和「宣告開戰」之權，還可以「發佈與法律有同等效力之教令」，這實際上是仿傚日本二元君主立憲制中的天皇權力。

《新約法》還規定：立法機關爲一院制的立法院，但實際並未成立，代行立法院行使職權的是參政院。

參政院於 1914 年 6 月成立，以黎元洪爲院長、汪大燮爲副院長。它有雙重職責與性質：一方面，參政院「應大總統之咨詢，審議主要政務」，是總統的咨詢機關；另一方面它又受袁世凱之「委託」，代行立法職權，是袁記「立法」機關。

參政院設參政 70 人，由大總統任命。條件爲：有勳勞於國家者；有法律、政治專門學識者；有行政經驗者；碩學通儒有經世著述者；富於實業之學識經驗者。設院長一人、副院長一人，都由大總統任命。實際上，參政院「所挑選的大多是昏庸老朽一流人物」。〔註120〕在成立參政院之前，袁世凱派出勸駕員持其親筆函，分途到大連、青島這些遺老集中的地方進行勸駕。因此當參政院正式開會時，前清達官貴人佔了相當比重，其餘還有袁的私黨和一些政客，如梁士詒、楊度、孫毓筠、梁啓超、劉師培等。

參政院奉大總統之命，議決大總統交議事項，即依《新約法》規定的須經參政院同意的大總統權力，如大總統解散立法院，在不能召集立法院時發佈與法律有同等效力的「教令」、財政緊急處分等。在這個程序中，大總統的決定在前，參政院的議決只是具有象徵意義的「手續」而已。

大總統向參政院咨詢的事項有：締結條約、設置行政官署、整理財政、振興教育、擴充實業等。參政院可就上述事項向大總統提出建議，但提出建議時，須有參政十人以上連署。

參政院設立以來，製造了一些「新法令」，其中重要的有 1914 年 12 月 28 日正式公佈的總統新選舉法。此外還議決以「國民代表大會」來決定變更國體的問題，制定《國民代表大會組織法》，並以「國民代表大會總代表」名義上推戴書，推戴袁世凱當皇帝。參政院完全是一個御用的「立法」機關。

〔註120〕陶菊隱：《北洋軍閥統治時期史話》（上冊），三聯書店 1983 年，第 273 頁。

《新約法》廢除國務院官制，在大總統府中設立政事堂。政事堂直接隸屬於總統府，是最高的行政中樞，「凡一切軍國大事皆由政事堂議決施行」，設國務卿一人，國務卿只能是「贊襄」性質。各部總長除例行公事外，「一切均由國務卿審核，轉呈總統定奪辦理」。〔註121〕取消了總統與總理的權限之爭。

政事堂成立後，先後設置了三個討論會：法制討論會，以本堂法制參議、法制局局長、參事、僉事等組織之；政治討論會，以左右丞、行政參議及其他各部總次長、本堂局長組織之；財政討論會，以本堂財政參議、主計局長、財政部人員組織之。政事堂實際成了總統的私人辦公廳。通過政事堂，袁世凱把一切實權集中於總統府。

國務院撤銷後，袁世凱把各部改為直屬大總統領導。總長也失去了「國務員」身份。原屬總長的職權一律改為部的所有職權，使總長本身在法律上沒有固定職權。總長不負獨立行政責任，一切事情都要承大總統之命，向大總統負責。

不僅如此，袁世凱還規定如外交、內務、交通、財政、陸軍等五個重要部的總長每日必須向他報告工作，在報告工作時又必須以國務卿為首領，各部辦理一切重要事情，須經國務卿核准才能發生效力，行政各部完全降為總統府的附屬機構。

總之，根據「新約法」建立的國家制度，已不是一般資本主義的總統制，而是更適合袁世凱個人專制統治的總統獨裁制了。

黃興也認為「袁世凱執政後，極力擴張官權，壓制民權，復行大人、老爺之名稱，與滿清時代無異。所謂官僚政治，以少數人之自私自利，而剝奪大多數人之幸福。其施行此種政策，不過欲達到朕即國家之目的而已，毫無利國福民之意。」〔註122〕「天賦人權之說，為歐美學者所主張。人權者，即人類自由平等之權能也。世界人類，無論黑白，均欲恢復固有之自由權。美國離英獨立宣言，以力爭人民自由而流血；法國大革命人權宣言，為掃專制回覆民權之鐵證。誠以人民被治於法治國之下，得享受法律之自由；人民被治於專制政府之下，生殺由一人之喜怒，無所謂法律，人民之生命財產，無法律正當之保護，民權亦從此泯絕。故共和立憲政體，以保障民權為前提。

〔註121〕《大總統政事堂組織會》，《東方雜誌》第10卷第12號。
〔註122〕黃興：《在屋侖華僑歡迎會上的演講》（1914年7月26日），《黃興集》，北京：中華書局1981年，第381頁。

南京政府頒佈約法，中華民國人民有身體居住之自由，信教之自由，言論出版之自由，此法律保障人民自由之特權。袁世凱推翻共和，將臨時約法全行打消，以達其專制魔皇之目的，封禁報館，摧殘輿論，縱兵搜掠，草菅人命，種種殘酷，弄成民國為無法律之國。民權蹂躪至於此極！壓力愈重，則反動力愈猛。」〔註 123〕

4.3.3　回歸人治

　　袁世凱毀法造法，實現了總統獨裁的目的。當他公佈《新約法》確立總統獨裁制以後，權力與專制的程度已與皇帝沒有很大的區別，但他在名義上畢竟還是一個「民選」的「民國總統」，這本身就包含了潛在的不利於獨裁集權以及權力穩定的因素。尤其是他作為一個民國的總統，在強化個人集權過程中的所作所為，早已經背離了民主共和的宗旨，超越了《臨時約法》規定的權限。因此，在他不斷將權力集中於一身的同時，整個社會對他所代表的政府權力的離心力也不斷增加。這種離心力在「二十一條」事件後，全國風起雲湧的抗議運動已明顯地表露出來，構成了對袁世凱獨裁集權政治強有力的挑戰。袁世凱急於找到一種超越法律規範的絕對權力，恢復帝制，回歸「人治」就成了他急於追求的目標。梁啓超曾斷言：「其（袁世凱）頭腦與今世之國家觀念絕對不能相容」。〔註 124〕於是他導演了中外學者製造帝制輿論，就當時中國而言，清帝剛剛被推翻，社會中仍不乏復辟勢力與輿論。這種勢力分為兩支，一支是前清遺老，如勞乃宣等力倡復辟宣統，勸袁世凱奉還大政於清帝而為之臣。對此，袁世凱曾於 1914 年 11 月 23 日頒佈「復辟運動懲治令」，使其暫告隱伏。〔註 125〕

　　另一支勢力為袁世凱的親信與政客。他們鼓吹「變國體」，以君主立憲代替民主共和。首開此論的是美國顧問古德諾，隨之鼓譟的則是懷著各種目的的以楊度為首的一批政客，他們是帝制活動的基礎和推動者。

　　為假借民意，袁世凱的親信、原總統府秘書長梁士詒組織全國請願聯合會，於 10 月 8 日公佈國民代表大會組織法，各省於三日之內選出代表。所謂

〔註 123〕黃興：《在屋侖華僑歡迎會上的演講》（1914 年 7 月 26 日），《黃興集》，北京：中華書局 1981 年，第 381～382 頁。

〔註 124〕梁啓超：《憲法之三大精神》，《飲冰室合集》文集之二十九，北京：中華書局 2003 年，第 95 頁。

〔註 125〕張玉法：《中國現代史》，臺灣東華書局 1958 年，第 127 頁。

國民代表，均爲「各省與政府機關有關係之人物」。11月底，國民代表進行「國體投票」，1993名代表全部贊成君主立憲，並擁袁世凱當皇帝。12月11日參政院上推戴書，袁世凱假惺惺表示不接受，參政院又上第二次推戴書。12月12日，袁世凱表示接受帝位。13日，袁世凱在中南海居仁堂「受百官朝賀」。19日，成立大典籌各處，準備登上皇帝寶座。

在這一時期，袁世凱對國家制度作了如下適應帝制方面的改動：

1914年5月，在改革地方官制中，在省、縣之間設「道」一級機構，各省民政長改稱巡按使。6月，裁撤各省都督，於北京建將軍府，設立各將軍名號。

1914年7月，公佈文官官秩，分爲上卿、中卿、少卿、上大夫、中大夫、少大夫、上士、中士、少士九等，恢復舊官秩。

9月，親率文武百宮至孔廟祭祀，發佈《祭孔令》，制定《崇聖典例》、《祀孔典禮》。10月，又到天壇祭天。從而恢復了帝王祭孔、祭天制度。

1914年12月15日，冊封黎元洪爲武義親王（黎未接受）。21日，又冊封軍政各界親信黨羽和實力派以公侯伯子男等爵位（受封者有128人）。

12月16日，公佈《修正大總統政事堂組織法》，對原政事堂職掌和國務卿職權略作更動；「國務卿承大總統之命，監督政事堂事務，大總統發佈之命令，由政事堂奉行，政事堂鈐印，國務卿副署。」把政府公報或官文書上所載大總統令原係鈐用大總統印的，一律改爲「政事堂奉策令」而鈐用政事堂印。袁世凱在策令中自稱「予」，取消「本大總統」稱號而以「準皇帝」自稱。〔註126〕這時的政事堂，已變成皇帝的私人辦公機構了。

制定並公佈《覲見條例》，恢復封建皇帝「覲見制度」。

此外、還選定施愚、楊度、嚴復、夏壽田等十人爲君主制憲法起草委員。

1915年12月31日，袁世凱發通令，改1916年爲洪憲元年。至此，辛亥革命推翻的帝制在一定程度上又復活了。但20世紀之初的中國，民主法治已成爲政治發展的目標之一，儘管在建立民主法治的道路上布滿了荊棘，但作爲民主法治象徵的『共和國』的牌子一旦掛上，就不允許摘下來，那怕掛歪了。民主法治與專制人治已成了一種是非分明的價值判斷。正因爲如此，復辟帝制注定是短命的。

〔註126〕錢實甫：《北洋政府時期的政治制度》（上冊），中華書局1984年，第96頁。

4.3.4 借法反法

　　袁世凱的帝制自爲活動，必然導致全國人民的反對。1916 年 6 月 6 日，在全國人民的唾罵聲中，袁世凱走完了他罪惡深重的一生。然而，告別帝制不等於告別專制思想；反之，部分中國人有了一定的民主法治意識也不等於就能建立名副其實的民主法治國。此時，固然不可能再恢復帝制，但袁世凱的北洋軍閥繼任者也不可能建立眞正的共和制。他們還要繼續進行專制獨裁統治，但是他們或是借助民主共和國的招牌，或是變換名稱、偷梁換柱，然而踐踏法治，實行專制人治的本質卻沒有改變，不論是段祺瑞還是曹錕。

　　張勳兵敗後，段祺瑞以「再造共和」的英雄自居，於 1916 年 7 月 14 日入京正式組閣。但是由於段祺瑞內閣並未經過總統的正式任命，也沒有經過國會，所以只能算作事實上的政府，而不是合法的內閣。西南方面對這個不合法的段內閣進行了激烈的反對。7 月 9 日孫中山致電段祺瑞稱：「總理一職，既無同意，亦無副署，實爲非法任命。」〔註 127〕但是段祺瑞並不顧及這些反對之聲，而是利用沒有國會存在的約束加緊在國務會議上通過了對德宣戰案，爾後才準備設立國會，使自己的內閣「合法化」。1917 年 7 月 14 日，國務院通電各省，徵求召集參議院的意見，各省覆電，大部分贊成。但由於國會成立已經五年有餘，而根據《臨時約法》第二十八條規定：「參議院以國會成立之日解散」，所以說，當時重新召集並以臨時參議院作爲新國會成立前的過渡性立法機關，在法理上是說不通的。因此，遭到了西南方面的堅決反對。對此，孫中山在南方組成「護法軍政府」，並向全國通電反對。而在黎元洪解散國會後，許多議員紛紛南下廣州，並在廣州組成非常國會以對抗黎的非法解散國會行爲。南方軍政府與廣州非常國會的相繼成立以及與段祺瑞政府對抗行爲，使段深感不安，決定武力消滅之，但是其武力統一的計劃沒有成功。隨即，他又成立了自己的政治派別——安福系，妄圖以「合法」的手段實現自己的夢想。1918 年 8 月 12 日，在段祺瑞御用團體安福系一手包辦與操縱下，新當選的參眾議員齊聚北京，宣佈「新國會」成立，史稱「安福國會」。臨時參議院於同日解散。「安福國會」的成立，已經使得國會內部的政治力量發生了極大變化，中國資產階級民主共和的因素在國會中大爲減少，國會的性質已經開始蛻化，在民主共和政體上塗抹上了由少數特權階層壟斷國會的污點。

〔註127〕《國父全集》第 4 卷，第 283 頁。

　　北洋軍閥統治時期，政府一貫被軍閥操縱，國家統治權掌握在武力攫取者手中。而軍閥之間的爭權奪利，給民主共和制度的實行帶來了極大的不穩定性。安福國會「閉會」後，曹錕取代段祺瑞操縱了北京政府，其勢力迅速擴張，1923 年黎元洪被逐出北京後，曹錕原是希望國會立即將他捧上總統寶座，但由於原國民黨和反直派議員的反對，其總統美夢沒有實現。於是，曹錕又通過賄選加武力的辦法，積極籌備總統選舉，並於 1923 年 9 月 12 日，以「合法」的程序，登上總統寶座。總統選舉結束後，國會加速了制憲工作。10 月 8 日，國會續開憲法會議「三讀會」，將憲法草案一致通過，10 月 10 日，曹錕正式就職，《中華民國憲法》也正式公佈。《中華民國憲法》是民主共和政體建立以來頒佈的第一部正式憲法，是《臨時約法》和《天壇憲草》的直接繼承。反映了資產階級民主革命派對民主政治孜孜不倦的追求和嚮往，它反映了人們渴望從封建專制獨裁統治下解放出來進而走上民主法制軌道的美好心願。但由於曹錕的賄選行為，以及國會議員的受賄行為，使得這部體現了資產階級民主精神的憲法沾染了污點，因而遭到全國人民的反對。這部憲法還沒有來得及實施就隨著曹錕的下臺而被廢止了。

　　曹錕下臺後，皖奉聯合執掌北京政府。1924 年 11 月 21 日，段祺瑞宣佈就任「臨時執政」，並著手組織臨時政府。為了實現其個人獨裁的夢想，段祺瑞首先於 24 日頒佈《中華民國臨時政府制》，規定了臨時政府的組成，以完成其從臨時執政到個人專制獨裁政體的「合法」轉變。接著，召集善後會議並設置了臨時參議院，使其臨時政府「合法」化。通過一系列別有用心的措施，段祺瑞終於將國會拋棄，個人獨裁專制政體已然形成。可以說，中華民國臨時政府的出現，是中國民主共和政體向專制獨裁體制演變倒退的重要一步。

　　1927 年 6 月，控制北京政權的張作霖將安國軍總司令部改為「中華民國陸海軍大元帥府」，自任大元帥，正式組建軍政府。6 月 18 日，頒佈了《中華民國軍政府組織令》。該令規定，陸海軍大元帥總攬中華民國陸海軍全權，在軍事時期，代表中華民國行使統治權，並保障全國人民「法律上當然專有之權利」。但由於大元帥不對任何機關負責，也根本沒有法律可言，所以其所謂的保障人民「法律上當然專有權利」事實上無從談起。因此，就其實際意義而言，「中華民國陸海軍大元帥府」是一種地地道道的軍事獨裁制度，至此，民主共和政體最終完全蛻化成了專制獨裁政體，法治遭受重大挫折。

4.4 對法治原則的文爭與武衛

4.4.1 「面折廷爭，不肯稍讓」

民初「人治」與「法治」鬥爭的第一次交鋒集中於責任內閣問題。按照《臨時約法》的規定，大總統只是一個不負實際責任的國家元首，國家的實際行政權力由責任內閣行使，袁世凱在就任臨時大總統後，雖然無法改變這一既成事實，但卻想方設法地籌謀組織一個聽命於己的責任內閣，使自己的「人治」意志通過內閣化爲具體的行動。而革命黨人則想組織一個限制袁世凱權力的內閣，以維護《臨時約法》的權威，保障民主共和政體眞正得到實現。因此，在內閣總理的人選問題上雙方產生了激烈爭執，後以袁世凱所寵信的唐紹儀加入同盟會，擔任內閣總理，獲得了雙方的認同。

唐內閣中，外交、內務、陸軍、海軍等關係重大的部門，都爲袁的親信把持，這些人「概屬亡清舊吏，無一純粹新人物」。〔註 128〕袁世凱寄希望於私交甚厚的唐紹儀能俯首貼耳地充當自己專制集權的工具，然而自小留美的唐紹儀，素受民主共和思想的薰陶，對於袁世凱「一切設施，多由己意」的專權行爲深爲反感，他不願《臨時約法》流於形式，「毅然主張內閣制，設國務會議，以爲執行職權之樞紐」，〔註 129〕袁、唐交惡由此而起。袁世凱不滿唐紹儀「民國用人，務貴新不貴舊」、「決不可延用舊人」的新思想，更對唐紹儀「面折廷爭，不肯稍讓」誓死以約法爲準繩的強硬態度深爲惱怒。〔註 130〕於是，利用各種手段架空唐紹儀，促唐去職。袁不顧《臨時約法》明文規定的總統提出法律案、公佈法律及發佈命令須經國務院副署方能生效的律令，撇開國務總理，擅自下發命令，強迫執行，並越過國務總理向一些部直接推薦人選，安插親信，在「王芝祥督直問題」上，袁竟出爾反爾，使唐失信於革命黨。唐紹儀爲堅持約法規定的副署權，憤然離京。蔡元培、王寵惠、熊希齡、宋教仁、王正廷等內閣閣員也相率辭職，以抗議袁世凱破壞責任內閣的行爲。

雖然第一屆責任內閣迫於袁世凱強權政治的壓力而解體，但是他們那種不畏強暴，敢於與專制勢力抗爭的奮鬥精神，卻點燃了近代歷史上「法治」

〔註 128〕張國淦：《中華民國內閣篇》，《近代史資料》，北京：中國社會科學出版社 1979年，第 152 頁。

〔註 129〕《近代稗海》第三輯，成都：四川人民出版社 1985 年，第 41 頁。

〔註 130〕《北洋政府總統和總理》，天津：南開大學出版社 1912 年，第 25 頁。

向「人治」宣戰的熊熊火焰。第一屆內閣的解散，是對「人治」統治的無聲挑戰，雖然還殘留著對強權政治莫奈其何的哀歎，但卻使中國人民從這種痛苦的呻吟中，看清了袁世凱的醜惡嘴臉，懂得了趕走一個皇帝與動搖封建統治的根基、剷除浸潤了幾千年的封建土壤是有一定的距離。

4.4.2 「參議院萬不可為政府之傀儡」

臨時參議院與袁世凱的集權鬥爭是這一時期「法治」與「人治」鬥爭的又一體現。作為民意機關的臨時參議院雖然處在初造時期，但議員們大多表現出了以《臨時約法》之精神行使監督政府的權力。1912 年 7 月 19 日，袁世凱提出補充內閣人員名單讓繼任的國務總理陸徵祥提交參議院，參議院全部予以否決，並對陸徵祥「語不及政，刺刺談交際事」的失職行為提出彈劾。在催促袁世凱速交預決算草案的鬥爭中，參議院的議員們也表現了獨立的人格。當時立憲派的重要人物湯化龍對袁世凱無視法律、輕視參議院的做法甚為憤怒，嚴正指出：「參議院萬不可為政府之傀儡……如不定以期限，令政府交議臨時、正式預算，恐墊款用罄，參議院、臨時政府、中華民國亦將從此相隨告終矣」。〔註131〕對袁世凱損害國家主權，擅自向五國銀行團進行善後大借款，參議院依法予以否決。雖然在袁世凱武力干政的強權之下，參議院難以真正行使約法所賦予的權力，但他們利用自己合法的身份，對袁世凱集權統治的有限反抗，從某種程度上喚起了人們對「法治」的渴求，對「人治」的憤怒。對於袁世凱「專以調停及牢籠個人為事，於政治上之新生面絕無開展」〔註132〕的執政手腕，時人嘖有煩言，公開指出：「袁總統高掌遠擎，吾人誠不能盡知，但卻其命令觀之，則純然滿清時代之空文耳，道德與法律絕對不分，吾人屢次言之報端，而不為之一省。此等形式上之事已大背於法治矣。乃若用人之事，則大總統之條子交於各部者，時有所聞……」。〔註133〕

4.4.3 二次革命

「二次革命」是「法治」與「人治」鬥爭趨向白熱化的最高表現。

為了防止獨裁保證民主共和的成果，控制、操縱或支配國會是十分重要的。因為國會不僅有制定、修改、解釋憲法以及任免內閣閣員的大權，而且

〔註131〕《申報》1913 年 3 月 31 日。
〔註132〕《遠生遺著》卷一，上海：商務印書館 1984 年，第 6 頁。
〔註133〕《民權報》1912 年 6 月 20 日。

有選舉、彈劾總統的大權，同時還有決議全國一切大政方針的權利。而要控制國會，其唯一的辦法就是掌握國會中的多數議席，而要掌握議會中的多數議席，就必須組織政黨來實現，即通過「政黨政治」來保證民主政體的長久存在。

政黨內閣是宋教仁為民主憲政奮鬥的重要目標，也是他謀求推行法治的重要步驟。按照宋教仁的思想，就是中國能像西方資本主義社會那樣，實行兩黨制，兩黨在憲法範圍內通過自由競選，由在議會中佔據多數席位的第一大黨出面組織責任內閣，實行資產階級的民主政治。因此，宋教仁強調一個國家政治的好壞，關鍵在政黨的良善。他說：「一國之政治，恒視其運用政治之中心勢力以轉移。其中心勢力強健而良善，其國之政治必然可觀，其中心勢力脆薄而惡劣，其國之政治必黯然無色。……而共和立憲之國，其政治之中心勢力，則不可不彙於政黨」。〔註134〕民國建立以來，「政策不良」，「百事不能如意」，人民把希望寄託在「建設良好政府」、「施行良好政策」上，宋教仁卻認為：「建設政府全籍政黨才識」。只有好的政黨，才能有好的政府。「欲建設良好政府，則捨政黨內閣莫屬」。〔註135〕因此作為第一步，還應從政黨建設入手。

宋教仁以極大的熱情投入了建黨工作，他在民國初年政黨林立的情況下，運用豐富的政治學識和敏捷的組織手腕，於1912年8月以同盟會為中心，聯合統一共和黨、國民共進會、國民公黨、共和實進會等黨團，組成國民黨，形成「民國政黨，唯我獨大」的局面。

在國民黨的建黨宣言中，宋教仁表示：「一國政黨之興，只宜二大對峙，不宜小群分立」。〔註136〕他主張兩黨對峙競爭要遵守政黨道德，「希望自黨發達，同時希望反對黨亦發達，能至旗鼓相當而後已」，互相間不搞「無謂之猜忌離間，平心靜氣，以評論國家事，扶持各黨，使漸臻於健全之發達」。「共在議院有正當之主張，不事喧囂，共對政府有適當之監督方法，以促成強固有政策負責任之內閣」。〔註137〕

在宋教仁看來這樣的兩黨制，「壁壘既堅，旗幟亦明，自足以運用共和國之政治，而貫徹國利民福之蘄向，進而組織政府，則成志同道合之政黨內閣，

〔註134〕《國民黨宣言》，《宋教仁集》下冊，北京：中華書局1981年，第747頁。
〔註135〕《宋教仁集》，下冊，北京：中華書局1981年，第463頁。
〔註136〕《宋教仁集》，下冊，北京：中華書局1981年，第749頁。
〔註137〕《致北京各報館書》，《宋教仁集》下冊，北京：中華書局1981年，第421頁。

以共所信之政見，舉而措之裕如；退而在野，則使他黨執政，而已處於監督之地位，相摩相蕩，而政治乃日有向上之機。」這就是宋教仁嚮往的理想的政黨政治，他強調說：「是故政黨政治雖非政治之極則，而在國民主權之國，則未有不賴之爲唯一之常規者」。〔註138〕

政黨政治又是與議會民主分不開的，宋教仁認爲，「世界上的民主國家，政治的權威是集中於國會的，在國會裏頭，占得大多數席位的黨，才是有政治權威的黨，所以我們此時要致力於選舉運動」。〔註139〕這就是說民主政治的最高權威是議會，因此政黨的活動要以議會爲主要陣地，以競選爲主要鬥爭手段，以獲得議會之中大多數議席爲主要目標。他說：「我們要在國會裏頭，獲得半數以上的議席，進而在朝，就可以組成一黨的責任內閣；退而在野，也可以嚴密的監督政府，使它有所憚而不敢不爲。那麼，我們的主義和政綱，就可以求其貫徹了。」〔註140〕

正因爲宋教仁把議會的作用看得這麼高，以爲只要取得了議會中的多數，就可以使革命派重新掌握政權，所以他把全副精力都放在議會鬥爭上。他說：「以前，我們是革命黨；現在我們是革命的政黨。以前，是秘密的組織；現在是公開的組織。以前，是舊的破壞時期；現在，是新的建設時期；以前，對於敵人是拿出鐵血的精神，同他們奮鬥；現在，對於敵黨，是拿出政治的見解，同他們奮鬥。」〔註141〕

爲了使國民黨在國會選舉中獲勝，首先，宋教仁給國民黨制定了關於政體問題的整套主張，其全部內容可概括爲五大端：主張單一國制，主張責任內閣制，主張省長民選，主張省有列舉立法權，主張國務總理由眾議院推出。這五大端歸納起來，就是責任內閣制、中央集權制、行政官吏選舉制、地方自治制，這是宋教仁所設計的在中國實現的資產階級共和國的全部方案。與此同時，他又提出了一系列內政和外交方面十項具體政策，即整理軍政，興辦國民交通業，振興教育，統一司法，運用外交等，準備在國民黨組織責任內閣時予以實行。

〔註138〕《國民黨宣言》，《宋教仁集》下冊，北京：中華書局1981年，第456頁。

〔註139〕《國民黨鄂支部歡迎會演說辭》，《宋教仁集》下冊，北京：中華書局 1981年，第456頁。

〔註140〕《國民黨鄂支部歡迎會演說辭》，《宋教仁集》下冊，北京：中華書局 1981年，第456頁。

〔註141〕《國民黨鄂支部歡迎會演說辭》，《宋教仁集》下冊，北京：中華書局 1981年，第456頁。

其次，宋教仁制定了詳細的競選計劃，以確保國民黨在國會選舉中獲勝。其計劃的主要內容是：「第一，派人到各省組黨，成立各省黨支部；第二，掌握各省、縣的選舉，進行一次勝利的競選；第三，取得國會及省縣議會中壓倒多數，堅持議會民主制；第四，及早組織強有力的、名副其實的政黨責任內閣，並且預定以宋教仁擔任內閣總理」。〔註142〕為了實現上述計劃，宋教仁派了大批幹部各回本省活動。

宋教仁認為，議會鬥爭和選舉競爭，是合法的，也「是公開的，光明正大的，用不著避什麼嫌疑，講什麼客氣」。〔註143〕所以在競選中，他親自到長江各省公開講演，發表政見，對袁世凱執政以來在內政、外交上種種弊端進行無情揭露和猛烈抨擊，以「堂堂之陣，正正之旗」，「作光天化日之政憲競爭」，終於在第一屆國會參眾兩院的大選中取得了絕對勝利。

起初，袁世凱並沒有注意宋教仁等民權主義者在臨時參議院裏的政治活動，而當宋教仁組黨並佔據國會多數議席後，他才感到了事態嚴重。但是，袁世凱並不願屈就於法律之下，更不想讓國民黨的領袖宋教仁實現「政黨內閣」的理想。於是暗令趙秉鈞於 1913 年 3 月 20 日在上海車站製造了震驚中外的「宋教仁血案」。

「宋案」發生後，革命黨人從慘淡的血泊中猛省過來，終於明白了在一個沒有民主傳統的國家裏，法律無法制裁一個握有軍政實權的獨裁者，為了維護法律的尊嚴，唯一的辦法就是通過武力將獨裁者推翻。7月上旬，在孫中山的號召下，李烈鈞在江西湖口首揭反袁義旗，發動了「二次革命」，江蘇、安徽、廣東、上海、福建、湖南、重慶等地繼起響應，掀起了革命黨人對法治的武裝護衛。

4.4.4 護國戰爭

護國戰爭是一場「人治」與「法治」的大較量。袁世凱當上民國大總統後，權力欲望不斷膨脹，於是導演了中外學者製造帝制輿論、各種請願團體頻頻「勸進」、「國體」投票、上推戴書等一系列的把戲，最後登上了夢寐以求的皇帝寶座。

〔註142〕《辛亥革命回憶錄》第二冊，北京：中華書局1962年，第177頁。
〔註143〕《國民黨鄂支部歡迎會演說辭》，《宋教仁集》下冊，北京：中華書局 1981
　　　　年，第456頁。

在袁世凱的「人治」統治達到登峰造極的地步時，無論是國民黨還是進步黨都發出了討袁的呼聲。孫中山在日本東京發表了《討袁宣言》。「以政治上遲鈍與生活上放蕩的面目出現」的蔡鍔，「經過兩個月放蕩不羈的英勇表演」，〔註144〕潛返雲南發動了護國戰爭。

護國戰爭的爆發，得到了全體人民的響應和支持，因為建立法治國家是他們共同的心願。登上「九五之尊」的袁世凱如夢方醒，意識到了災難的來臨，嘗到治了眾叛親離的滋味，看到了與滿清時代迥然相異的社會情境，明白了在法制觀念已有一定社會基礎，共和思想已有深厚普及的社會中，想重溫「人治」時代的舊夢只能是自掘墳墓。1916 年 6 月 6 日，袁世凱在全國人民的憤怒聲中痛苦的死去，八十三天的皇帝夢煙銷雲散。

4.4.5 護法運動

袁世凱死後，段琪瑞又想依仗北洋軍閥勢力，達到重溫「人治」舊夢的目的，因而他又利用總統繼任問題挑起了新舊約法之爭。袁世凱死後，黎元洪以副總統接任大總統，各派政治力量對此都無異議，但在黎元洪繼任總統的法理根據上卻產生了分歧。段琪瑞堅持，黎元洪是根據新約法（即《中華民國約法》）的規定出任大總統的，因此，他僅僅只是「代行」大總統的職權。段氏此舉的意圖很清楚，因為根據《修正大總統選舉法》第十一條規定，副總統繼任後，要在三日內召開大總統臨時選舉會進行選舉，這樣，黎元洪不能久任，而段祺瑞則可利用手中權力當選為大總統。但西南各省及國會議員堅持認為黎元洪應按照《臨時約法》制定的《大總統選舉法》的規定，「繼任」大總統之職。他們認為：「袁世凱民國三年頒佈之所謂《中華民國約法》全由袁世凱一人私意妄自竄亂而成，一切增修程序既與《臨時約法》所載相違背，因而「不發生國法上之效力」。「袁世凱遺命及段祺瑞通告所稱依《約法》第二十九條，由副總統代理之說，係依據袁世凱三年稱造之《約法》，萬難承認。」
〔註145〕

從新舊約法何者為黎元洪繼任總統依據的爭論來看，不僅僅是一個「代行」與「繼任」的問題，而是肯定《臨時約法》的法治立國原則或是肯定袁記《約法》所規定的「人治」立國原則的大問題。因此，段祺瑞想通過袁記

〔註144〕〔美〕約瑟夫‧阿‧勒文森著，劉偉、劉麗、姜鐵軍譯：《梁啓超與中國近代思想》，成都：四川人民出版社 1986 年，第 25 頁。
〔註145〕李劍農：《戊戌以後三十年中國政治史》，中華書局 1980 年，第 250 頁。

《約法》，達到「合法」繼承袁世凱專制獨裁衣缽的罪惡目的，遭到了資產階級革命派及西南獨立各省的強烈反對。孫中山發表了《規復約法宣言》，指出：「袁氏凡百罪孽，皆由其以天下爲私之一念而來。殘暴專制，既無不爲，而又以金錢詐術濟之，以至於敗，今求治無他，一言蔽之曰：反其道而已。庶事改良，或難驟舉，至於規復約法，尊重民意機關，則惟一無二之方，無所用其躊躇者。於此時期，而猶有怙私懷僞不顧大局之流，則國人疾之，亦將如疾袁氏。」〔註146〕西南軍務院也要求恢復《臨時約法》，召開國會，組織內閣。海軍總司令李鼎新也宣佈響應，迫使國務總理段祺瑞於 1916 年 6 月 29 日通電恢復舊國會和《臨時約法》，「人治」的氣焰稍爲收斂。

段祺瑞想利用新舊約法之爭達到專制集權的目的破滅後，又利用鎮壓張勳復辟的機會，企圖廢棄《臨時約法》，結果引發了一場「人治」與「法治」的交鋒。1917 年 7 月，段祺瑞在結束張勳復辟的醜劇後，躊躇滿志的以「再造共和」的元勳自居，因而「一手遮天下，目無餘子」。對內公然宣佈「三不」施政綱領，即「一不要約法、二不要國會、三不要舊總統」，用以推行其「武力統一」政策，實現其專制獨裁的野心。這使寄希望於北洋政府「規復約法、尊重國會」，不「重陷天下於紛糾」的孫中山甚爲憤怒。於是，他毅然放棄原定周遊各省，考察實業狀況的計劃，說服海軍艦長程璧光和西南軍閥，於 8 月 25 日在廣州成立中華民國軍政府，發動了護法戰爭。

孫中山宣示護法宗旨在於「勘定叛亂，恢復臨時約法」。並制定一個粵、桂、湘、滇、黔、川諸路軍隊同時出動，會師中原，殲除北洋軍閥的計劃，以實現其「討滅僞政府，還我國會」「還我人民主權」的崇高理想。短短三、四個月，護法戰爭遍及十餘省，使孫中山受到極大鼓舞。

然而孫中山的良好願望，卻被西南軍閥輕輕斷送。以陸榮廷、唐繼堯爲首的西南軍閥並不是誠心擁護《臨時約法》，他們參加護法陣營只是爲了對付段祺瑞的「武力統一」政策，當段祺瑞因湖南戰場的失利而引咎辭職，桂、滇軍閥分別控制了湘、川兩省後，他們很快就與直系軍閥握手言歡，達成南北妥協。

孫中山堅決反對南北議和，誓言護法到底。莊嚴宣稱：「捨恢復約法及舊國會外，斷無蹉商之餘地」。在陸、唐不肯聽命的情況下，孫中山力圖利用支

〔註146〕《規復約法宣言》（1916 年 6 月 9 日），《孫中山全集》第 3 卷，北京：中華書局 1984 年，第 305 頁。

持他的張開儒部和程璧光的海軍繼續進行護法事業，但桂、滇軍閥不給餉械支持，槍殺護法將領，使孫中山無力進行北伐。1918 年 4 月 10 日，他們又將大元帥制改爲總裁合議制，剝奪了孫中山最高領導人的職權。孫中山在這一慘痛的教訓面前，逐漸認識到陸榮廷、唐繼堯等西南軍閥「其所以治兵西南省，亦彼用心，只欲分中央專制全國之權，俾彼得專制於二三行省」。〔註 147〕5 月 21 日，他懷著「時變日亟矣」，「國將不國」的沉重心情，離粵赴滬，一場「法治」與「人治」的交鋒再次失敗。

資產階級革命派從不放棄追求建立民主法治國家的理想，波瀾壯闊的「二次革命」、「護國運動」、「護法戰爭」就是他們對封建「人治」的強烈怒吼。但是，由於階級的局限，忽視了對民眾的發動，找不到可以依靠的力量，儘管他們跌倒爬起，不屈不撓地揭櫫資產階級民主法治的大旗，仍然不能改變專制人治的局面。

4.5 名與實

1911 年 10 月 10 日，在孫中山民主共和思想的指導下發生了辛亥革命，推翻了清朝，創建了民國，頒佈了《中華民國臨時約法》，規劃了以法治國的方案，在形式上爲中國搭起了資產階級民主政治體制的框架。但南京臨時政府很快被北洋軍閥取代。毫無疑問，北洋軍閥的統治本質上是代表大地主、大資產階級利益的封建軍閥的專制統治。但是，進入民國之後，民主法治與專制人治孰是孰非已成爲不爭的價值判斷，行專制人治者不能不有所顧忌，此時他們一方面要用軍閥政治取代民主共和制度，另一方面又必須用大量立法來標榜民主法治以遮人耳目。他們總是想方設法借用法律程序或民意的外衣來包裝自己。袁世凱時期運用這種手法來達到否定南京臨時政府制定的各項法律的合法性的目的，通過干涉臨時參議院及國會的立法權，或另立造法機關，造成「依法治國」的假象。這爲後袁世凱時期軍閥「借法反法」提供了樣板。後袁世凱時期的直、奉、皖系軍閥，爲了爭權奪利，往往各執一法，打著法律、民意的幌子實行人治之實。所以，北洋軍閥統治時期也進行了大量的法律條文建設，僅從民國元年 4 月到民國 3 年 1 月，北京臨時參議院和

〔註 147〕《通告護法各省軍政首領支持軍政府電》(1918 年 2 月 22 日)，《孫中山全集》
第 3 卷，北京：中華書局 1985 年，第 349 頁。

第一屆國會第一期常會就議決正式法令 113 案。〔註148〕北洋軍閥統治者還不斷發佈、重申所謂「尊重法令」之類的文告，聲稱：「自今以往，各機關以次完備各法令，以次設施。不得自為風氣、各煩其私，設有阻撓、侵越致妨大局。是為人民公敵，即為國法所不容。」〔註149〕在社會上樹立「以法治國」的形象。在當時的報刊上也經常可以看到各種各樣、各級各類的法令條文，這些法律條文幾乎涉及各個方面，專制人治的架構以新的形式被恢復。

北洋軍閥各派政治勢力還紛紛炮製所謂的「憲法」，以便給自己篡奪的政權穿上合法的外衣。在短短的十多年間（1912 年 9 月 1925 年 12 月）中央政府幾易其人，各派軍閥走馬燈似地掌握中央政權，先後制定了十二部憲法性文件，主要有：袁世凱政府：1913 年《天壇憲草》、1913 年 3 月的《中華民國約法》、1914 年 1 月的《總統選舉法》；曹錕政府：1923 年 10 月的《中華民國憲法》即「賄選憲法」；段祺瑞政府：1925 年 4 月的《國民代表會議條例》和 1925 年 12 月的《國憲草案》。

這些憲法及憲法性文件，大都標示了「主權在民」、「三權分立」、「天賦人權」等原則，從文字上看，其民主性很強，但在實質上卻充斥著體現封建專制、軍閥獨裁統治的內容。如袁氏約法關於總統獨攬統治權的規定，所體現的則是專制獨裁政體的根本原則——三權合一，而不是民主政體的三權分立。總統不僅獨攬國家行政大權，而且掌握著立法、司法大權，成為至高無上的統治者。而該約法所確認的「主權在民」原則即第二條，「中華民國之主權，本於國民之全體」實際上已成了空話。從這方面看，其與封建皇帝已無甚實質區別。再如，曹錕憲法在民主共和的形式下，對其底本《天壇憲草》的許多條款作了剪裁，並從袁記約法中抄襲了有利專制的文字和條款，塞進了不少私貨。其一，就大總統職權而言，規定了大總統總攬民國的行政權並為陸海軍大元帥，「大總統得停止眾議院或參議院之會議」，有權解散眾議院，擴大了大總統的權力，將大總統的權力凌駕於國會之上，實際上取消了三權分立原則。其二，取消了對大總統權力進行限制的種種規定，使得大總統在國會休會期間不受任何限制，可以為所欲為。其三，所規定的責任內閣制也成具文。該憲法規定：「中華民國之行政權，由大總統以國務員之贊襄行之」，

〔註148〕見《國會叢報》第 1 期，《眾議院議決案彙編》第四冊《眾議院議決案一覽表》。
　　　　轉引自王躍：《變遷中的心態》長沙：湖南教育出版社，2000 年，第 17 頁。
〔註149〕《尊重法令之文告》，《申報》，1912 年 5 月 13 日。

「國務總理於國會閉會期間出缺時，大總統得為署理之任命」，且不必經國務員之副署。這條規定，實際上確認了大總統可任選心腹出任總理，所謂責任內閣就成了大總統行使權力的辦事機構，保證了總統的專權。

北洋軍閥的憲法絕大多數都規定了公民的權利和自由，概括起來主要有：人民有平等權；不受逮捕、監禁、審問或處罰權；住宅不受侵入或搜索權；通信秘密權；選擇住所及職業之自由權；集會結社之自由權；言論、著作及刊行之自由權；尊崇孔子及信教之自由權；財產所有權；訴訟權；請願及陳訴權；選舉及被選舉權；從事公職權等等。但它許諾人民的這些民主自由權利皆附有「依法」的條件。因而這些憲法上的權利是大打折扣的。可見這些權利自由是虛假的，是北洋軍閥政府給人民開的無法兌現的空頭支票。

北洋軍閥的歷屆政府雖然都制定了憲法，但憲法並沒有達到應有的權威地位。首先，在短短的十二年中間（1912 年 9 月至 1925 年 12 月）中央政府幾易其人，各派軍閥走馬燈似地掌握中央政權，憲法極不穩定，先後制定了十二部憲法性文件，足見憲法毫無權威性可言。其次，歷屆軍閥都肆意踐踏憲法精神。袁世凱撕毀充滿民主精神的《臨時約法》，強行解散國會，用強迫手段制定「袁記約法」。曹錕則用欺騙和賄賂的辦法制定了臭名昭著的「豬仔憲法」。正如一些研究者指出的那樣，「軍閥統治本身就是對憲政的反動，它不僅摧毀了憲政所依存的社會秩序，而且它用武力絞殺了憲政的基本價值。」〔註 150〕軍閥用武力瓜分政治，搞暗殺、進行威逼利誘、實行賄賂收買，這些卑劣的手段無所不用。「在這裡，所謂憲法，那只不過是武夫們用以證明自己武力強大的一個標籤；所謂國會，那也只是一個用武力進行分贓的合法化地方；所謂議員也只是一些博取了主子歡心而發了財的奴才。憲政中的那些起碼道德，那些為政的基本操守，那些基本的價值準則全被軍閥們踩在了腳下。……軍閥政治早已把憲政的那些價值放逐於『共和國』之外，並用槍桿子加以扭曲和絞殺。」〔註 151〕

北洋軍閥統治時期中國的法治呈現兩個方面的特點：一方面，以袁世凱為首的北洋軍閥集團拼力地對臨時約法所奠定的資產階級民主制度進行衍改和破壞。他們利用手中的權力，制定並實行有利於其統治的法律制度，以建立軍閥專權統治。因此，就根本上來說，已經破壞了「法治是眾人之治」的

〔註 150〕王人博：《憲政文化與近代中國》，北京：法律出版社 1997 年，第 357 頁。
〔註 151〕王人博：《憲政的中國之道》，濟南：山東人民出版社 2003 年，第 17～18 頁。

思想，實質上搞的還是人治；但另一方面，北洋軍閥十分注意形式上的資產階級法統，並沒有也無法完全拋棄法治之名。這表明，經過辛亥革命的中國，已經不能回到完全意義上的人治，而只能實行法治名義下的人治，這也是歷史的進步。

這個史實說明，時代和社會需要法治。一方面，中國需要用法律來規範國家的政治生活，人治的形式已經無法在中國存在，因而統治者即使要搞人治也要採取法治的形式來達到；另一方面，法治的形式對人治本身就是否定。它提供了對人治進行批判的武器。當社會進步力量認識到現有的統治者不能真正實行法治的真實後，就必然訴諸武器的批判，而推翻現有的統治，為建立真正的法治開闢道路。

因為有法治之名和沒有法治之名是不一樣的。正如林伯渠所言：「有了這個名，就是民主主義成了正統。過去專制主義是正統，神聖不可侵犯，侵犯了就要殺頭，現在民主主義成了正統，同樣取得了神聖不可侵犯的地位，侵犯了這個神聖固然未必就要殺頭，但為人民所拋棄是沒有疑問的。」〔註152〕另外，北洋軍閥想以資產階級「法統」形式來達到封建獨裁的實質，這是一種矛盾。隨著民主法治觀念的不斷深入人心，人們對這種政治欺騙就更加反感。這種矛盾最終促使北洋軍閥自取滅亡。這是這一時期的一個有趣現象。

〔註152〕林伯渠：《在孫中山先生誕辰九十週年紀念大會上的講話》，人民日報 1956
　　　　年 11 月 11 日。

第五章 南京國民政府時期(1927～1949)：法治的畸形發展

5.1 《六法全書》的編制——法律形式的現代化

南京國民政府成立的同時，著手完備法律，顯示其法治姿態。南京國民政府時期，最終形成了完備的法律體系——《六法全書》。《六法全書》〔註1〕主要仿傚資本主義的法律體系，也繼承了清末和北洋政府的具有封建性的法律傳統，是封建法律、資本主義法律和法西斯法律的混合體。

六法的體系來源於大陸體系。歐洲大陸國家中，法國是世界法典化法律體系的開創國，1804年至1810年拿破侖執政期間，相繼頒佈實施了《拿破侖法典》（即民法典）、《民事訴訟法典》、《商法典》、《刑事訴訟法典》、《刑法典》「五大法典」，加上多次修改的法國憲法，形成了由六個相對獨立的法律領域所構成的法律體系。德國在1871年至1900年完成了德意志式的六法體系。日本明治維新時期，仿照法、德等國制定了各項法典，並且編纂了《六法全書》。此後《六法全書》成了大陸法系各國制定法體系的代稱。

〔註 1〕「六法全書」一詞源自日文漢字，日本在明治維新初期從法國引入法律，先後翻譯了《法國民法典》及法國的刑法、民事訴訟法、刑事訴訟法、商法典、憲法，以此作爲法律體系的代表性法典，號爲「六法」。清末變法後這個詞傳入中國，形成「六法全書」的説法，泛指整個成文法體系。民國初年的「六法全書」指憲法、民法、商法、民事訴訟法、刑法、刑事訴訟法；南京國民政府初期決定「民商合一」，不再制定單獨的商法典，因而「六法全書」指憲法、民法、民事訴訟法、刑法、刑事訴訟法、行政法。）

　　南京國民政府自 1928 年至 1949 年期間，國民黨政府進行了規模宏大的立法活動，採取以法典爲綱、以相關法規爲目，將法典及相關法規彙編成《六法全書》。這一龐大的法律系統內容完備、部門齊全，立法技術也較以前大有改進和提高。正如時人所說：「我國法律數量之多，變更之快，內容之雜，規定之奇，均足以豪一世。歷年政府公報，法規時占去半本；而所謂法律彙編，現行法規大全等，尤每每是惶然巨製，應有盡有。以三十年之素養與訓練，再加以如許成文美法，中國早已應成爲一模範的法治國家」了〔註2〕。

　　六法體系的完成，實現了法律形式上的現代化，其中基本法典有：

5.1.1 憲法

　　憲法是國家的根本大法，規定國家的根本制度，規定人民的基本權利和義務。南京國民政府在制定憲法方面的成果主要有：《中華民國訓政時期約法》、《中華民國憲法草案》、《中華民國憲法》。

　　1928 年，軍政時期結束，訓政時期開始。1928 年 10 月，國民黨中央常委制訂《中國國民黨訓政綱領》，《訓政綱領》規定了訓政時期「以黨治國」的六條原則〔註3〕，其主要內容可以歸納爲三點：一是把屬於全國國民的「選

〔註 2〕阮毅成：「中國法治前途的幾個問題」《東方雜誌》第三十卷第十三號）（阮毅成（1904～1988），餘姚臨山人。1927 年畢業於中國公學大學部政治經濟系。1931 年畢業於法國巴黎大學，獲法學碩士學位。同年回國，歷任國立中央大學法學院教授、中央政治學校教授兼法律系主任、《時代公論》主編。1937 年任浙江省第四行政督察專員。抗日戰爭初期任浙江省政府委員兼民政廳廳長，英士大學教授、行政專修科主任等職。抗戰勝利後任國立浙江大學法學院院長，1946 年任「制憲」國民大會代表。1949 年去臺灣，曾任臺灣《中央日報》社社長、《東方雜誌》主編、中山學術文化基金會董事會董事兼總幹事、臺灣政治大學教授兼法律系主任、世界新聞專科學校教授。著有《政言》、《國際私法》、《中國親屬法概論》、《法語》等。

〔註 3〕訓政綱領六條原則是：一、「中華民國於訓政期間，由中國國民黨全國代表大會代表國民大會，領導國民行使政權」。二、「中國國民黨全國代表大會閉會時，以政權付託中國國民黨中央執行委員會執行之」。三、「依照總理建國大綱所定選舉、罷免、創制、復決四種政權，應訓練國民逐漸推行，以立憲政之基礎」。四、「治權之行政、立法、司法、考試、監察五項，付託於國民政府總攬而執行之，以立憲政時民選政府之基礎」。五、「指導監督國民政府重大國務之施行，由中國國民黨中央執行委員會政治會議行之」。六、「中華民國國民政府組織法之修正及解釋，由中國國民黨執行委員會政治會議議決行之」。參見：榮孟源主編：《中國國民黨歷次代表大會及中央全會資料》（上），北京：光明日報出版社，1985 年。

舉、罷免、創制、復決」四項政權託付給國民黨的最高權力機關──國民黨全國代表大會或國民黨中央執行委員會；二是把「行政、立法、司法、考試、監察」五項治權託付給國民政府；三是國民黨中央對國民政府負有「指導監督」之責，具體的由國民黨中央執行委員會政治會議負責。

　　由國民黨包辦的國民會議在 1931 年 5 月 12 日通過《中華民國訓政時期約法》，於 1931 年 6 月 1 日頒佈實施。《約法》共 8 章 89 條，通讀全文，貫穿了《訓政綱領》的內容和基本精神，以國家根本大法的形式確認國民黨一黨專政的體制。

　　1932 年 12 月 15 日至 22 日，在南京召開的國民黨四屆三中全會決定由立法院從速制定憲法草案，擬定 1935 年 3 月召開國民大會，議決憲法，決定憲法頒佈日期。〔註4〕1933 年 1 月，立法院組織憲法草案起草委員會，立法院院長孫科兼委員長，指定張知本等 40 人為委員，以張知本、吳經熊為副委員長，從事憲法起草工作。「憲草」的起草主要經過立法院與國人共同研究時期和立法院與國民黨中央共同研究時期。〔註5〕立法院與國人共同研究時期的工作分為五個步驟：第一、研究時期。向國人徵求意見，搜集資料，決定憲草內容要點。第二、初稿時期。起草條文，由憲法起草委員會予以討論。第三、評論時期。將初稿發表，由國人提出評論意見。第四、再稿時期。將初稿參酌各方意見予以修正。第五、討論時期。將再稿提交立法院大會審議。在立法院與國民黨中央研究時期，把立法院所定再稿呈送國民政府轉呈國民黨中央審核，然後再由立法院依照中央審核意見予以修正定稿。立法院奉命議訂憲法草案，從 1933 年 2 月到 1936 年 5 月，國民政府公佈《中華民國憲法草案》，歷時三載，稿經七易，「費如此長久之時間」，「為如此嚴密審慎之討論」。〔註6〕《中華民國憲法草案》共 8 章 148 條，1937 年 4 月國民黨中央常會決議將第 146 條刪去，所以《中華民國憲法草案》共 147 條，因公佈日期是 1936 年 5 月 5 日，故又稱「五五憲草」。

　　1946 年 11 月，蔣介石撕毀「雙十協定」和政協決議，非法召開國民大會，於 12 月 25 日通過《中華民國憲法》，定於 1947 年 1 月 1 日公佈，12 月 25 日

〔註4〕榮孟源主編：《中國國民黨歷次代表大會及中央全會資料》，下冊，光明日報出版社 1985 年，第 180 頁。

〔註5〕《制憲經過及憲法中的幾個重要問題》，《孫科文集》第 1 卷，臺灣商務印書館 1970 年，第 306、307 頁。

〔註6〕謝振民：《中華民國立法史》，中國政法大學出版社 2000 年，第 336 頁。

施行。該法共 14 章，依次是總則、人民之權利義務、國民大會、總統、行政、立法、司法、考試、監察、中央與地方之權限、地方制度、選舉、罷免、創制、復決、基本國策和憲法之施行及修改，共 175 條。基本精神與《訓政時期約法》和「五五憲草」一脈相承。但礙於政協通過的「憲法修改原則」十二條的重大影響，又不得不規定實行國會制、內閣制、省自治、司法獨立、保護人民權利等項內容，在具體條文上有所變動。

5.1.2 民法

民法是國家的基本法律，也是社會日常生活的基本準則。它規範平等主體間財產關係和人身關係，在社會生活中起基礎性的作用。民法與刑法、行政法並列成爲最重要的三大基本法，西方一些國家將其視爲社會生活的「聖經」。《中華民國民法》是 1929 年 5 月到 1931 年 12 月間陸續公布施行的，其是在清季《大清民律草案》和北洋政府《中華民國民律草案》的基礎上，採用了西方資本主義國家的民法法律原則，並吸取了許多具體條款而成的。

1928 年 12 月，國民黨中央政治會議委員胡漢民、林森、王寵惠擬具民法總則編立法原則草案，提請公決。中央政治會議於第 167 次會議決議，指定王寵惠、蔡元培、戴傳賢三委員會同原提案人審查，經詳細審查，略加修改，製成審查案，報中央政治會議提出第 168 次會議決議，通過爲第 19 條立法原則。1929 年 1 月 29 日，立法院於第 10 次會議議決指定立法委員傅秉常、史尚寬、焦易堂、林彬組織民法起草委員會，並聘請司法院院長王寵惠，考試院院長戴傳賢，法國人寶道爲顧問。該會成立後，遵照中央政治會議決議的立法原則，著手起草民法總則，4 月 20 日，立法院開第三讀會，將民法總則全編通過，國民政府於 1929 年 5 月 23 日公佈，同年 10 月 10 日施行。全編分 7 章 152 條。第一章，法例；第二章，人；第三章，物；第四章，法律行爲；第五章，期日及期間；第六章，消滅時效；第七章，權利之行使。民法施行法於 9 月 24 日公佈，與總則編同時施行。

民法第二編債編。民法總則編公佈之後，立法院院長胡漢民、副院長林森鑒於世界民商法統一的潮流，向中央政治會議提議，將民商訂爲統一法典，不能合併者，則分別訂立單行法規（如公司法、票據法、海商法、保險法等）。中央政治會議第 18 次會議議決，交胡漢民、戴傳賢、王寵惠審查，審查結果，認爲應訂民商統一法典。此後，立法院院長胡漢民又提出民法債權編立法原

則 15 條，經中央政治會議 182 次決議，交王寵惠、胡漢民、戴傳賢等審查後，提經中央政治會議第 183 次會議決議：「民法債權編立法原則，照審查報告通過，」〔註7〕交立法院按照原則立法。立法院按照立法原則，參照各國法例，遵照中國習慣，於 1929 年 11 月 5 日將民法債編通過，呈請國民政府於同年 11 月 22 日公佈，1930 年 5 月 5 日實施。

　　民法物權編。民法起草委員會按照中央政治會議第 202 次會議決議的《民法物權編立法原則》，於 1929 年 8 月 21 日起草民法物權編，同年 11 月完成立法程序，國民政府於 1929 年 11 月 30 日公佈，1930 年 5 月 5 日實施。全編共分 10 章，共 210 條。第一章，總則；第二章，所有權；第三章，地上權；第四章，永佃權；第五章，地役權；第六章，抵押權；第七章，質權；第八章，典權；第九章，留置權；第十章，佔有。民法物權編實施法於 1930 年 2 月 10 日公佈，1930 年 5 月 5 日實施。

　　民法親屬編。1930 年 3 月，立法院民法起草委員會傅秉等人以民法親屬、繼承兩編亟待起草，以資適用爲由，呈請國民黨中央委員、立法院長胡漢民，提請中央政治會議，先行制定民法親屬、繼承原則，俾便遵照起草。胡漢民將傅秉常等人意見提交中央政治會議討論，經議決後交法律組審查，法律組審查完竣後，繕具意見書，交中央政治會議第 236 次修正通過，交立法院辦理。根據中央政治會議所定的原則，親屬之範圍可不加規定，而規定親屬之定義及親等之計算方法，對親屬之分類，夫妻及子女之姓氏，成婚之年齡，親屬結婚之限制，夫妻財產之制度等方面也作了規定。民法起草委員會按照中央政治會議原則，於 1930 年 7 月起草民法親屬草案，於 11 月脫稿，提經 1930 年 12 月 2 日至 3 日立法院第 120 次會議議決修正通過，呈送國民政府，國民政府於 1930 年 12 月 26 日公佈，決定 1931 年 5 月 5 日起施行。親屬編分 7 章，共 171 條。第一章，通則；第二章，婚姻；第三章，父母子女；第四章，監護；第五章，扶養；第六章，家；第七章，親屬會議。民法親屬實施法於 1931 年 1 月 24 日公佈，1931 年 5 月 5 日起施行。

　　民法繼承編。民法繼承編的規定，也是由民法起草委員傅秉常等擬具應解決的問題，呈請中央委員兼立法院院長胡漢民等提交中央政治會議訂立原則，經中央政治會議議決，交法律組審查後，提出第 236 次中央政治會議通過，作爲立法院起草的原則，起草工作完成以後，同民法親屬編由立法院第

〔註 7〕謝振民：《中華民國立法史》，北京：中國政法大學出版社 2000 年，第 760 頁。

120 次會議通過交國民政府於 1930 年 12 月 26 日公佈，1931 年 5 月 5 日起施行。繼承編共三章，88 條。第一章，遺產繼承人；第二章，遺產之繼承；第三章，遺囑。民法繼承實施法於 1931 年 1 月 24 日公佈，同年 5 月 5 日起施行。

　　從整個民法的編制過程及其主要精神看，它基本符合國民黨中央政治會議所規定的民法制定的效能和原理的要求：第一，對於習慣的採用，認習慣和法律處於同等的地位。這就貫徹了國民黨中央政治會議的原則。國民黨中央政治會議決定的立法原則是：「凡民法無規定者，施用習慣；若既無明文規定，又無習慣可以適用時，得由法官用由法律推演而得之法理解決一切。」第二，注重團體利益的保護。個中原因，胡漢民說：「因爲社會的存在，絕不是專爲許多個人，社會的公益必須盡力提高。」他還表示，今後立法，應該注重到社會團體。〔註8〕第三，規定男女平等。國民黨在同盟會時代就確立了這一政綱。在新編定的民法條文中，「只講人，而不分性別，無論男子女子，其行爲能力的種種限制與保障，在法律上是完全相同的，沒有區別的」〔註9〕立法院院長胡漢民保證：「我們現在的立法，當然按照本黨的政綱，無論有何種限制，總是男女一體，不會男女不平等的。」〔註10〕

　　《中華民國民法》較之清季與北洋政府時期的民法，有了很大進步，反映了一種新思想與新精神。如在《總則》、《債》、《物權》三編，表現爲開始關注到他人利益和整體社會利益。對於不公平的暴利行爲，《總則》規定可以給予廢止或限制；《債編》規定「債務人就其故意或過失之行爲，應負責任」。這種新思想新精神在上述《親屬》、《繼承》兩編中亦有反映，這說明《中華民國民法》開始注重社會利益，同時吸取各國立法之長，以適應社會發展，其所確立的男女平等精神，是對傳統法律的一場革命，影響甚遠。「這部法律是當時除蘇聯以外，世界惟一一部規定男女平等的民法」〔註11〕。吳經熊在《新民法和民族主義》中評論《中華民國民法》時，指出該法雖是抄錄人家

〔註 8〕國民黨黨史會編：《胡漢民先生文集》第四冊，臺北中央文物供應社 1978 年，第 848、849 頁。

〔註 9〕國民黨黨史會編：《胡漢民先生文集》第四冊，臺北中央文物供應社 1978 年，第 850 頁。

〔註10〕國民黨黨史會編：《胡漢民先生文集》第四冊，臺北中央文物供應社 1978 年，第 851 頁。

〔註11〕《兩岸法學交流勢在必行——訪中國社會科學院法學研究所研究員謝懷栻》，《法制日報》1990 年 4 月 27 日。

的爲多，但也是從世界各派系中去費工夫選擇自己需要並與國情相符合的，所以，不是盲目的照抄照搬，而是有創造的，「選擇得當就是創作，一切創作也無非是選擇」。而且「泰西最新法律思想和立法趨勢，和中國原有的民族心理相吻合，簡直天衣無縫」。〔註12〕

5.1.3 刑法

　　國民黨的刑法典有兩部，即 1928 年《刑法》和 1935 年新《刑法》。國民政府定都南京後，司法部長王寵惠在對民國八年《改定刑法第二次修正》詳加研究的基礎上，編成《刑法草案》，提經國民政府交國府委員伍朝樞、最高法院院長徐元誥同王寵惠審查。1928 年 2 月，第二屆中央執行委員會開第四次全體會議，國民政府討論王寵惠所編定《刑法草案》及伍朝樞審查意見書，決議付中央常務委員會討論，此時國民政府法制局局長王世杰也擬具《修正刑法草案意見書》，呈請中央常務委員會審核決定，中央常務委員會將王世杰意見書交司法部審核。國民黨中央常務委員會將王寵惠編定的《刑法草案》、伍朝樞等人的意見書、王世杰所提修正意見以及司法部覆核意見一併討論，決議交譚延闓、徐元誥、于右任、魏道明、王世杰會同審查，譚等人草擬刑法決議，由國民黨中央常務會議通過，交國民政府於 1928 年 3 月 10 日公佈，1928 年 7 月 1 日起施行。後最高法院院長徐元誥又提議修改，1928 年 3 月 15 日國民黨中央常務委員會開第 122 次會議，按徐的建議修改，將原施行日期由 1928 年 7 月 1 日展期兩月，9 月 1 日起施行，並函經第 147 次中央政治會議轉請中央第 152 次常務會議追認。

　　《中華民國刑法》分爲 2 編，共 48 章 387 條。第一編，總則；第二編，分則。這一刑法被稱爲 1928 年刑法。

　　1928 年刑法施行後，帶來許多新問題。由於 1928 年刑法編定倉促，條文繁雜，各地法院紛紛函請司法當局或最高法院解釋，1931 年 12 月成立刑法起草委員會，指定劉克俊、史尚寬、郗朝俊、蔡瑄、羅鼎組成刑法起草委員會，草擬《刑法修正案》。1933 年 1 月，立法院又加派徐元誥、趙琛、盛振爲、瞿曾澤爲刑法起草委員，到年底完成《刑法修正案初稿》，計分兩編 48 條 345 條。刑法起草委員將初稿刊印 1 千冊，分送各報館、各法學雜誌社、各大學、各地律師公會，並咨送司法行政部發交各級法院，征集意見。1934 年 4 月初，

〔註12〕吳經熊：《法律哲學研究》北京：清華大學出版社 2005 年，第 28 頁。

立法院院長孫科邀請司法行政部部長羅文幹、次長石志泉、法官訓練所所長董康及顧問寶道，對該案進行審慎研究。刑法起草委員會依據會議結果，開會整理，逐條討論，到 1934 年 10 月，完成《刑法修正案》計總則編 12 章；分則編 35 章，共 253 條，呈報立法院核提大會公決。10 月 19 日，立法院舉行第三屆第 75 次會議討論《刑法修正案》。經三讀會議討論、修正，議決《中華民國刑法》於 1935 年 1 月 1 日公佈，自 1935 年 7 月 1 日起施行。

5.1.4 民事訴訟法

南京國民政府成立後，司法部按照國民政府的要求起草民事訴訟法，1928 年 7 月，司法部擬訂《民事訴訟法草案》5 編 726 條及其施行法 13 條，呈送國民政府提經第 83 次委員會決議交法制局審查後，送中央政治會議審查。立法院成立後，將該草案交立法院法制委員會研究，經委員林彬提議，將該草案交付審查，以應急需。法制委員會委員羅鼎、劉克俊共同審查，並加以整理，提交法制委員會討論，將第一編到第五編第三章加以修正，第五編人事訴訟程序待民法親屬繼承編制定後再行審查，提請立法院大會公決。經大會多次討論，於 1939 年 9 月 3 日第 109 次會議決議，分如下步驟辦理：第一步，民事訴訟法第一編至第五編第三章，經三讀會通過，第二步，民事訴訟法中有關人事訴訟程序待民法親屬繼承編制定後，再行審議。於是，對民事訴訟部分再行審議，經國民政府第 96 次國務會議決議通過，1930 年 12 月 26 日公佈。民法親屬、繼承編制完成後，國民政府令立法委員林彬、羅鼎、劉克俊起草《人事訴訟程序法》。林彬等人認為，人事訴訟程序為民事訴訟程序之一部，應合併為整體的訴訟法，以便援用。隨後擬訂《民事訴訟法》第五章第四編共 66 條，提交 1931 年 1 月 31 日立法院第 129 次會議決議修正通過，南京國民政府於 1931 年 2 月 13 日公佈，1932 年 5 月 16 日國民政府明令《民事訴訟法》自 1932 年 5 月 20 日起施行。

民事訴訟法分 5 編 600 條，第一編，總則；第二編，第一審程序；第三編，上訴審程序；第四編，再審程序；第五編，告別訴訟程序。

5.1.5 刑事訴訟法

1928 年 2 月，南京國民政府第 29 次委員會決議，由司法部提出刑事訴訟適用法規。該部依據《刑事訴訟法》編成《刑事訴訟法草案》7 編 496 條，於 1928 年 5 月呈送國民政府，提交第 65 次委員會決議，交法制局審查。法制局

召集編審會議，進行縝密研究，詳細修訂，擬具修正案 9 編共 513 條。法制局全部審查後，提出意見書，連同修正案，經中央政治會議第 146 次會議討論，會議決議指定李烈鈞、薛篤弼、葉楚傖及最高法院、法制局審查，由司法部部長蔡元培召集會議討論，詳加修正，審查完竣後，繕具報告書，提交中央政治會議第 149 次會議討論，將《刑事訴訟法》完全通過，國民政府於 1928 年 7 月 28 日公佈，定於 1928 年 9 月 1 日起施行。

1933 年 6 月，司法行政部擬具《修正刑事訴訟法草案》，呈交行政院，由行政院轉送立法院審議。行政院提出第 122 次會議決議咨立法院查照審議，立法院於第三屆第 25 次會議，將該修正案提出初讀，議決交付刑法起草委員會，該會於 1933 年 12 月 20 日開始審查，參酌各方意見修正，直到 1934 年 9 月 20 日修改爲修正案初稿，又於 10 月 3 日開始整理，11 月 10 日完畢，修改爲《刑法訴訟法草案》9 編 20 章共 560 條。經立法院於 1934 年 11 月 27 日、28 日、29 日開第三屆 83 次、84 次會議通過。新刑事訴訟法經國民政府於 1935 年 1 月 1 日公佈，1935 年 7 月 1 日起施行。

5.1.6 行政法

行政法是關於國家行政權的法規，它規定行政權的組織以及行政權與人民的關係。南京國民政府時期，國民黨制定了大量的行政法規，包括：

1. 行政組織法

（1）中央行政機關組織法。行政院及其各部，會爲南京國民政府的中央行政機關。1928 年 12 月 20 日，國民政府頒佈《行政院組織法》，此後又多次修正公佈。《行政院組織法》規定了行政院的職權、內部組織及活動規程。行政院設內政、外交、軍政、財政、教育、交通等部、會，具體設置因不同時期的《行政組織法》而有所不同。各部、會組織法由國民政府制定頒佈。

（2）地方行政機關組織法。

（3）公務員法。南京政府自 1929 年起陸續頒佈了有關公務員管理的系列法規。計有 1929 年 8 月的《考試法》，1933 年 3 月的《公務員任用法》，1931 年 6 月的《公務員懲戒法》和《公務員退休法》等等。此後，國民政府對這些法規又分別予以修正公佈。上述法規規定了公務員的考試、任用、考績、退休、撫恤、獎勵、懲戒等規則，以及公務員的其他權利義務。

2. 行政執行法

1932 年 12 月 28 日，國民政府公佈《行政執行法》，1943 年 7 月和 1947 年 11 月先後兩次修正公佈。《行政執行法》規定，對依法負有行爲義務而不爲或依法負有不行爲義務而爲之者，行政官署於必要時，得行間接或直接強制處分。間接強制處分措施有代執行和執行罰兩種，直接強制處分措施有對人的管束，對物的扣留或限制使用，對家宅或其他處所之侵入等。

3. 行政訴願法

1930 年 3 月 24 日國民政府頒佈《訴願法》，1937 年 1 月 8 日修正公佈。《訴願法》是人民對行政官署的處分或決定不服而向上級行政官署提起申訴的程序法，以作爲對不法行爲的糾正和對人民合法權益的保障。

在六法體系中，基本法典具有相對穩定性，是法律統一適用的基礎；單行法和司法解釋則以其靈活性和針對性強的特點，更有效地發揮基本法典的作用，以實現國家的政策需要。

鑒於晚清的制定法主要取法於歐美及日本，與中國社會實際情況難以完全符合，因此，民國時期大理院在適用制定法時，往往需要通過判例加以變通，或補充制定法的不足，如同民國時期法學家胡長清所說：民事法規，既缺焉未備，於是前大理院，乃採取法理，著爲判例，以隱示各級法院取法之矩矱。各級法院遇到同樣事件發生，如無特別反對理由，多下同樣之判決，於是於無形中形成大理院之判決而有實質的拘束力之權威。在南京國民政府公佈的《法院組織法》中也承認了「判例」的普遍效力，以及「變更判例」的適用。

此外 1947 年修訂公佈實施的《司法院組織法》還於第 3 條規定：「司法院設大法官會議，以大法官十七人組成之，行使解釋憲法並統一解釋法律命令之職權。」這項規定仿自美國聯邦法院大法官解釋憲法、法律的制度，從而表現了美國法的因素也已植入中國的法律體系之中。

綜上可見，制定法與判例、司法解釋相聯通，構成了一個具有互補功能的法律體系。

5.2 「紙片法律」與實踐──法治的變形

南京政府制定了完備的法律體系，但是發達的法律體系並不能成爲法治

的標誌。南京政府的本質決定了它雖然建構了中國歷史上現代化的法律體系，卻不可能實現法治。有人把當時的法律稱爲「紙片法律」，指出「中國之法律章程，刊印於政府公報者，不勝枚舉，皆聲明以頒佈之日實行，倘集而重印之，可成巨帙，但自有許多法令頒佈以來，即表面上亦未見諸實行，洵非過言。」〔註13〕

5.2.1　「左手予之，右手取之」──憲法與憲政的距離

憲政的前提是憲法，但有了完美的憲法並不一定有憲政。制定一部充滿民主精神的憲法，僅僅是走向憲政的第一步。憲政的實現最重要的是嚴格執行憲法。沒有認眞的憲法實施是不可能有憲政的。正如平心所說：「民主憲政決不僅僅是憲法的頒佈，甚至也決不僅僅是國民代表大會的召集，制定憲法和召集國民代表大會不過是實現民主憲政的必要形式，而更重要的是使全國人民眞正取得法律上的平等地位，眞正享有合法的基本權利，而且眞正能掌握國家的政權。人民成爲國家命運的眞實主宰，這樣才算是實現了民主憲政。」〔註14〕

在南京政府時期（從 1927 年「四・一二」反革命政變到 1949 年蔣介石退出大陸），中國的法制建設獲得了巨大的發展，是中國法制現代化進程中十分重要的階段。這一時期所制定的憲法及憲法性文件主要有：《中華民國訓政時期約法》（1931 年 6 月），《中華民國憲法草案》（1936 年 5 月），《中華民國憲法》（1947 年 1 月）。

這三部憲法對人民基本權利自由都做了規定和承諾。

《中華民國訓政時期約法》所確認的人民權利幾乎包括政治、經濟、社會以及個人生活方面的各種權利與自由。如：

中華民國國民，無男女，種族，宗教，階級之區別，在法律上一律平等。（第六條）

中華民國國民，依建國大綱第八條之規定，在完全自治之縣，享有建國大綱第九條所定選舉，罷免，創制，復決之權。（第七條）

人民非依法律不得逮捕，拘禁，審問，處罰。人民因犯罪嫌疑被逮捕拘禁者，騎執行逮捕或拘禁之機關至遲應於二十四小時內，移送審判機關審問，

〔註13〕《東方雜誌》第十一卷第三號。
〔註14〕平心：《論民主憲政運動》，羅竹風主編：《平心文集》第 2 卷，上海：華東師範大學出版社 1985 年，第 73～74 頁。

本人或他人並得依法請求於二十四小時內提審。(第八條)

人民除現役軍人外非法律不受軍事審判。(第九條)

人民之住所非依法律不得侵入搜索或封錮。(第十條)

人民有信仰宗教之自由。(第十一條)

人民有遷徙之自由,非依法律不得停止或限制之。(第十二條)

人民有通信,通電秘密之自由,非依法律不得停止或限制之。(第十三條)

人民有結社集會之自由,非依法律不得停止或限制之。(第十四條)

人民有發表言論及刊行著作之自由,非依法律不得停止或限制之。(第十五條)

人民之財產非依法律不得查封或沒收。(第十六條)

人民財產所有權之行使,在不妨害公共利益之範圍內,受法律之保障。(第十七條)

人民財產因公共利益之必要,得依法律徵用或徵收之。(第十八條)

人民依法律,得享有財產繼承權。(第十九條)

人民有請願之權。(第二十條)

人民依法律有訴願於法院之權。(第二十一條)

人民依法律有提起訴願及行政訴訟之權。(第二十二條)

人民依法律有應考試之權。(第二十三條)

人民依法律有服公務之權。(第二十四條)

又如《中華民國憲法草案》共分 9 章 147 條,其中關於人民權利與自由的規定有 16 條〔註15〕,具體內容包括:

(1)中華民國人民在法律上一律平等(第八條)。

(2)人民有身體之自由,非依法律,不得逮捕、拘禁、審問或處罰。人民因犯罪嫌疑被逮捕或拘禁者,其執行機關應即將逮捕拘禁原因,告知本人及其家屬,並至遲於二十四小時內移送於該管法院審問;本人或他人亦聲請該法院於二十四小時內向執行機關提審。法院對於前項聲請,不得拒絕,執行機關對於法院之提審、亦不得拒絕(第九條)。

(3)人民除現役軍人外,不受軍事裁判(第十條)。

〔註15〕 許崇德主編:《中國憲法參考資料選編》,北京:中國人民大學出版社 1990 年,第 205～206 頁。

（4）人民有居住之自由，其居住處所，非依法律，不得侵入、搜捕或封錮（第十一條）。

（5）人民有遷徙之自由，非依法律，不得限制之（第十二條）。

（6）人民有言論，著作，及出版之自由，非依法律，不得限制之（第十三條）。

（7）人民有秘密通訊之自由，非依法律，不得限制之（第十四條）。

（8）人民有信仰宗教之自由，非依法律不得限制之（第十五條）。

（9）人民有集會結社之自由，非依法律不得限制之（第十六條）。

（10）人民之財產，非依法律、不得徵用、徵收、查封或沒收（第十七條）。

（11）人民有依法律請願、訴願及訴訟之權（第十八條）。

（12）人民有依法律選舉、罷免、創制、復決之權（第十九條）。

（13）人民有依法律應考試之權。（第二十條）

（14）凡人民之其他自由及權利不妨害社會秩序公共利益者，均受憲法之保障，非依法律，不得限制之（第二十四條）。

（15）凡限制人民自由或權利之法律，以保障國家安全，避免緊急危難，維持社會秩序，或增進公共利益所必要為限（第二十五條）。

（16）凡公務員違法侵害人民之自由或權利者，除依法律懲戒外，應負刑事及民事責任；被害人民，就其所受害，並得依法律向國家請要賠償（第二十六條）。

《中華民國憲法》共 14 章 175 條，其中涉及人民的權利義務多條（（1）中華民國人民，無分男女、宗教、種族、階級、黨派，在法律上一律平等（第七條）。（2）人民身體之自由，應予保障。除現行犯之逮捕，有法律另定外，非經司法或警察機關依法定程序，不得逮捕拘禁；非由法院依法定程序，不得審問處罰。非依法定程序之逮捕、拘禁、審問處罰，得拒絕之。人民因犯罪嫌疑被逮捕拘禁時，其逮捕拘禁機關應將逮捕拘禁原因，以書面告本人及其本人指定之親友，並至遲於二十四小時內移送該管法院審問。本人或他人亦得聲請該法院，於二十四小時內向逮捕之機關提審。法院對於前項聲請，不得拒絕，並不得先令逮捕拘禁之機關查覆，逮捕拘禁之機關，對於法院之提審，不得拒絕或遲延。人民遭受任何機關非法逮捕拘禁時，其本人或他人得向法院聲請追究，法院不得拒絕，並應於二十四小時內，向逮捕拘禁之機

關追究，依法處理（第八條）。（3）人民除現役軍人外，不受軍事審判（第九條）。（4）人民有居住及遷徙之自由（第十條）。（5）人民有言論、講學、著作及出版之自由（第十一條）。（6）人民有秘密通訊之自由（第十二條）。（7）人民有信仰宗教之自由（第十三條）。（8）人民有集會結社之自由（第十四條）。（9）人民之生存權、工作權及財產權，應予保障（第十五條）。（10）人民有請願、訴願及訴訟之權（第十六條）。（11）人民有選舉、罷免、創制及復決之權（第十七條）。（12）人民有應考試、服公職之權（第十八條）。（13）人民有受國民教育之權利與義務（第二十一條）。（14）凡人民之其他自由及權利，不妨害社會秩序、公共利益者，均受憲法之保障（第二十二條）。（15）憲法所列之自由權利，除為防止妨害他人自由，避免緊急危難，維持社會秩序，或增進公共利益所必要者外，不得以法律限制之（第二十三條）。（16）凡公務員違法侵害人民之自由或權利者，除依法受懲戒外，應負刑事及民事責任。被害人民就其所受損害，並得依法律向國家請求賠償（第二十四條）
〔註16〕

　　但是，這些承諾如果完全兌現將不利於國民黨蔣介石的專制統治，於是他們在肯定人民各項權利自由的同時，又通過其他種種渠道，從法律上和事實上限制和剝奪了人民權利自由的行使。如《中華民國訓政時期約法》所確認的權利與自由除宗教信仰自由外幾乎都加了限定性詞語，如「依法律有」、「非依法律不受限制」、「在不妨害公共利益之範圍內」等字樣。這在表面上看似乎十分合情合理，但是從法理上說，公民的憲法權利是最基本的，所謂基本就是不可剝奪與限制的，包括法律在內也不得剝奪或限制之，限制或剝奪公民基本權利與自由的法律是無效的，法律只能夠對憲法所確認的權利與自由予以保障，而不是相反。《中華民國訓政時期約法》對人民權利的這種確認顯然是違背法之常理的。而且由於在訓政期間，國家的一切權力皆委託給國民黨中央行使，如《約法》第三十條規定：「訓政時期由於中國國民黨全國代表大會代表國民大會行使中央統治權。」《約法》第三十一條規定：「選舉、罷免、創制、復決，四種政權之行使由國民政府訓導之。」而依據這樣的規定，國民黨完全可以根據自己的意志而任意制定法律對人民的權利與自由加以限制或剝奪。

〔註16〕許崇德主編：《中國憲法參考資料選編》，北京：中國人民大學出版社1990年版，第205～206頁。

另外，由於受當時社會條件的限制，《中華民國訓政時期約法》所確認的一些權利根本不能實現，而且南京政府也不會讓其得以實現。如《約法》所規定的選舉、罷免、創制、復決四權，只是限定在完全自治之縣，既不允許達於高一級的省市，也不允許在非自治之縣行使。實際上，即使在自治縣裏，南京政府也是不會允許人民充分行使這些權利的，如果允許將這四權歸還於人民，就會與他們實行專制獨裁的企圖相違背。況且，對於自治縣的確認，《約法》並沒有作出具體規定，也就是說哪些是已經實行了自治的縣？怎樣才能夠算作已經實行了自治的縣？《約法》雖然確認了國民享有四權以及法律上的平等權、信仰宗教的自由、遷徙自由、通信、通電秘密與自由、集會結社等權利與自由，但是並沒有對這些權利作出詳細的保障性規定，這樣，國民黨中央就可以任意通過其所掌握的約法解釋權作出任意解釋，從而使《約法》所規定的這些權利只是一種虛置的民主權利，對人民而言並沒有實際意義。

再者，南京政府雖然作了諸如「保護婦女和兒童」、「發展實業教育」等一系列規定，但是由於沒有制定任何法律上或物質上的保障措施，從而使得這種許諾成為一張空頭支票，甚至還公開宣稱當政者不為此承擔任何責任。

又如《中華民國憲法》也確認了主權在民原則，規定了人民的權利，形成了相對完備的權力制約機制，但實質上卻體現一黨專政、個人獨裁的本質。首先，由於憲法規定國民大會是人民行使權力的機構，但是這部憲法中對國民大會之權力作了最大限度的限制。按孫中山五權憲法學說，國民大會的職權是選舉、罷免中央官員，創制、復決法律，但民國憲法規定該大會的職權是：「（1）選舉總統副總統；（2）罷免總統、副總統；（3）修改憲法；（4）復決立法院所擬之憲法修正案。」「關於創制、復決兩權，除前項第三第四款規定外，俟全國有半數之縣市，曾經行使創制、復決兩項政權時，由國民大會制定辦法行使之。」上述四項權力，創制復決兩項「暫時」不能行使，在當時國民大會還有什麼權力就可想而知了。

其次，憲法實際確認了總統獨裁的政治體制。《中華民國憲法》規定，南京政府由總統及其統轄下的各院組成。總統為國家元首，對外代表中華民國，總攬一切國家權力，包括三軍統帥權、公佈法律權、締約宣戰媾和權、宣佈戒嚴權、赦免權、官吏任免權、授予榮譽權、發佈緊急命令權、權限爭議處理權，等等。其中尤以發佈緊急命令權、權限爭議處理權、核可提請復議權

（對行政院移送立法院復議的）案件核可不核可之權為最實質性的權力。這三項權力賦予總統凌駕於國會和五院之上的獨尊地位。

再次，雖然憲法羅列人民的權利義務多條，但就在憲法頒佈後不久，南京政府卻以維持社會秩序和緊急避難為名，相繼公佈了《維持社會秩序臨時辦法》、《戡亂時期危害民國緊急治罪法》、《戒嚴法》等，剝奪了廣大人民的最基本的權利。

再從事實看，國民黨蔣介石沒有給、也不可能給人民以真正的自由，人民也沒有真正享受到憲法賦予的權利。例如，憲法規定「人民有言論、講學、著作及出版自由」，而 1947 年 1 月 4 日《大公報》上的一篇文章披露的當時實際情況是：「報紙、刊物登記困難，登記了發行困難，種種束縛，樣樣挑剔，再加上各地亂列禁書，毫無章則，自由主義及主張民主的出版物，封的封，倒的倒，機關被搗毀，人被毆打，弄得文化衰落，作家貧病，社會混濁，人心鬱結，而請議不聞，這不合民主潮流，更非國家之福」。憲法第 8 條規定，「人民身體之自由應予保障」，「非經司法或警察機關依法定程序，不得逮捕拘禁；非由法院依法定程序，不得審問處罰；非依法定程序之逮捕、拘禁、審問、處罰，得拒絕之」。「人民因犯罪嫌疑被逮捕拘禁時，其逮捕拘禁機關應將逮捕拘禁原因，以書面告知本人及其本人指定之親友，並至遲於二十四小時內移送該管轄法院審問」。實際情況是什麼樣的呢？1947 年 2 月 9 日《大公報》登了一篇題為《為人民權利自由而呼籲》的文章，文章說當時的實際情況是：「許多機關常常非法逮捕拘禁人民，一禁十天數月，甚至一次也不訊問」，「又如國大代表雷啓霖，近在京被捕，據稱受寧夏高院之囑託，但據北京報載，所謂高院公文，是由寧夏省府駐京辦事處所代辦，文尾聲明日後另補各該機關正式公文，果真如此，不無濫用職權，侵犯人身自由之嫌。」正如羅隆基所揭露的那樣，「一切一切的自由『依法律都得停止或限制之』。左手與之，右手取之，這是戲法，這是掩眼法，這是國民黨腳快手靈的幻術。」〔註17〕

人們已認識到「形式上一紙約法，空空的承認人民身體、財產、言論、思想這類的自由是不夠的，要達到法治的目的，目前中國的問題，是保障人民權利上一切細則的整理。」「中國目前重要缺點，有了白紙黑字的約法，約法上空空的有了承認人民權利的原文，至於如何防止人民權利的被侵犯，被

〔註17〕羅隆基：《對訓政時期約法的批評》，《新月》第 3 卷第 8 期。

侵犯後如何補救，幾乎一無所設備。」〔註18〕

5.2.2 「政由黨出，民受黨制」——黨治與法治的衝突

1. 黨主政權

國民黨黨政關係之規範始見於一大通過的《組織國民政府之必要提案》，〔註19〕其要點是「國民黨當依此最小限度綱領爲原則組織國民政府」，它明確了南京政府是實現國民黨綱領的工具。1925 年 7 月 1 日公佈的《國民政府組織法》規定了直接黨治的原則。南京政府對直接黨治進行了變通，按照 1928 年《訓政綱領》和此後頒佈的《訓政時期約法》，訓政時期由國民黨全國代表大會代表國民大會，領導國民行使政權；國民黨全國代表大會閉會時，政權由國民黨中央執行委員會行使。這就用國家根本法的形式規定了國民黨的統治地位。由於國民黨中央最高權力機關代行國民大會之權，就使得國民黨的最高權力機關同時也成爲訓政時期國家的最高權力機關，擁有了對國民政府主要官員的任免權和對法律的創制、復決權，並由此也掌握了操控政府的一系列具體權力。

軍政時期，實際的政策決定與政策執行是由中執委主持，軍事事務由軍事委員會負責，國民政府的職能是有限的。〔註 20〕訓政時期，雖然按照《訓政綱領》和《訓政時期約法》，國民黨是代行國民大會職權，實際上國民黨最高權力機關所行使的權力已經超過了五權憲法所涉及的人民的四項政權，更遠遠超出了國民大會之權。按五權憲法，人民的選舉權只涉及總統和立法委員的選舉，不包括監察、司法、考試院長官的任命；國民大會的罷免權只直接針對監察院人員（其他人員須監察院先行向國民大會提出彈劾）；國民大會之創制復決不能影響立法院的獨立。〔註21〕對比 1947 年定型的《中華民國憲法》，結論是非常清楚的。按照四七憲法，國民大會的職權基本上只有選舉總

〔註18〕劉軍寧主編：《北大傳統與近代中國：自由主義的先聲》，北京：中國人事出版社 1998 年，第 201～214 頁，羅隆基：《什麼是法治》，《新月》第 3 卷第 11 號（1931 年）。

〔註19〕《組織國民政府之必要提案》（1924 年 1 月 20 日），載榮孟源主編：《中國國民黨歷次代表大會及中央全會資料》（上），光明日報出版社 1985 年版，第 34 頁。

〔註20〕秦孝儀主編：《中華民國政治發展史》（第 2 冊），近代中國出版社 1985 年，第 845 頁。

〔註21〕何會源：「論孫中山關於中央政治之設計」，載何勤華、李秀清主編：《民國法學論文精萃》（第二卷），法律出版社 2002 年，第 410 頁～411 頁。

統一項。當國民黨行使政權時,權能分治則變成了權能合一,迨至國民大會召開,就恢復到抽象民權和萬能政府了,國民大會的權力較之國民黨代行之政權大爲克減。依黨國體制,政府是一黨的政府,訓政時期國民黨的執政是通過黨政結合的方式實現的,是政黨對國家的直接控制,而不是如一般民主國家政黨只能通過議會黨團實現間接統治。

國民黨對政府的領導大體表現兩個方面,一是政府由黨產生。在人員任免上,軍政時期,國民政府主席、委員均由中執委委任。訓政時期,《訓政時期約法》頒佈前,國民政府主席、各院院長均由國民黨中央執行委員會直接任命,《訓政時期約法》也規定國民政府主席和委員由國民黨中央執行委員會任命,各院院長及各部會長則改由國民政府主席提請國民政府任命。1931 年 12 月政制改革,各院長官又改回全部由中執委任命,並各自對中執委負責。以後《國民政府組織法》先後經過了多次修訂,這一原則始終未變,直到 1943 年再次修改爲「國民政府五院院長副院長由國民政府主席於國民政府委員中提請中國國民黨中央執行委員會選任之」,即國民政府重要官員始終均直接或間接由國民黨中央選任。在上述要員(又稱選任政務官)之外,其他政務官(立法、監察兩院委員,特任特派官吏,各部部長,各委員會委員長,各省政府委員,駐外大使,特使,公使,各部政務次長,副委員長,委員)則由中央政治委員會議決任命,只有事務官按照文官制度任命。同時《國民政府組織法》作爲規定國民政府組成的基本的組織法,一直是由國民黨中央執行委員會制定,可見黨產生政府是一個基本的原則。

南京政府由黨產生,也接受黨的指導監督,對黨負責。1925 年 7 月 1日的《國民政府組織法》第 1 條規定:「國民政府受中國國民黨指導監督掌理全國政務。」這種指導監督主要是由黨內專門設立的黨政聯席機關執行的。黨政聯席機關在 1937 年前有政治會議(政治委員會),1937 年後有國防最高委員會,都在國民黨中央執行委員會中設立,均可領導國民政府,其決議可以轉由中央執行委員會政治委員會執行或直接交政府執行。1928 年 10月的《訓政綱領》第 5 條規定:「指導監督國民政府重大國務之施行由中國國民黨中央執行委員會政治委員會行之。」中政會是國民黨中央執行委員會設立的政治指導機關,訓政時期開始後,被明確爲中央黨部與國民政府之唯一黨政聯席機關。國民政府接受中政會的指導監督,即是接受黨的指導監督。「國民政府在實施訓政計劃與方案上,對中國國民黨中央執行委員會政

治會議負責。」〔註22〕1931 年的政制改革後，由於國民政府主席不負實際政治責任，國民政府不再作爲一個整體對黨負責，而由行政、立法、司法、考試、監察各院各自對國民黨中央執行委員會負責。1943 年南京政府主席的職權得到恢復，修正爲國民政府主席對中執委負責，五院院長對國民政府主席負責。國民政府對黨負責的原則始終未有根本性變化。「政治既爲一黨所把持，即不許他黨存在，民意無從表現，專制更好自爲。故在一黨專政之下，每藉黨權高於一切之口號，政由黨出，民受黨制。凡非黨員，皆被溶於政治之外。在一國之中，形成治者與被治者之兩階級。治者享有特權，被治者唯有義務，斯離民治遠矣。是民治與黨治（一黨之治）絕不相容，欲達到民治之目的，非首先取消黨治不爲功」。〔註23〕

《中華民國臨時約法》規定：「中華民國主權屬於全體國民。」孫中山說，約法中只有這一句是他的意思。1925 年國民黨建立廣州國民政府（後遷至武漢），1927 年成立南京國民政府，主權在民的原則從未廢止。1931 年，國民黨制定《中華民國訓政時期約法》，也開宗明義地重申，中華民國主權屬於全體國民。

但是國民實際上只擁有名義上的主權所有者的地位，他們並不享有眞正的主權所有者的權利。他們無權選擇統治者，國民黨作爲國家的實際統治者，不是國民選擇的結果，國民政府是由國民黨選任的，對國民黨負責，而不是對國民負責。〔註24〕正如 1928 年《訓政綱領》中規定：「國民黨全國代表大會代表國民大會行使政權」。

在黨國體制理念中，人民之所以需要代表，是因爲他們雖然是國家的主人，按孫中山的說法，是四萬萬皇帝，但是，他們由於智識的低下，即使有著主人的身份，也不知道怎樣來做主人的地位，即使是皇帝，也不知道怎樣做皇帝。他們由於長期受欺壓、受奴役，已經習慣了奴隸的地位，他們只知道聽天由命，逆來順受，在專制之下苟活，卻從未想過把握自己的命運。因此，孫中山對國民的這種先天養成的奴性，不免「哀其不幸，怒其不爭」。在

〔註22〕《確定訓政時期黨政府人民行使政權治權之分際及方略案》，載榮孟源主編：《中國國民黨歷次代表大會及中央全會資料》（上），光明日報出版社 1985 年，第 659 頁。

〔註23〕王君健女士：《如何達到民治之目的》，《民治評論》第 10 期 1932 年。

〔註24〕付春楊：《民國時期政體研究》（1925～1947 年），北京：法律出版社 2007 年，第 111 頁。

他看來,「年來國中多故,共和政治屢受暴力摧殘,雖由武人專橫,亦因國中大多數勞動界國民不知政治之關係,放棄主人之天職,以致甘受非法之壓制、淩侮而吞聲忍氣,莫可如何也。」〔註25〕孫中山認為,共和政治必須築基於國民的覺悟之上,如果國民缺乏民主意識,缺乏追求民主的勇氣,共和政治就是空中樓閣,不能穩固。同樣地,蔣介石也說,「我們國家這樣大,人民這麼多,我們國民的知識和教育又是如此的幼稚和缺乏。如果我們要使四萬萬同胞個個人明白我們三民主義值得革命的道理,個個人有決心來革命,正不曉得要多少年後能夠做到。到了幾多年歲以後,國家也就亡了。我們種族也就滅了。當然再不能有獨立希望了」。所以「要革命完成,要主義成功,就是一定要有組織」,這組織就是什麼?就是一個黨。「若是沒有這個黨,我們的知識發揮不出來,集中不起來」,所以「我們主義要有一個黨。也是同軍隊要有一個組織一樣」。所以「我們為個人要成功事業也好,為國家革命要成功也好,無論為公為私,我們現在這二十世紀革命時代,都要加入本黨。若不入黨,任憑何等聰明才力,也都同沒有一樣。將來絕不會成功歷史的事業,而且國家社會也受他很大影響。因為他有聰明才力而不肯加入黨,不肯顯出來」。「沒有黨就如同沒有家一樣。我們的事業就無可寄託。我們的精神也無可憑式」。〔註26〕「要革命真正的成功,三民主義真正的實現,我們只有承認中國國民黨為領導中國革命的唯一革命黨」。〔註27〕「我們只有用一個黨一個主義來號召,來領導,才能挽救我們全國全民族,所以我們現在不許再有第二個黨出來。」「如果有人反對本黨一黨專政的政策,這個人就是沒有革命的經驗閱歷,不曉得一黨專政是什麼道理。」〔註28〕

國民黨認為當國民的智識普遍低下時,他們尚不能擔負起實行民主的職責,意識和能力的欠缺都排除了其獨立行使主權的可能性,這就使人民需要代表成為必然。當人民尚不具備實行民主的能力的時候,只有借助代表的辦法,才能使民主機制得以運行。

〔註25〕 孫中山:《復許道生函》,《孫中山全集》第 5 卷,北京:中華書局 1985 年,第 44 頁。

〔註26〕 蔣中正:《我們為什麼要入黨,我們為什麼要一黨治國?》,《國聞周報》第 6 卷第 27 期,1929 年。

〔註27〕 蔣中正:《我們為什麼要入黨,我們為什麼要一黨治國?》《國聞周報》第 6 卷第 27 期,1929 年。

〔註28〕 蔣中正:《我們為什麼要入黨,我們為什麼要一黨治國?》《國聞周報》第 6 卷第 27 期,1929 年。

代表權的來源是先進性。國民黨自認是一個肩負著改造和建設現代中國的歷史責任的黨，擁有對自身的先進性的確信。因爲這種先進性，國民黨宣稱能夠代表人民。這種關於先進性的認識包括黨綱和黨員兩個方面。

首先，黨綱的先進性。國民黨相信三民主義不僅是國民黨之黨綱，同時也代表著人類進化的方向，是成就大同世界的必由之路。國民黨認爲，三民主義揭示了世界歷史的發展方向，勾畫了中華民族的美好前景，指出了革命和建設的必然道路。只要遵守三民主義的道路，中華民族就會繁榮昌盛，現代中國就會富強興旺，國民黨自己不會也不允許別人懷疑其先進性。

其次，黨員的先進性。相對於不知不覺的人民大眾，國民黨員具有不容置疑的先進性。孫中山自信，「革命黨人未必皆有政治上之才能，而比較上可信爲熱心愛護國民者。革命黨以外未必無才之士。而可信其愛護民國必不如革命黨」。〔註 29〕同時，在推翻滿清政權的戰鬥中，在反對帝制復辟的鬥爭中，在打倒軍閥的戰爭中，國民黨都有過光榮的革命歷史。這一切都使國民黨一度成爲國民擁戴的對象，使國民黨員自認爲有資格代表國人。

代表的方式是一種監護人的的代理。「人民所做不到的，我們要替他們去做；人民沒有權利的，我們要替他們去爭……」〔註 30〕國民黨是保姆，人民是嬰兒。嬰兒尚未有獨立的行爲能力，在他（她）成長之前，凡事均需要監護人的扶持，人民雖然在事實上不能比同嬰兒，但是在民主實踐上，其能力猶如嬰兒，需要有一個成長過程。在人民終於具備民主能力之前，國民黨應盡保姆的責任，給以教育和訓練，使之逐漸學會民主的知識與技能，最後的目的則在於嬰兒順利地長大成人，人民可以當家做主，而作爲保姆的國民黨，在還政於民之後，方始完成自己的歷史責任。

代表權行使的結果實際上使政權與治權，即政府和控制政府之權一併賦予了國民黨，使國家權力統一於黨。同時，人民的權利在監護與被監護的關係規定下，處於受限制的狀態，權利的範圍、內容等都要受到監護人的意思的制約，國民黨有權對人民權利予以規定。

〔註29〕孫中山：《致吳敬恒書》，《孫中山全集》第 3 卷，北京：中華書局 1984 年，第 152 頁。

〔註30〕《中國國民黨第一次全國代表大會閉會詞》，載榮孟源主編：《中國國民黨歷次代表大會及中央全會資料》（上），光明日報出版社 1985 年，第 7 頁。

2. 法從黨出

南京政府訓政時期，在中央一級明確規定以黨治政。國民黨中央以黨治國的根本認識是：「本黨對於政府，係以整個的黨指導監督整個的政府。」〔註31〕南京國民政府時期，國民黨全國代表大會、國民黨中央執行委員會，國民黨中央政治會議以及由國民黨包辦的國民會議都參與了立法。

在訓政時期，按照《訓政綱領》的規定由國民黨全國代表大會代行國民大會的職權，這樣，國民黨全國代表大會就制定了關於國家政治生活的重要法律案，如《確定總理主要遺教為訓政時期中華民國最高根本法案》、《確定訓政時期黨、政府、人民行使政權治權之分際及方略案》，就是國民黨第三次全國代表大會作出的決議案。國民黨全國代表大會還對會前其常設機構制定頒佈的重要議案加以追認，如國民黨第三次全國代表大會對 1928 年 10 月 3 日第 172 次中常會制定的《訓政綱領》予以追認。

國民黨全國代表大會閉會期間，由中央執行委員會代行其職權，在中央執行委員會閉會期間，由中央常會代行其職權，決定國民黨的重大方針政策。1928 年 10 月 8 日頒佈的《中華民國國民政府組織法》就是由國民黨中央執行委員會制定議決的，此後《中華民國國民政府組織法》的修訂都是由中央執行委員會或中央常會操作的。

在南京政府制定法律的過程中，國民黨中央政治會議也起著舉足輕重的作用。《中國國民黨訓政綱領》第 5 條規定：「指導監督國民政府重大國務之施行，由中國國民黨中央執行委員會政治會議行之」，〔註32〕對於這條規定，胡漢民的《訓政大綱提案說明書》更有詳細的說明：「政治會議為全國訓政之發動與指導機關，……政治會議對於黨，為其隸屬機構，但非處理黨務之機關；對於政府，為其根本大計與政策方案所發源之機關，但非政府本身機關之一。換言之，政治會議，實際上總握訓政時期一切根本方針之抉擇權，為黨與政府間唯一之連鎖，黨與政府建國大計及其對內對外政策，有所發動，必須經此連鎖而達於政府，始能期其必行。……政府一方面，則凡接受之政策與方案，皆有負責執行之義務，有政必施，有令必

〔註31〕 王奇生：《黨政關係：國民黨黨治在地方層級的運做（1927～1937）》，《中國社會科學》2001 年第 3 期。

〔註32〕 《訓政綱領》（1928 年 10 月 3 日），《國民黨政府政治制度檔案史料選編》上冊，合肥：安徽教育出版社 1994 年，第 590 頁。

行」〔註33〕。即中央執行委員會政治會議，才是最高的立法和政治指導機
關，因爲整個立法原則由國民黨中央政治會議決定，立法院對中央政治會
議所決定的原則，只能遵循而不能越雷池一步，當時立法院院長胡漢民曾
說：「政治會議有立法的最高權力，我們對政治會議的決議只有遵守，而不
能因爲自己的方便而想把它加以限制」。〔註34〕而國民政府只是在黨的指導
下一個最高的行政和執行機關。蔣介石解釋說：「現在一般人往往對於國民
政府五院中的立法院，以爲是國家的最高立法機關，無論什麼法律，都經
由立法院通過後，才能有效，才能由政府去發佈施行，不知立法院所通過
的重要法律案，更須由中央政治會議決定原則，一定根據中央政治會議的
原則，立法院才可通過法律案，所以，『中央執行委員會政治會議』，才是
最高的立法和政治指導機關，而國民政府只是在黨的指導下一個最高的行
政執行機關。我們如果不明了這一點，就以爲國民政府總攬中華民國之治
權，一切宣戰、媾和、締結條約以及預算決算，都由國民政府掌理，其實
這些問題，一定先由中國國民黨中央執行委員會交給中央政治會議去決定
原則，待中央政治會議把原則決定以後，才能由國民政府各院部去公布施
行」。〔註35〕所以，中政會是立法的最高指導決策機關。

　　國民黨爲應對社會的批評不得不根據孫中山召開國民會議的遺願作出國
民會議擁有立法權的決議，所以國民大會所通過的《中華民國訓政時期約
法》，實際上是由國民黨黨員參與起草，由國民黨中央執行委員會 137 次常務
和臨時中央執行委員會、監察委員會一再對草案進行修改的，國民大會成爲
被國民黨蔣介石利用的工具。國民會議召開之前，國民黨通過《國民會議代
表選舉法》、《國民會議組織法》，致使最後選出的 477 名代表絕大多數是國民
黨黨員。所以，從一定程度上講，國民會議是變相的國民黨的代表會議，只
不過是塗上了一點民主的色彩而已。

　　此外，根據 1928 年第 129 次中央政治會議通過的《立法程序法》的規定，
參與立法的機關除中央政治會議議決一切法律外，國民政府爲執行法律或基
於法律之委任，得制定法律之細則，這項細則稱爲條例；國民政府的內政、

〔註33〕胡漢民：《訓政大綱提案說明書》，臺灣中國國民黨中央委員會黨史史料編纂
　　　　委員會編輯：《革命文獻》第 22 輯，臺北中央文物供應社 1978 年，第 304 頁。
〔註34〕國民黨中央黨史會編：《胡漢民先生文集》第 4 冊，臺北：中央文物供應社 1978
　　　　年，第 816 頁。
〔註35〕蔣介石：《國府政治總報告之說明》，《大公報》1931 年 5 月 11 日。

外交、財政、交通、司法、農礦、工商等部以及最高法院、監察部、考試院、
大學院、審計院、法制局、建設委員會、軍事委員會、蒙藏委員會、僑務委
員會，以及各省政府、各特別市政府在制定條例時，除法令有特別規定外，
須呈經國民政府核准。〔註36〕

　　綜上所述，國民黨中央執行委員會、中央常會、中央政治會議、國民政
府都有立法權，真可謂是法從黨出了。真正負責從事立法的機關是立法院，
但立法院不擁有西方三權分立下的國會所具有的對行政的制衡作用，按照首
任立法院長胡漢民的說法，國民政府立法院只是「政治會議下的一個機構而
已」，〔註37〕在立法過程中，立法院作為立法的具體操作機關，對來自幾個領
導機關的決議原則要一一採納。

3. 黨在法上

　　首先，黨義在法律上的至上性。三民主義是國民黨的黨義，它不僅寫
在《國民黨總章》中，而且寫在國家根本法中，《訓政時期約法》序言即聲
明「國民政府本革命之三民主義、五權憲法，以建設中華民國」，明確將國
民黨的黨義作為國家政治的最高原則。國民黨的黨義在法律文件中被賦予
至高無上的地位，早在黨治初期，中政會就曾做出決議：「一應法律，在未
制定頒行以前，凡從前施行之各種實體法、訴訟法及其他一切法令，除與
中國國民黨黨綱或主義，或與國民政府法令牴觸各條外，一律暫准援用
（1927年8月12日國民政府通令遵照）。」〔註38〕黨義成為判斷法律有效
性的標準。黨義具有普遍的法律效力，《黨員背誓罪條例》不單只是針對國
民黨違背黨義的行為，同時對於非黨員違反者也視為犯罪予以處罰。〔註39〕
1931年頒佈的《危害民國緊急治罪法》中，沿用了1928年《暫行反革命治
罪法》的有關內容，第6條規定：「以危害民國為目的而組織團體或集會或
宣傳與三民主義不相容之主義者，處五年以上十五年以下有期徒刑。」任

〔註36〕《國民黨政府政治制度檔案史料選編》上冊，安徽教育出版社1994年，第254
　　　　～255頁。
〔註37〕國民黨中央黨史會編：《胡漢民先生文集》第4冊，臺北中央文物供應社1978
　　　　年，第817頁。
〔註38〕謝振民：《中華民國立法史》，中國政法大學出版社2000年，第211頁。
〔註39〕國民政府最高法院關於黨員背誓罪條例適用範圍的解釋說：「已宣誓之黨員或
　　　　非黨員已宣誓任官職，或任官職未宣誓者，犯背誓罪均應適用黨員背誓罪條
　　　　例片斷（民一七年解字三一者號）。」參見鄭愛諏編：《最高法院判決解釋例
　　　　要旨彙覽》，世界書局1932年。

何人，無論黨員、非黨員都要遵守黨義，不得有違背黨義的行爲。國民黨的黨義成爲全體人民的行爲規範。

其次，黨的黨綱和重大政策具有根本法地位。根本法是決定國家最根本問題即國家權力的組織運行和人民權利地位的法律規範，在立憲國家就是憲法。根本法是最高的法律規範，其他法律必須與之保持一致。黨綱和重大政策具有根本法地位是黨國體制的重要特質之一，〔註40〕黨綱和重大政策對國家和人民有著普遍的約束力，並指導普通法律的立法，國家法律不能與黨的在政策相牴觸，在法律和政策發生衝突的情況下，政策優先於法律。在一黨制下，國家是黨實施自己的政綱的工具，國家的行爲實際上整體置於黨的指導之下，因此黨綱和重大政策自然具有根本法地位。

黨綱和重大政策具有根本法地位最突出的表現是：國民政府的建立就源自黨的政策。1924年1月國民黨一大通過了《組織國民政府之必要提案》〔註41〕決議組織國民政府，並以孫中山《國民政府建國大綱》爲國民政府的組織依據。實際上國民黨在歷次代表大會及中央執行委員會包括其常務委員會會議上對於國民政府的基本組織以及事關國計民生和人民權利義務的重大事宜均有所決議，其決議的重大政策對於國民政府組織、行政、立法均具有指導意義和執行效力。1931 年國民黨第四次全國代表大會通過《對日寇侵略暴行之決議案》，確定對日基本國策，並做出決議：「今後關於捍衛國權，保護疆土，本大會授予國民政府以採取一切必要的政黨防衛手段之全權。」〔註42〕1931年國民黨四屆一中全會通過《關於中央政制改革案》〔註43〕決定國民政府主席不負實際政治責任等一系列國民政府組織方面的改革方案。四屆五中全會通過《劃分中央與地方權責之綱要案》，明確中央地方權限。總之，黨綱和黨的重大政策具有根本法地位。

再次，黨決定立法原則，並對根本法擁有制定、修改、解釋權。國家根本法的制定、修正和解釋屬於制憲權和修憲權，此權力原則上應由民意機關

〔註40〕付春楊：《民國時期政體研究》（1925～1947年）北京：法律出版社2007年，第102頁。
〔註41〕榮孟源主編：《中國國民黨歷次代表大會及中央全會資料》（上），北京：光明日報出版社1985年，第34頁。
〔註42〕榮孟源主編：《中國國民黨歷次代表大會及中央全會資料》（下），北京：光明日報出版社1985年，第38頁。
〔註43〕榮孟源主編：《中國國民黨歷次代表大會及中央全會資料》（下），北京：光明日報出版社1985年，第119頁。

行使，但在黨治時期，國民黨實際擁有對根本法的制定、修改、解釋權。軍政時期沒有專門制定國家根本法，最重要的關於國家根本組織之法是《國民政府組織法》，該法的制定和修正均由國民黨中央執行委員會決議，由國民政府公佈。

南京政府訓政時期主要的根本法前期有《訓政綱要》，此後有《訓政時期約法》，此外《國民政府組織法》作為規定南京政府基本組織原則和制度的法律，也應該視為根本法。

《訓政綱要》於 1928 年 10 月經國民黨常務會議通過，《訓政時期約法》係由國民會議通過，但是按照《國民政府組織法》單是有資格出席或列席的國民黨官員即占到代表人數的 1/5 以上，並且國民會議的選舉由國民黨一手辦理，當選代表絕大多數為國民黨員。〔註 44〕國民會議上約法的全部條文中只對國民黨中央提出的草案修正了 6 條，增加了 6 條，完成了對國民黨提交的文本的確認程序。歷次的《國民政府組織法》，均由中執委議決，國民政府公佈。

《訓政綱要》沒有規定修正的問題，實際上在載入《訓政時期約法》之前也沒有發生過修正的情況。《訓政時期約法》規定約法的解釋權由中國國民黨中央委員會行使，事實上，約法的文本雖然沒有變更，約法的內容卻由於國民黨中央的解釋而數次發生了實際的變更。最顯著的一個情況是《國民政府組織法》1931 年到 1943 年間關於國民政府主席不負實際政治責任，五院院長均由國民黨中央執行委員會選任而各自對黨負責的規定，顯然與約法的有關內容相衝突，但是在實際中卻得到了執行。這只是被解釋為，國民黨中執委對約法的解釋是實現了對約法的修正。《國民政府組織法》的修正與解釋，按照《訓政綱要》的規定，應由國民黨中央執行委員會政治會議負責，但在實際上，則修正權有時屬於中政會，有時屬於中執委。前者例如 1928 年 10 月的《國民政府組織法》，後者例如 1943 年的《國民政府組織法》。

由上述根本法的制定、修正及解釋的情況來看，無疑黨擁有制定、修正和解釋之權。黨制定、修正、解釋根本法的行為不受任何其他力量的制約，實際上這些根本法唯一體現的便是作為黨國體制的主體的國民黨的意志。〔註 45〕

〔註 44〕 徐矛：《中華民國政治制度史》，上海：上海人民出版社 1992 年，第 223 頁。
〔註 45〕 參見付春楊：《民國時期政體研究》(1925～1947 年)，北京：法律出版社 2007 年，第 104 頁。

　　國民黨對其他法律的制定則主要是從立法原則上予以控制。軍政時期立法機關職能與立法程序尚未明確，但按照中執委通過的《中央政治會議暫行條例》有「法律問題，經中央政治會議議決」的規定，則無論法律原則與具體條文均由中政會議決，但是法律條文的起草與初步審查則多由法制局承擔。

　　訓政時期設立法院爲專門的立法機關，但在事實上，仍爲黨與南京政府二元立法體制，而依據 1932 年國民黨中央常務委員會通過的《立法程序綱領》，法律案的提出均由政治會議決定原則，立法院不得變更，但得陳述意見。具體規定是：政治會議自提之案，自定原則；國民政府交議之案，均應擬定原則，請由政治會議核定；各院核定各部會之提案，行政院核定各省市政府之提案，國民政府核定五院以外之直轄機關之提案，均應擬定原則，送政治會議決定。〔註 46〕爲保證政治會議所定之立法原則得到貫徹，又規定對於立法院通過的法律案，政治會議可以交復議的形式要求立法院修正。

　　在黨和南京政府的二元立法體制中，黨的立法權居於上位，政府的立法權居於下位。〔註47〕

5.2.3 「法無定規，權從人轉」——人治與法治的矛盾

1. 因人設法

　　《憲法草案》在憲法起草委員會最初擬定的原則中規定，總統爲國家元首，不直接負行政責任。但在後來的修改中，卻改爲實行總統獨裁制，總統既是國家元首，又是政府首腦，行政院院長及政務委員、各部部長均由總統任免，並對總統負責。同時，又賦予總統種種權力，除原有權力外，還增加了召集國民大會，發佈緊急命令等權力，而原先規定的對總統的種種限制則完全被刪除了。正如陳茹玄在論及《憲法草案》關於總統的權力規定時說，「其召集五院院長會議，解決各院爭論之規定，更使總統成爲五院之重心，至其統帥陸海空軍之權，不受法律之限制，且必要時可發佈緊急命令權及執行緊急處分，雖有終年不閉會之立法院，亦無須事先徵取同意。在過渡時期，又有任命半數委員及監察委員之權。政府大權，可謂已盡量集中，其集權趨勢，

〔註46〕謝振民：《中華民國立法史》，北京：中國政法大學出版社 2000 年，第 242 頁。
〔註47〕付春楊：《民國時期政體研究》（1925～1947 年），北京：法律出版社 2007 年，第 105 頁。

實超過現代任何總統制度之民主國家。」〔註48〕這一變化顯然適應了蔣介石集權獨裁的要求，同樣帶有明顯的因人而設法的色彩。

《中華民國憲法》總統權力較《憲法草案》相比有所限制：如（1）宣佈戒嚴權須經立法院通過或追認；（2）任命行政院長須經立法院同意，司法院和考試院正負院長須經監察院同意。此外，在總統與行政院的關係上，除了總統公佈法律、發佈命令須經行政院長副署這一條與《憲法草案》相似外，在行政院行使職權方面，由《憲法草案》中的對總統負責改爲對立法院負責。於是在 1948 年 4 月 4 日蔣介石在國民黨臨時大會上突然不當總統，原因便是《民國憲法》下的總統權力太小，於是張群提了一項關於憲法的臨時條款，在」戡亂」的名義下授總統以特別權力。因此在憲法條文之後，制定《動員戡亂時期臨時條款》作爲一個臨時的普通條款，其制定的方式仍照制憲的方式，使與憲法具有同等效力。顯然《條款》是一個具有臨時憲法性質的文件，是「戡亂時期」的根本法，故又稱「戰時憲法」，賦予總統權力甚至超越了憲法，故此條款專爲蔣介石而設意圖極爲明顯。

2. 權從人轉

國民黨在訓政時期，實行黨政軍合一，黨中央於中央執行委員會以外，有政治委員會，中央政府於國民政府委員會之外，有軍事委員會，中央領導階層人員，或爲一個委員會的委員，或兼任二、三、四個委員會的委員，委員職務愈多，權力愈大。〔註49〕這種權力分割配置方式，導致權力向蔣介石個人傾斜。1928 年 2 月，蔣介石擔任了國民黨中央政治委員會主席和軍事委員會主席，10 月，蔣任國民黨中常會委員，中政會主席，國民政府委員，集國民政府主席、國民黨中政會主席、陸海空軍總司令三職於一身，高度集權。在這以後，無論蔣介石擔任什麼黨政職務，權力分割配置的指揮棒始終控制在他手中。1928 年 2 至 10 月，譚延闓擔任國民政府主席，主席一職形同虛設。1928 年 10 月，蔣介石擔任國民政府主席時，其實際職權「較總統制國家元首有過之而無不及」。〔註50〕1931 年 12 月至 1943 年林森擔任國民政府主席時就變成了禮儀性的榮譽職務，權從人轉的實質十分明顯。

〔註48〕 轉引自殷嘯虎：《近代中國憲政史》，上海：上海人民出版社 2000 年，第 237 頁。
〔註49〕 張玉法：《中華民國史稿》，臺灣聯經事業公司出版社 1985 年，第 190 頁。
〔註50〕 董霖：《戰前之中國憲政制度》，臺北世界書局 1968 年，第 98～99 頁。

5.2.4 軍權獨大的權力結構——軍權與法治的較量

1. 軍人執政

關於國民黨的性質，有學者曾經分析道：「如果說在戰時中國曾有過統治精英的話，那麼，這些精英既不是國民黨中央執委，也不是中央政府的部長們，而是那些擁有實權，實際上控制著軍隊、疆土、民眾、市場和生產能力，以及在不同程度上控制著政府機構的軍事將領們。」〔註51〕這段話非常形象地勾勒出國民黨政權中軍人執政的圖景。

國民政府時期，中央固然是以蔣介石為首的軍事首腦的舞臺，而地方則尤其是實際上的軍治。據統計，從 1928 年到 1949 年各省省主席中，出身文人的只有 18 位，主政年數之和為 41 年；出身武人的卻有 127 位，主政年數之和為 397 年。文武人數之比，文人占 12.5%，武人則占到 87.5%；主政年數之比，文人只占 9.6%，武人卻占到 90.4%。〔註52〕在省以下，介於省政府和縣之間的行政督察專員人選也以軍人為主。以湖北為例，1932～1949 年間71 位專員中有 53 位是軍人。〔註53〕抗戰期間，縣長中也有相當比例的軍人。

黨治時期，從法律上而言，軍事機構均隸屬國民政府（軍事委員會曾短時期隸屬國民黨中執委），軍事機關和行政部門不相統屬，但是實際上，軍事機構往往擁有對行政事務不同程度和範圍的處置權。

黨治期間，法理上的權力歸屬黨的機關，負責具體實施的權力機關則為中央政治會議（政治委員會）、國防最高會議、國防最高委員會，然而，究之現實，實際的權力中心則無時不為軍事機關。國民革命軍總司令部、陸軍空軍總司令部、軍事委員會、豫鄂皖三省剿匪總司令部、軍事委員會委員長南昌行營、軍事委員會委員長侍從室則分別為一時的權力中心。〔註54〕

這些軍事機關的首腦或者受命之來源均是蔣介石。作為民國最大的軍人蔣介石，他控制著隸屬中央政府的軍隊，也由此掌握著黨國的核心權力。開

〔註51〕 齊錫生：《國民黨的性質》（下），載《國外中國近代史研究》（第 27 輯），中國社會科學出版社 1995 年，第 121～122 頁。
〔註52〕 「省政府主席文武出身背景及主政年數統計（1928～1949）」，載王奇生：《黨員、黨權與黨爭》，上海書店出版社 2003 年，第 172～173 頁。
〔註53〕 沈懷玉：「湖北省的行政督察專員制度」，載陳三井主編：《郭廷以先生九秩誕辰紀念論文集》（下冊），臺北中央研究院近代史所 1995 年，第 189 頁。
〔註54〕 第二歷史檔案館：《國民黨政府政治制度檔案史料選編》（上），安徽教育出版社 1994 年，第 380 頁。

始的時候，是他掌握著握有軍事實權的核心機關，譬如國民革命軍總司令部、海陸空軍總司令部、軍事委員會；後來，情況反了過來，是他所在的機構，自然而然地變爲權力的核心，譬如鄂豫皖三省剿匪總司令部、軍事委員會委員長南昌行營；再後來，他直接建立起作爲核心權力機關的樞密機構，這就是軍事委員會委員長侍從室。

這個過程說明軍事機關在民國政治中佔據了主導地位。按照孫中山的設計，黨、國家、軍隊之間的關係應該是以黨治國，以黨治軍，三者的地位次序應是黨、國、軍。在制度安排上，軍事委員會曾經在短時期內（1927年3月至1928年2月）隸屬國民黨中央執行委員會，〔註55〕不久即轉歸國民政府統轄，〔註56〕此後軍事指揮權一直歸屬國民政府。但是在三者的影響力上，卻是軍在最上層。由上述權力核心的轉移所反映出來的蔣介石個人權力的上昇，是這種權力核心轉移造成的結果，也是這種狀況產生的原因。

2. 軍權介入司法

國民政府宣稱奉行司法獨立的原則，但是在事實上，這一原則沒有得到實施，黨權和軍權都影響著司法獨立原則的實施，黨權對司法獨立的影響主要表現爲對法官進行黨化教育等間接的形式，而軍權對司法獨立則構成直接的干預。

軍權干預司法有多種表現形式，最突出的表現是擴大軍事審判的適用範圍。軍事審判的適用範圍本應有嚴格的限制，軍事審判理論上只能適用於軍人觸犯軍法的情況。但是在國民黨統治時期，軍事審判的範圍卻被一再擴大。早在北伐時期，就曾經規定北伐所到地方，由國民革命軍司令部組織政務委員會，統轄包括司法在內的地方事務。北伐戰爭結束之後，國民黨又以特別法賦予軍事機關特別審判權，如1927年11月公佈的《懲治盜匪暫行條例》給駐在地軍官以審判權。國民政府軍事委員會委員長南昌行營曾頒發《剿匪區內處置俘虜赤匪暫行辦法》授權剿匪區內部隊長官審訊俘獲和捕獲的所謂赤

〔註55〕《中央執行委員會軍事委員會組織大綱》，載榮孟源主編：《中國國民黨歷次代表大會及中央全會資料》（上），北京：光明日報出版社1985年，第321頁。

〔註56〕《中央執行委員會軍事委員會組織大綱》，載榮孟源主編：《中國國民黨歷次代表大會及中央全會資料》（下），北京：光明日報出版社1985年，第907頁。

匿。到 1936 年軍事審判的範圍已經包括：現役軍人犯刑事或懲罰法令者；非軍人在剿匪區域犯軍事法令者；犯危害民國緊急治罪法者；犯剿匪期內審理盜匪案件暫行法令者；犯修正剿匪區內懲治土豪劣紳條例者；犯禁煙禁毒各種法令者；其他依法令應為軍法機關審判者。〔註57〕

軍權干預司法的另一表現是軍方特務機關對司法的干預。軍方特務機關自設審訊和拘押機關，完全剝奪了司法機關對主政犯的管轄權。1942 年，軍統（國民政府軍事委員會調查統計局）與美國合作，建立「中美特種技術合作所」，軍統局長戴笠和美國海軍中將梅樂斯分任正、副主任，在全國各地從事特務活動，目標針對持不同政見的民主政團和共產黨，逮捕了大批共產黨員和民主人士，其中絕大多數被秘密處死。除了大名鼎鼎的「白公館」和「渣滓洞」以外，在上饒、息烽，都有由軍方特務機關建立的大規模的關押主政犯的集中營，犯人遭到非人待遇，生殺予奪都是秘密進行，無任何正當法律程序可言。

軍權對司法的干預排斥了普通司法機關和司法程序對相當一部分司法案件的管轄，使司法本應具有的維護社會秩序的功能被近乎赤裸裸的鎮壓所取代，侵犯了人民受正當法律程序保護的權利，並造成社會恐怖。所以實現法治「不應奢望於腐敗的官僚軍閥」。〔註58〕

5.3 清議 檢討 批判——社會對法治的追求

南京國民政府制定了完備的法律體系，做出力行法治的姿態，起初確實迷惑了一些人，以為實現法治有希望了。但隨著時間的推移，國民黨並非真正實行法治的意圖日益暴露，於是追求法治的有識之士著書立說，對法治與人治的優劣進行比較，強調法治的重要性；對法治觀念進行詮釋，確立法治的標準；對實現法治應具備的條件進行探討，為促使國民黨政府走上法治軌道而努力。

人治與法治是相互對立的兩種概念、兩種制度，孰優孰劣須在理論上加以說明，以堅定法治信念，推動國民黨政府施行法治。所以當時許多文章對

〔註57〕《各省行政督察專員及縣長兼辦軍法案件暫行辦法》（1936 年 3 月 18 日），載蔡鴻源主編：《民國法規集成》（第 44 冊），黃山出版社 1998 年，第 536 頁。
〔註58〕季廉：《憲政能救中國？》，《國聞周報》第 9 卷第 18 期，1932 年。

此進行闡述。如吳恩裕〔註59〕在《東方雜誌》上撰文指出:「人治只是以一個人的聰明才智來治理國事,而法律的治理卻包括著許多人的智慧」。所以「法律的治理自然要比個人的治理高明得多」,「法治更易促政治就入正軌,更易使人民得到充分的自由,而人治則剛剛與此相反」。第二,人治「無法擺脫足以造成不公正現象的感情作用」,而法律則爲「不具感情的智慧」。個人一有感情,自然就會產生偏私,「偏私不公乃是政治混亂的主要原因」。結論就是:人治不如法治。〔註60〕中國欲達長治久安之境,擺脫王朝循環的怪圈,必須「使制度法律化,人遷就制度,不要制度遷就人,不要因人立制,不要因人授權」。〔註61〕

他們認爲「今日之中國捨法治不足以圖存」,〔註62〕我國「欲謀民族之生存,國運之轉移」,「捨法治無其他之途徑也」。〔註63〕世界各國之所以能致富強莫不有其法治之精神,不但人民守法,政府亦守法。「政府臨民無不以法爲指規,則人民雖不守法而亦不可能。人民向皆守法,則政府雖欲越法而亦不

〔註59〕 吳恩裕（1909～1979），遼寧瀋陽人。滿族。1933 年畢業於清華大學哲學系,畢業後任北平《晨報》的文學、哲學副刊《思辨》主編和《文哲月刊》主編。1936 年公費留學英國,入倫敦政治經濟學院師從著名政治學家拉斯基教授研究政治思想史,於 1939 年獲博士學位。1939 年至 1946 年任重慶中央大學政治學系教授,1946 年至 1952 年任北京大學政治學系教授。1952 年後任北京政法學院教授。1978 年調中國社會科學院任研究員。

〔註60〕 注:參見吳恩裕:《法治與中國政治的改進》,《東方雜誌》第 42 卷第 15 號（1946年）。

〔註61〕 儲安平（儲安平（1909～1966）江蘇宜興人。1909 年 7 月生。光華大學附屬中學就讀。1932 年畢業於上海光華大學新聞系。1933 年在南京《中央日報》任副刊編輯。參加過新月派的一些活動。1935 年 11 月,爲上海時代圖書公司編輯《文學時代》月刊。1936 年赴英國倫敦大學從事研究工作。1938 年回重慶,先後任《中央日報》撰述、編輯,復旦大學教授,中央政治學校研究員。1940 年 8 月以後,曾任湖南國立師範學校教師,桂林《力報》主筆和湖南辰溪《中國晨報》主筆。日軍侵佔桂林後,與張稚琴在重慶創辦《客觀》周刊。1946 年,到上海創辦《觀察》半月刊,政論性爲主的綜合性刊物,自任社長和主編。在知識界影響很大。1948 年又編了一套《觀察叢書》,共出 16 種。新中國成立後,任出版總署專員、新華書店總店副總經理、出版總署發行局副局長等職。1954 年任九三學社中央委員兼宣傳部副部長。1957 年任《光明日報》總編輯,同年被錯定爲右派分子。1966 年含冤逝世。「文化大革命」後,徹底平反,恢復名譽。著作有《說謊者》短篇小説集等。):《國大評論》,《觀察》第 4 卷第 9 期（1948 年）。

〔註62〕 曼虯:《如何可達法治》,《法治旬刊》第 1 卷第 5 號 1934 年。

〔註63〕 一栐:《論法治救國》,《法治旬刊》第 1 卷第 7 號,1934 年。

可得。所謂政府以法管理人民，人民以法監督政府，互相維持，上下一體，國之不強且富者未之有也」。〔註64〕

到底什麼是法治？國民政府所實行的是不是法治？羅隆基認爲，國家有了形式上白紙黑字的法律條文，不算法治；老百姓守法奉命亦不算法治。「法治的眞義是政府守法的精神，是政府的一舉一動以法爲準則的精神」。〔註65〕是故「法不在繁，在於已頒法令之能推行」。〔註66〕「法治演進的程序，就在一步一步提高法律的地位，縮小有權力有地位的人的特權」，〔註67〕「事人治人者應奉法守令」。〔註68〕

針對國民黨政府有法不依或只用法律約束百姓而自己卻爲所欲爲的行爲，他們強烈呼籲必須「使政府與治者不再超越於法律世界的範圍以外，而與被治者同樣地站在法律世界以內」。〔註69〕

所以，法治的特徵就是上自國家元首，下至平民百姓，法律之內人人自由，法律之前人人平等。

當時關心國家法治發展的知識分子不但比較法治人治的優劣，詮釋法治的概念，揭示法治的眞精神，還進一步探討實現法治應具備的條件。他們認爲實現法治的第一步是制定一部民主憲法並樹立憲法權威。正所謂「爭人權的人，先爭法治；爭法治的人，先爭憲法。」〔註70〕與普通私法不同，憲法作爲公法之一種，旨在限定「國家的公共權力如何行使」。所以「憲法上第一件事就是防止國家的專擅、防止國家濫用權力」，即規定「國家權力如何確立與如何限制」。〔註71〕總之，憲法問題，拆穿了講就是「權力和自由的問題」，一方面是「政府的權責」，一方面是「人民的自由」。兩方面處置適當，再加上國情和時代精神，就可制定一部好憲法。〔註72〕

〔註64〕一梓：《論法治救國》，《法治旬刊》第 1 卷第 7 號，1934 年。

〔註65〕羅隆基：《什麼是法治》，《新月》第 3 卷第 11 號，1931 年。

〔註66〕曼虬：《如何可達法治》，《法治旬刊》第 1 卷第 5 號，1934 年。

〔註67〕羅隆基：《什麼是法治》，《新月》第 3 卷第 11 號，1931 年。

〔註68〕孫燕賓：《法治與廉恥》，《法治旬刊》第一卷第六號，1934 年。

〔註69〕周明：《厲行法治的眞諦與教育》，《憲政月刊》第 14、15 號合刊，1945 年。

〔註70〕羅隆基：《論人權》，《新月》第 2 卷第 5 號，1929 年。

〔註71〕張君勱：《中華民國民主憲法十講》，北京：清華大學出版社 2006 年，第 8～9 頁。

〔註72〕張君勱：《政治協商會議修改五五憲草的原則》，載毅生編《新中國憲法研究》，生活書店 1946 年，第 17 頁。

實現法治的第二步是培養人民和官吏的法治觀念與習慣。假定人民對自己的權利及政府的不法橫行,淡然處之,「憲法是決不會有保障的」,法治是無法實現的。〔註73〕

此外,還有人提出在走向法治的過程中,知識分子要發揮其重要作用,「盡量滌除其孤芳自賞的心理,各掃門前雪的慣行,而應依法組織起來,將官吏的違法行爲揭發並糾正,務使大官小吏均逐漸依循法律的軌道而行爲」〔註74〕。

由此亦可看出知識分子崇尚理性,醉心改良,對國民黨的階級實質缺乏深刻認識的局限性。他們認爲中國要告別舊傳統而走上民主、法治的新路,就應宏揚「士階級」在政治上和社會上的輿論監督使命,「把士階級當作全社會之造新血的機關」。社會上有清明之氣、政治上有是非之辨,全靠他們出來作所謂清議,亦就是所謂輿論。〔註75〕他們的「理性、和平——改良、漸進」的社會發展理念在當時專制獨裁的政治體制下根本無法實現。

自由知識分子爲中國走上民主法治之路所進行的清議體現出引領時代潮流的抱負,但同時又表明他們所思考的政治問題充滿幻想,不切實際。

從某種程度上說,法治就是法律的實效問題。法律條文的規定是一回事,法律的實施又是一回事。南京政府時期,法治並未眞正實現,渴望法治的知識分子對難以實現法治的原因進行了分析。吳之椿在1946年出版的《法治與民治》一書中認爲,當時「在中國的社會環境中,欲行法治,其大小困難,何止千萬。但約而言之,計有三端。一是法律與社會的距離;二是官權至上的傳統,三是社會條件之不具備。」〔註76〕

其一,法律與社會的距離。吳之椿說:中國努力於法的改革,說起來已有七八十年的歷史。由歷次的制憲以及法律的修訂更改,其文獻亦可謂豐富,工作亦可謂辛苦,但成就甚少。其主要原因就是法律與社會存在距離。他認爲中國的社會仍是農業國家的舊社會,可中國的法律乃是仿照工業國家的新法律。中國社會與法律間存著甚爲遙遠的距離。〔註77〕

〔註73〕張君勱:《中華民國民主憲法十講》,北京:清華大學出版社2006年,第10～11頁。
〔註74〕參見李浩培:《法治實行問題》,《觀察》第2卷第12期1947年。
〔註75〕張東蓀:《思想與社會》,瀋陽:遼寧教育出版社1998年,第236頁。
〔註76〕吳之椿:《法治與民治》,上海:生活書店發行1946年,第18～19頁。
〔註77〕吳之椿:《法治與民治》,上海:生活書店發行1946年,第18～19頁。

其二，官權至高的傳統。吳之椿認爲這一傳統是中國歷史遺留下來的毒素，蔓延到社會組織的各部，使全體皆呈中毒之象。官吏之魚肉人民，官吏之橫征暴斂，官吏之非刑殺戮，官吏之舞文亂法，「中國官吏犯法瀆職，人民簡直無敢如何」，這種官權至高的傳統根本談不上法治。

其三，法治所需的近代社會條件之不具備。吳之椿認爲，中國對近代社會所需的一般條件太不完備，單就所缺比較嚴格的屬於實行法治所需之社會條件而言，有下列數事最堪注意。一是教育之落後，二是言論自由之未建立；三是司法制度之不健全，四是一般人民中近代社會觀念之不普遍。

他說：「我們提倡法治，即已有年，應當鑒於既往徒託空言之無效果，積極的改弦更張，在社會的基層上面，植下堅定不拔的基礎。我們必須在政治經濟教育法制各方面，扶植培養近代法治所不可少的各種社會條件，中國才有法治可言。」〔註78〕

吳之椿對當時中國未實現法治的原因所進行的分析是有一定道理的，但由於認識的局限性，他未能看到法治未能實現的根本在於國民黨政府並不打算把制訂的法律眞正付諸實施。

國民黨政府標榜法治，但國法的權威怎樣？國民政府法治實現的程度如何？這都是可以測驗的。而不能以國民黨政府所標榜的爲準。潘光旦〔註79〕在《華年》第二卷第十四期上發表了一篇題爲「法治程度的一個測驗」的文字。他以廖仲愷氏的兒子廖承志因共黨嫌疑而被捕一事所引起的反應爲例，分析民國的法治實踐程度。文章全文如下：

廖承志是三月二十八日被捕的。當天他的母親，國民黨中委何香凝便電達中央各要人，替他營救。各要人的覆電（見三十日各報）大約可以分做兩派。第一派比較聰明、比較謹愼。汪精衛氏的覆電是：

……承志行蹤，久未得知，今晨忽聞被捕，已急電上海市政府查明，得覆再聞。

〔註78〕吳之椿：《法治與民治》，上海：生活書店發行1946年，第18～19頁。
〔註79〕潘光旦，字仲昂，江蘇寶山縣人。1899年8月13日生於寶山縣羅店鎮，1967年6月10日逝世於北京。1913年至1922年就讀於北京清華學校。1922年至1926年留學美國，攻讀生物學，研習遺傳學、優生學，獲學士、碩士學位。1926年回國後於1934年，先後在上海光華、復旦等大學任教。1934年至1952年間任清華大學、昆明西南聯合大學教授。曾擔任清華大學和西南聯大教務長、社會學系主任及清華大學圖書館館長。1952年調中央民族學院任教授。

羅文幹氏的是：

> ……此事敝處尚未接洽，已電滬查詢，先此奉覆。

何應欽氏的是：

> ……令郎在滬因何事被捕，此間並不知悉，特覆。

第二派比較老實、比較要著些痕迹。蔣介石氏的覆電是：

> ……刻已設法營救矣，特覆。

于右任氏的是：

> ……中央諸同志聞此事極關心，決謀保全，祈釋念。

陳公博氏的是：

> ……承志事今早已由鐵城報告，大概尚在英捕房，汪先生與博
> 現在設法營救。

經亭頤氏的是：

> ……頃在黨部晤汪，設法營救令郎。嗣吳鐵城亦到，據云，已
> 接到電，且悉由某機關中捕去，未知實情究如何。弟已面託盡力設
> 法，暫勿焦急，恐礙病軀。

陳樹人氏的是：

> ……知承志世兄被捕，至為繫念，不悉因何事，在何地點。亟
> 應設法營救。現在青年，常有遭遇此厄。尚望寬懷，鎮靜將事，自
> 可化險為夷。

孫元良氏的是：

> ……晚已電詢關係方面，並盡力營救矣。

梅哲之氏的是：

> ……此事此間已悉，汪陳現在設法營救。

這六七個屬於第二派的覆電中，最值得注意的，自然是「設法營救」、「決謀保全」、「面託盡力設法」、「盡力營救」一類的字樣。

此外何香凝氏自己拍出的一電也有相當研究的價值。何氏自然志在營救；父母愛子之心，無所不至，原是不足為奇的。不過她在電文中，似乎很坦白的，絲毫沒有露出求救的意思。她只說：

> ……小兒承志在滬，昨晚被外國捕房拘捕，但未悉拘留何處。
> 余願與兒共留囹圄，唯不願留外國租界，要求解往華界；即死亦願
> 在華界，不在租界，請查示覆。

然則又何以知她的目的本在營救呢？原來何氏除拍發電報以外，還派過外甥馬景雲趕到首都，面謁各要人；何氏在三十日那天便接到馬的電報，報告陳樹人、陳公博、蔣介石氏等「皆擔保絕對安全，結果完滿」。由此可知何氏豔電中的「嚴夷夏之分」，不過是一種中委身份說的話，派外甥進京才是她的真情的流露。其實就以往法治的經驗而論，真要有性命之虞的話，那倒不在租界，而在華界。

何以說這一件共黨嫌疑案是法治精神發展的一個很好的測驗呢？汪精衛、羅文幹、何應欽三氏，有的說不知道，有的說待查，都很客觀，不成甚麼問題。可是其餘「設法營救」、「決謀保全」的說法，我們以為至少是不該在報紙上發表的。何氏的要求營救，和各要人的答應營救，無異承認了他們在平日決不肯坦白承認的一點，就是——今日的國法不可靠，或國法並不是高於一切。國法而可靠、而高於一切的話，那麼，無論廖承志無罪也罷，有罪也罷，總可以得到公平的待遇和解決。如若完全無罪，那麼一經查明，便可開釋，無所用其營救。如若所犯的罪名僅僅為信仰共產主義，那也沒有甚麼了不得，根據約法上信仰自由與思想自由之條，也是可以開脫的，也用不著營救。若於信仰一種主義之外，又有危害國家的企圖，那就真正的犯法了，真正犯了法，只有按法懲處，根本就沒有營救的理由；先烈雖烈，不能烈於法律，要人雖要，也不能要過法律。唯其國法的權威不能維持，不足以取信於立法的黨國領袖的自身才有這一番「營救」與「保全」的雪片似的電報。汪羅兩氏，一位是行政院的院長，一位是司法部的部長，為今日政刑之所從出，他們一面在事實上儘管「營救」，一面在字面上卻不作「營救」之論，大概也是有鑒及此罷。他們很知道「守法」之「法」和「設法」之「法」並不是一樣的呀。

從這篇文章中，我們可以看出，當時中國法治實現的程度完全與南京政府所標榜的不同，因為人們每遇到一事，首先想到的不是「依法」解決，而是「設法」解決。

可是，歷史的發展潮流又不斷地推動著法治的進程，統治者無論願意不願意，也都必須有所行動。1929 年 4 月 20 日，發佈了所謂保障人權的法令。法令全文如下：「世界各國人權均受法律之保障。當此訓政開始，法制基礎亟宜確立。凡在中華民國法權管轄範圍之內，無論個人或團體均不得以非法行為侵害他人身體、自由及財產，違者即依法嚴懲不貸。著行政司法各院通飭

一體遵照。此令。」〔註80〕

　　這似乎是一紙保障人權的法令，但事實上，在南京政府時期，個人人身自由難以保障，「號為法律所賦予之人權，終不過抽象之名詞……方今全國各處，囹圄為滿，訴訟繁滋，或以黨案牽連，或因反動勾致，或以位卑而代人受過，或以無證而久羈不決，成年累月，日久相望，生命自由，無辜斷送」。〔註81〕明明是國民黨政府侵犯和踐踏人權，卻要標榜「保障人權」。因此，這道法令一經頒佈，即遭致反對。胡適立即在《新月》刊物上發表了《人權與約法》一文，用大量事實揭露國民黨政權侵犯人權，剝奪人權的罪行。文章針鋒相對指出這一命令的三大不足：第一，這道命令認「人權」為「身體，自由，財產」三項，但這三項都沒有明確規定，「自由」究竟是哪幾種自由？「財產」究竟受怎樣的保護？這都是很重要的缺點；第二，命令所禁止的只是「個人或團體」，而並不曾提及政府機關，而實際上屢屢侵犯人權的行為多為種種政府機關或假其名義所為；第三，命令中說，「違者即依法嚴行懲辦不貸」，所謂「依法」是依什麼法？今日有哪一種法律可以保障人權？他更進一步指出，在現今的中國，無論是什麼人只要給他貼上「反動分子」、「共黨嫌疑」等等招牌，便都沒有人權的保障，「身體可以受侮辱，自由可以完全被剝奪，財產可以任意宰制」，「無論什麼書報只要貼上『反動刊物』的字樣，都在禁止之列」。〔註82〕這種種行為正是政府或「黨部」以「合法」的形式任意侵犯人權的明證，在當時的社會，人權毫無保障，國民黨的「人權保障命令」只是一篇官樣文章。如果國民黨真有誠意保護人權的話，那麼，它首先第一件事是「應該制定一個中華民國的憲法」，他認定，只有根本大法才能規範政府行為，約束黨政權力，才能給人民切實的自由權利，他呼籲國民黨「快快制定約法以保障人權！」〔註83〕

　　《人權與約法》的發表，引起了知識分子的廣泛關注。以資產階級民主自由人士為代表的人權派形成了。這是自由知識分子與執政黨之間的衝突。

　　「人權運動」期間，以胡適、羅隆基為代表的人權派以《新月》月刊為陣地，發表文章，揭露國民黨踐踏人權，假法治真黨治的行徑。羅隆基比之

〔註80〕　《國民政府公報》1929 年 4 月 23 日。
〔註81〕　《人權保障之真實效力》，《論評選集》第 2 冊，沈雲龍主編：《近代中國史料叢刊三編第五輯》，臺北：文海出版社 1975 年，第 646 頁。
〔註82〕　胡適：《胡適文集》第 5 卷，北京：北京大學出版社 1998 年，第 546 頁。
〔註83〕　胡適：《胡適文集》第 5 卷，北京：北京大學出版社 1998 年，第 546 頁。

胡適鋒矛更銳、態度更激烈、文章更檄文、溯源更深遠，同時也更到位。羅隆基在《新月》第二卷第十二號上發表《我們要什麼樣的政治制度》一文，文章開頭第二個標題就是大號字的「反對國民黨的『黨在國上』」。既然國民黨訓政是以獨裁的方式推行，那麼，羅隆基的態度很明確：「我們根本否認訓政的必要」，因為「獨裁制度，因它一切內在的罪惡，本身就不足為訓。」〔註84〕

　　另外，羅隆基的《論人權》一文，以西方理論為基礎，對「人權」問題做了全面的論述，他說：「人權，簡單說，是一些做人的權。人權是做人的那些必要的條件。」即：「（一）維持生命；（二）發展個性，培養人格；（三）達到人群最大多數的最大幸福的目的。」「沒有這些條件，我不能成我至善之我，人群亦不能達到人群至善的地位。」他還根據中國當時的社會情況，提出了35條人權保障的內容：

第一條　國家是全體國民的團體。國家的功用，是保障全體國民的人權。國家的目的，謀全民最大多數的最大幸福。國家的威權是全民付與他的，其量以國家在功用及目的上達到的程度為準。

第二條　國家的主權在全體國民。任何個人或團體未經國民直接或間接的許可，不得行使國家的威權。

第三條　法律是根據人權產生的。法律是人民公共意志的表現。

第四條　政府是全民所組織以執行國家的主權的機關，應對全民負責任，不應對任何個人或任何一部份國民的團體負責任。政府的目的在最大多數的最大幸福。

第五條　人民在法律上一律平等。人民，因為在法律上一律平等，對國家政治上一切權利，應有平等享受的機會。不得有宗教及政治信仰的限制。不得有社會階級及男女的限制。

第六條　國家一切官吏是全民的雇用人員，他們應向全國，不應向任何私人或任何私人的團體負責。國家官吏的雇用應採國民、直接或間接的選舉法及採公開的競爭的考試方法。凡向全民負責的國家官吏，不經法定手續，任何個人及任何團體不得任意將其免職，更換，或懲罰。

〔註84〕以上所引見羅隆基《我們要什麼樣的政治制度》，《新月》第2卷，第12號。

第七條　充當國家官吏，是國民的義務，同時是國民的權利。任何個人或家庭包辦政府多數高級官位者，即為侵犯人權。

第八條　凡國家現任軍官及軍人，不得同時兼任國家任何文官職位。陸軍，海軍，航空三方面本身之行政官吏例外。

第九條　國家一切行政官吏的選用，應完全以才能為根據。凡任何個人——私人或高級官吏——及團體的私人推薦均為違法。凡一切吏治上之賄賂，捐輸，及饋贈均為違法。均為侵犯人權。

第十條　人民對國家一切義務是互惠的。不是一方面的。人民向國家的經濟負擔的條件有二：（一）沒有代議權，即沒有擔任賦稅的義務；（二）議決預算決算。凡一切未經人民直接或間接通過或承認的一切經濟上的負擔——賦稅，公債，捐輸，饋贈——均為違法，均為侵犯人權的舉動。

第十一條　國家一切經濟上的費用，應由全民用經濟力之厚薄為比例，分別負擔。全民向國家的供給，不經法定手續，不得移充任何個人或任何私人團體的費用。

第十二條　凡國家對外舉行外債或締結關係國家或部份的國民的財產的條約，必經過全民直接或間接的承認。

第十三條　國家財政應絕對公開。國家財政行政與財政審計應絕對為分列的且平等的機關，且二者均應向國家負責，不應向任何個人或任何私人團體負責。

第十四條　國家應保障國民私有財產。凡一切不經法定手續的沒收及勒捐等行動，均為違法，均為侵犯人權。

第十五條　國民的勞動力是國民維持生命唯一的資產。凡國家對任何國民一切無相當酬報的強迫勞動，均為侵犯人權。

第十六條　國家的功用在保障人權，人權的首要原則在保障人民的生命。國民維持生命的方法是用勞動力去換取衣，食，住。所以國民有勞動權，國家有供給人民勞動機會的責任。國民失業是國家失職的證據。是國家在人權上沒有負擔責任的證據。

第十七條　凡一切國民的水旱疾病災疫的賑濟，是國家在人權上的責任，不是政府對國民的慈善事業。這種責任，應在其他責任之先，因爲生命是人權的根本。災疫遍地的現狀，是國家失職的證據。災疫遍地而不能賑濟，是國家在人權上沒有擔負責任的證據。

第十八條　人民在法律上一律平等，所以全民應受同樣法律的統治。同時，法治的根本原則是一國之內，任何人或任何團體不得處超越法律的地位。凡有任何人或任何團體處超越法律的地位，即爲侵犯人權。

第十九條　法治的根本原則是司法獨立。司法獨立的條件比較重要者有三：（一）行政 長官絕對無解釋法律及執行司法的職權；（二）司法官非有失職的證據，不得隨意撤換或受懲罰。（三）司法官不得兼任他項官吏。違此三者，即侵犯司法獨立，即侵犯人權的保障。

第二十條　司法官的人選，不得有宗教及政治信仰的歧視。不得有保薦及賄賂的弊端。凡採用陪審制的法庭，陪審員的人選資格，不得有政治信仰，宗教信仰，社會階級，及男女界限的歧視。違背此項條件，即爲侵犯人權。

第二十一條　無論何人，不經司法上的法定手續，不受逮捕、檢查、收押。不經國家正當法庭的判決，不受任何懲罰。

第二十二條　國家無論在任何形勢之下，不得以軍事法庭代替普通法庭。關於海陸空軍人違犯紀律之審判，當爲例外。

第二十三條　非經政府的許可，任何軍人不得在任何地點宣佈軍法戒嚴。在軍法戒嚴期內，凡軍人一切損害人民生命財產的行動，應向國家普通法庭負責。

第二十四條　法庭一切判決及懲罰。應絕對遵守法律不溯既往的原則。除根據案發以前所制定及公佈之一切法律外，法庭絕對不得判定任何人之犯法行爲。

第二十五條　國家任何高級官吏，非經人民直接或間接的承認，不得以命令產生，停止，或變更法律。任何國民，凡未

經法庭判處死刑者，國家任何官吏，不得以命令處任何人以死刑。

第二十七條　國家司法官吏及國家法庭應向全民負責，不向任何私人或任何政黨以外的團體負責。

第二十八條　國家的海陸空軍是全民所供養的，他們的責任在保護全民的權利，不在保護任何私人或任何團體的特別權利。

第二十九條　凡未經國民直接或間接承認之強迫兵役，均為違法，均為侵犯人權。

第三十條　國家海陸空軍的數量，應由人民直接或間接決定。海陸空軍的費用，應列入國家預算決算，每年經人民直接或間接通過。

第三十一條　軍隊一切霸佔民房，強迫差役，勒索供應，均為違法行為，均為侵犯人權舉動。國民對此項損失，有向國家請願要求賠償的權利。

第三十二條　軍人不得因其為軍人故，處超越法律的地位。軍人除遵守軍隊綱紀外，一切行動，同時應向國家普通法庭負責。

第三十三條　國家軍隊應對全民負責。非經人民直接或間接通過，無論任何文武官吏，對內對外，不得有動員及宣戰的行動。

第三十四條　在國民發展個性，培養人格的要求上，國民應有相當教育。國家對國民有供給教育機會的責任。為達到發展個性，培養人格的目的，一切教育機關不應供任何宗教信仰或政治信仰的宣傳機關。

第三十五條　國民發展個性，培養人格以後，進一步的目的在貢獻私人的至善於社會，以求全社會的至善。為達到這種目的，國民應有思想，言論，出版，集會的自由。

　　這使中國近代人權發展由五四時期的思想文化層面進入了社會政治實踐和法治保障層面，奠定了人權派人權思想的理論基礎。

　　關於人權派的理論，概括起來主要有：

（1）強調思想言論自由是人權的重要內容。正如羅隆基所說：言論自由是人權。言論自由所以成為人權，不因為他可以滿足人的欲望，不因為他是天賦於人，不因為他是法律所許，根本原因是他的功用。他是做人所必須的條件。

是一個人，就有思想。有思想就要表現他的思想。要表現他的思想，他非要說話不可。他要說自己心中要說的話，不要說旁人要他說的話。況他要說的話，這就是發展個性，培養人格的道路。這是「成我至善之我」（be myself at my best）的門徑。

我有了言論自由，我才可以把我的思想貢獻給人群。這種貢獻，姑無論為善與不善，這是人向社會的責任。在社會方面，這種貢獻，姑無論為可取或不可取，這是思想上參考的材料。這就是人群達到至善的道路，這就是人群最大多數享受最大幸福的道路。

反之，取締言論自由，所取締的不止在言論，實在思想。不止在思想，實在個性與人格。取締個性與人格，即係屠殺個人的生命，即係滅毀人群的生命。

根據這個說法，所以說言論自由是人權，人權就是人類做人的一切必要的條件。沒有這些條件，我不能成我至善之我，人群亦不能達到人群至善的地位。〔註85〕

人權派針對國民黨壓制人民思想言論自由的獨斷專制行為，指出，思想言論自由是人民正常表達自己感情和精神的途徑，是不可以強制統一的。如果個性與思想言論受到鉗制，不僅個人得不到充分發展，而且國家社會也將失去發展的動力。因此，思想言論自由作為人權體系的不可或缺的重要組成部分，是社會發展的必然趨勢。國民黨對人民思想言論的鉗制，勢必會導致社會的動蕩與不安，這種做法十分危險，因為壓迫言論自由的危險，比言論自由的危險更危險。〔註86〕因此，他們喊出「我們要思想自由，發表思想的自由，我們要法律給我們以自由的保障」。〔註87〕

（2）主張效法西方民主政治確保實現人權。針對國民黨專制獨裁，踐踏人權的嚴酷現實，人權派批評道：「國民黨天天拿民主民權來訓導我們小百

〔註85〕 羅隆基：《論人權》，1929 年 5 月 10 日，《新月》第 2 卷第 3 號。
〔註86〕 羅隆基：《告壓迫言論自由者》，1929 年 9 月 10 日，《新月》第 6、7 號合刊。
〔註87〕 梁實秋：《論思想統一》，1929 年 5 月 10 日，《新月》第 2 卷第 3 號。

姓，同時又拿專制獨裁來做政治上的榜樣。天天要小百姓看民治的標語，喊民權的口號，同時又要我們受專制獨裁的統治。」在自己的國家裏，不敢放膽討論國事，不能公開批評國民黨的主義，「談談憲法，算是『反動』；談談人權，算是『人妖』。」「我們小民，想要救國，無國可救；想要愛國，無國可愛。在「黨國」名詞底下，在「黨人治國」這名詞底下，我們的確是無罪的犯人，無國的流民了。」他們毫不客氣地指出：一黨獨裁與民主政治是「南轅北轍的兩條路」，如水火不能相容。他們鄭重宣佈要「效法英美式的政治，切切實實擁護民主，提倡民權，實行民治。」〔註88〕

（3）主張以法治保障人權。羅隆基在《什麼是法治》一文中指出：「法治的真義，是政府守法，是政府的一舉一動，以法為準的，不憑執政者意氣上的成見為準則。」「法治根本與執政者個人的專橫獨斷的權力是不相併立。」羅隆基以《新月》月刊被沒收、書店店員被捕事件為例，揭露國民黨違背法治的罪惡行經。

羅隆基在文中寫道：自從訓政時期約法公佈以後，人民的身體、財產、言論、出版、著作的自由，都受法律的保護。果爾，我們月刊上的言論，是否「詆毀約法」，是否「詬辱本黨」，是否「邪說」，是否「反動」，這一切都是法律問題。這一切罪案，都要循法律的軌道來決定，這一些都不是「天津市整會第十九次常會」可以判斷的，天津市整會判定我們是「詆毀」，是「詬辱」，是「邪說」，是「反動」，在法律上說，這是他們越職侵權，這是專橫，這是獨裁，這就是違背法治的原則，這是破壞約法。

天津市整會果然認我們是「詆毀」，是「詬辱」，是「邪說」，他們要維持法紀，他們法律上正當的手續是向國家普通的法庭起訴。沒有經過法庭的判斷，津市整會的通信查禁、平市整會的奉信執行，在法律上，是越職，是侵權，是專橫，是獨裁，是違背法治的原則，是破壞約法。

沒有經過法庭的判斷，這次北平公安局的檢查我們的書店，沒收我們的月刊，逮捕我們的店員，是法律上站腳不住的事情。這是越職，這是侵權，這是專橫，這是獨裁，這是違背法治的原則。公安局雖然有平市整委員會的公函做根據，我們應明白，在判斷人民的罪案上，在剝奪人民的身體、財產、言論的自由上，「公函」不是法律的判詞。豈止市整會的公函，在這種問題上不能發生效力。就是蔣總司令，張副司令的公函，在法律上，亦不能發生這

〔註88〕羅隆基：《我對黨務上的盡情批評》，《新月》第2卷第8期。

種法律上的效力。倘使約法公佈以後，總副司令以公函禁止人民的言論，檢查人民的書店，逮捕書店的店員，沒收書店的財產，在法律上，這亦是越職，是侵權，是專橫，是獨裁，是違背法律的原則，這是破壞約法。

　　法治的重要原則，是法律站在最高的地位。政府的官員和普通的人民都站在平等守法的地位。我們不認識總司令副司令的個人，我們只認識法律，我們犯了法，他們只有採法律上正當的步驟，可以用法律來裁制我們；政府的官吏犯了法，我們亦可以采法律上正當的步驟，用法律裁制官吏，這才是法治。」〔註89〕

　　當國民黨醉心於鞏固和強化其一黨專政的政治體制之時，以胡適為代表的人權派，利用國民黨頒佈《保障人權命令》之機，揭露和批評在國民黨獨裁統治下，廣大人民的政治、經濟權利和言論思想自由被剝奪殆盡，甚至連人身安全都無保障的狀況，矛頭直指國民黨的一黨專制：「我們是極端的反對獨裁制度的。我們極端反對一人，或一黨，或一階級的獨裁」，「我們也反對暫時的獨裁制度。我們反對任何黨所主張的獨裁制度，我們反對任何人所解釋的獨裁制度。我們的理由是獨裁制度根本不能達到國家的目的」。〔註90〕人權派提出制定國家的根本大法——憲法，實施法治，強調在法律面前人人平等，反對思想統一和壓迫言論自由，要求保障人民的言論自由和生命財產。這些思想主張對傳播法治思想具有推動作用。

　　人治以壓制社會、確立個人意志高於法律的地位為目的，而壓制社會就是要普遍地壓制人，壓制人的自由意識和獨立主體性，所以，人治狀態下，法律不僅規範人的社會行為，而且要規範人的精神生活和純粹個人生活。通過對精神的規範，實現對心靈的國家強制，鑄造屈服於絕對的國家權力的奴性意識；通過對純粹個人生活的規範，以國家強制力剝奪人的獨立主體性，鑄造屈服於絕對的國家權力的奴性人格。普遍奴性化的心靈和人格產生的社會行為，正構成了人治的社會基礎。這種社會基礎乃是以人的概念的醜化、物化、卑鄙化、渺小化和虛假化為代價。凡是以法的名義強制精神、干預純粹個人生活範疇的地方，無論法律體系多麼發達，都沒有真正的法治，都不會體現法治的原則。〔註91〕

〔註89〕羅隆基：《什麼是法治》，《新月》第 3 卷第 11 期。
〔註90〕羅隆基：《我們要什麼樣的政治制度》，《新月》第 2 卷第 12 號。
〔註91〕袁紅冰：《論人治與法治》（下篇）《貴州師範大學學報》（社會科學版）2002年第 2 期，1～8 頁。

《中華民國訓政時期約法》頒佈後，國民黨漠視人民權利與自由的態度昭然於世，其倒行逆施，立即遭到國民黨進步力量的反對。1932 年 12 月，在宋慶齡、蔡元培、楊杏佛等人的積極倡導下，在上海發起成立了中國第一個以保障人權爲目的的政治團體——中國民權保障同盟。

抗日戰爭時期，國民黨專制獨裁統治不斷加強。國統區的各民主團體、中國共產黨的領導下的工農群眾開展了以「和平、民主、團結」爲主旨的反對國民黨政府獨裁統治、爭取自由與人權的運動。

抗日戰爭結束後，隨著國民黨反動統治的加強，國統區的民主運動不斷高漲，動搖了國民黨反動統治的基礎，成爲配合人民解放戰爭的第二條戰線，爲民族民主革命的最終勝利做出了重要的貢獻。

南京政府是以孫中山先生三民主義、建國三時期爲理論指導建立起來的。它傳承了晚清引進西方法律的立法傳統，完成了中國歷史上現代化的法律體系的構建，這些法律和北洋時期比，有了較大的進步：一是法律制度進一步健全和規範，包括的領域和範圍幾乎涉及社會生活的各個方面。這些法律制度對國民黨的統治是有一定程度的制約的。二是這些法律的制定，給民主人士反人治、倡法治提供了活動的根據和平臺。三是國民黨的統治與以前不同，他的黨和政府的決策基本上都是由各種會議來決定的，這反映了統治基礎的擴大。也可以說是人治向法治進步過程中的一個階梯。

但是，南京國民政府在本質上是大地主大資產階級的獨裁政權，國民黨妄圖以武力消滅中國共產黨領導的民主政權和其他民主力量，因此，在公佈了形式上比較民主的憲法以後，卻又頒佈了一系列與憲法的民主原則相違背的法律法規，在這些新頒行的法律法規之中，以推行內戰的「勘亂法令」最具代表性，如《戡亂總動員令》、《動員戡亂完成憲政實施綱要》、《動員戡亂時期臨時條款》、《戡亂時期危害國家緊急治罪條例》等等。並盡力運用超越法律的方式進行社會控制，如特務組織、軍事法庭等。

在國民黨的統治下，縱然有完備的法律體系，卻不可能實現法治的中國。真正的法治是以民主制度爲基礎的，是要整個社會都參與其中的「眾人之治」，所制定的法律要符合社會發展的需要。國民黨政權所實行的法治沒有做到這一點，所以免不了被推翻的命運。

第六章　近代中國實行法治的障礙探源

鴉片戰爭後，先進的中國人積極學習西方，法治以其前所未有的光芒成為近代中國社會的一個亮點，推動著近代中國社會的變遷和文化的演進，但法治之路異常艱辛，法治取代人治障礙重重。

6.1　落後的經濟基礎和薄弱的階級基礎的制約

歷史唯物主義告訴我們，生產力決定生產關係，經濟基礎決定上層建築，有什麼樣的經濟基礎，就要有什麼樣的上層建築與之相適應。法治作為政治上層建築的一個組成部分，歸根到底要受生產力發展水平的制約。「物質生活的生產方式制約著整個社會生活、政治生活和精神生活的過程」[註1] 同樣，法治的建立與發展離不開生產力的制約。用發生學的觀點來看，民主法治形態的產生都和商品經濟的發展有內在的聯繫，因為平等和自由是商品經濟的本質特徵。近代中國占主導地位的經濟是自給自足的自然經濟，商品經濟極不發達。而「法治總是與商品經濟相關，而與自給自足的自然經濟和以國家壟斷為內容的產品經濟無關。」[註2]，可以說，沒有充分發展的商品經濟根本談不上民主與法治，只有當市場經濟發展到相當程度，固有的宗族同胞、親情根本無法調整商品交換過程中的利益衝突的時候，法律仲裁才能被人們視為最正當、最確定的裁決方式。進一步說，也只有商品經濟相當發達，社會的中產化程度提高，民間社會對政府的監督成為事實，商品交換的平等原

〔註1〕《馬克思恩格斯選集》第 2 卷，北京：人民出版社 1972 年，第 82 頁。

〔註2〕張文顯：《馬克思主義法理學——理論與方法論》，長春：吉林大學出版社 1993 年。

則才能最大限度地剝奪官僚階層的政治特權，也才能擺脫人治，實現法律仲裁的公開和公正。

由於近代農業和手工業都沒有形成發達的商品經濟，因而缺乏自由、平等、民主、法治思想成長的土壤，反而會成為滋生安土重遷、等級特權、家長統治、君主專制、輕視權利重視義務以至於保守、落後、愚昧等觀念意識的溫床。與此同時市場經濟成分在整個國家和社會的經濟生活中所佔的比重是相當小的，它們主要分佈在沿海、沿江地區以及為數不多的城鎮裏面，對整個國家和民族的法治建設所必備的自由、平等、民主等價值觀念形成的影響是微乎其微的。

由於地區之間經濟發展的不平衡，長期的戰爭與動亂，以及經濟決策紊亂……諸多因素嚴重阻礙了商品經濟統一市場的形成，所以很難建立與之相適應並為之服務的法律體系以及法律環境。即使在當時有一些法律政策，但其法律保障是極其軟弱與落後的。

商品經濟是與法治不可分的，二者相輔相成，互相促進，近代化的市場經濟必須以法律全面管理市場，調節和仲裁經濟活動中的利益衝突，制止和打擊非法行為，保護正當競爭，但是，近代中國直到 1908 年才由清政府聘請日本法學家幫助起草《大法商律草案》，內分總則、商務法、公司法、海船法、票據法五種，未及頒佈，清政府即被推翻。雖然民初時期出現了法制建設的興旺迹象，1914 年頒佈了《公司條例》、《商人通則》等，1918 年北洋政府參照《大清民律草案》擬定了民法，但是在列強侵入和封建官僚主義強取豪奪的不公平競爭環境下，這些法律很難保護市場經濟行為的順利發展。

另外，與自由經濟、市場經濟並存的以官僚資本為表現形式的官僚資本主義經濟，在近代中國的政治、經濟和法治生活中則處於重要地位，但它不僅不會產生法治觀念、成為法治建設的經濟基礎，相反因其本身的官僚性、壟斷性、畸形性等特點反而成為阻礙和破壞法治建設的經濟絆腳石。因此，近代中國法治建設所顯現出來的舉步維艱的局面，往往與落後經濟基礎的嚴重束縛和制約有著密切關係。孫中山先生在辛亥革命失敗後也認識到「兵權」最終壓倒「民權」的尷尬，1912 年 8 月他在致宋教仁的信中總結說：「民國大局，此時無論何人執政，皆不能大有設施。蓋內力日竭，外患日逼，斷非一日能解決。若只從政治方面下藥，必至日弄紛紛，每況

愈下。必先從根本下手，發展物力，使民生充裕，國勢不搖，而政治乃有活動。」〔註3〕

　　與自然經濟相適應，近代中國農民占絕對多數。他們生活在以宗法血緣為特徵、以家庭或家族為組織形式的社會細胞中，作安分守己的孝子賢孫；他們從事著日出而作日落而息的艱辛勞作，被牢牢地固定在廣袤的土地上窄小的範圍內，過著「雞犬之聲相聞，老死不相往來」的生活。他們中的絕大部分沒有條件和機會進學堂或學校接受正規教育，不可能接觸到近代文化。他們既不知道自己的人格，更不知道憲法上給予他們的基本權利，自然想不到他們看選舉人資格，可以投一票來決定在野黨在朝黨的進退。〔註4〕他們的業餘文化生活是看老戲，聽說唱，內容大多數是宣傳中國傳統的綱常倫理思想。他們雖然已在皇權衰微甚至沒有皇帝的國度裏生產生活，但依舊抱著「三畝地一頭牛，老婆孩子熱炕頭」的生活理想。在風調雨順的和平年代，他們嚮往的是多子多福個人興旺，建房屋廣置田產，進行著封建社會關係的再生產，在戰亂頻仍的動蕩年代，家庭破產生活無靠的農民，要麼起義造反占山為王，要麼加入軍閥隊伍。近代中國的農民依舊受著封建思想的束縛，不是先進社會生產力的代表，不可能成為近代中國法治建設的階級基礎和社會力量。

　　近代中國的市民階層，基本是追求自由、嚮往平等、主張由健全的法治來保護自己基本權益的，但在數億人口中所佔比例極小。毛澤東在《中國社會各階級的分析》中指出：「中國因經濟落後，故現代工業無產階級人數不多。」「約二百萬人」。〔註5〕因此，近代中國法治建設的階級基礎十分薄弱，社會力量相當微小。這是中國近代法治始終不能占主導地位的社會動因。

6.2　缺乏民主制度的保障

　　憲政，就是以憲法為前提，以民主為核心，以法治為基石，以保障人權為目的的政治形態和政治運行過程。近代中國的經濟發展始終未能擺脫政治權力的剝奪和控制，晚清朝廷、袁世凱政府無不與列強保持著不正當的密切關係，尤其是在 20 世紀 40 年代國民黨統治時期，社會經濟完全變為權力經

〔註3〕孫中山：《致宋教仁書》（殘稿），《三民主義半月刊》第 3 卷第 6 期。
〔註4〕張君勱：《憲政之道》，北京：清華大學出版社 2006 年，第 149 頁。
〔註5〕《毛澤東選集》第 1 卷，北京：人民出版社 1991 年，第 8 頁。

濟，豪門顯貴可以利用手中權力大發橫財，大大小小的家族公司比比皆是，他們利用「政治地位」、「政治能力」，「因利乘便，巧取豪奪」。政治權力的超額剝削，從根本上背離了商品經濟運行的社會公正原則，不僅使國民黨政權失去了起碼的合法依據，而且爲法治的實現設置了更多的障礙。

作爲「優於一人之治」的法治是專制的對立物，與民主相輔相成，密不可分。民主政治內在地要求法治，法治需要民主制度作爲保障。如果沒有民主政治，法治便要落空，而虛有其表成爲「人治」的代名詞。法治如不建築於民主政治之上，則所謂法治云云，定不免成爲少數人弄權營私、欺世盜名的工具。惟有在民主政治的保證之下，法治才能成爲眞正於人民有利的一種制度。〔註6〕這裡所說的「民主」是一種具體的國家制度。在這一制度下，「最強有力的決策者中大多數是通過公平、誠實、定期的選舉中產生的，而且在這樣的選舉中候選人可以自由的競爭選票，並且實際上每個成年公民都有投票權」。〔註7〕這是法治所必需的基礎。

然而，近代中國始終沒有建立起民主制度。戊戌變法和清末新政由於種種原因並未改變封建社會沿襲下來的君主專制制度。皇帝的權力高於一切，皇權至上而不是法律至上。辛亥革命的隆隆炮聲，轟塌了封建君主專制制度的老宅。辛亥革命可以說是中華民族歷史命運的一個重大轉折，這一轉折的具體標誌就是南京臨時參議院、臨時約法和南京臨時政府的成立，但是，仍沒有眞正有效地建立民主體制。臨時指定的四十幾個參議員組成的南京臨時參議院，匆忙建立起來的五方雜處的南京臨時政府，革命黨人希望袁世凱反正的政治脆弱心理，從一開始就潛伏著民主制度的危機。革命黨人以爲有了一部《臨時約法》就能保障資產階級民主共和國。可是後來嚴酷的現實面前，他們的願望最終只能成爲泡影。孫中山後來在總結這段教訓時曾這樣說過：「辛亥之役，急於制定《臨時約法》，以爲可以奠定民國之基礎，而不知適得其反。試觀六年《臨時約法》頒佈以後，反革命之勢力不惟以消滅，反而憑藉之以肆其惡，終是取約法而毀之」。袁世凱一上臺就千方百計的攫取權力，廢除議會和臨時約法，使中國又陷入了分裂、戰爭和無政府的狀態之中。

〔註6〕韓德培：《我們所需要的法治》，《觀察》第1卷第10期，1946年。

〔註7〕Huntington,Samule P. The Third Wave—Democratization in the late twentieth century .University of Oklahoma Press,1991.

北洋政府時期，除了短暫的流產帝制以外，名義上一直維持「民主共和」體制，但實質上實行的卻是軍閥專制。

南京國民政府時期實行的是國民黨一黨專政的政治制度且「以黨治國」，實行「訓政」，體現的是近代西方民主詞藻掩飾下中國傳統皇權政體與法西斯主義的結合。因此，近代法治建設所必需的民主制度始終未能形成。中國法治不能實行的根源就在於沒有制度的保障，「徒講外的政治而不講內的政治」，「徒講表的政治而不講裏的政治」，「僅在紙上或形式上用心思，而不在心上或精神上做工夫」。〔註 8〕如：他國憲法，為人民權利最高無上之保障，故常有神聖不可侵犯之尊嚴。而我國如《臨時約法》，雖亦有種種關於人民權利之規定，然人民生命、財產、名譽，未嘗緣是而得有絲毫之保障，則一般社會之視約法為無足輕重之具文也，亦周其宜。此足見紙面的憲法，不足以為真正的法治。

由此可知，近代中國所謂法律規程或制度，「大部分是紙面的文章，而非民意的結晶」。〔註 9〕

6.3 崇禮輕法的儒家學說的影響

中國不能實行法治，崇尚人治和道德教化的儒家思想的長期浸潤是其原因之一。中國兩千多年多來的思想界，儒家學說始終占統治和支配地位。儒家重視德治、禮治，它們以「義務本位」為主導思想，置法律為附屬地位，法律在傳統中國只是道德（禮）的器具，它的價值定位於道德體系之內，其實質最終是人治。〔註 10〕孔子曰「道之以政，齊之以刑，民免而無恥」。儒家視以法齊民為下乘功夫。得人而教民以禮，乃上乘之治。使人人服膺修身齊家之道，則天下自平。在儒家看來教育是經國要圖，不教而誅，誠非治術。中國社會用倫理道德來衡量人的行為，把「無訟」作為衡量社會秩序的標準，使人民產生厭訟的心理。

厭法思想帶來十分嚴重的後果——慢法，即輕侮法紀。陳茹玄在「人治主義與法治主義」〔註 11〕一文中指出：國人「輕侮法紀」，而尤其以士大夫為

〔註 8〕 張君勱：《憲政之道》，北京：清華大學出版社 2006 年，第 316 頁。

〔註 9〕 張君勱《憲政之道》，北京：清華大學出版社 2006 年，第 316～317 頁。

〔註 10〕 張中秋：《中西法律文化比較研究》南京：南京大學出版社 1999 年，第 278 頁。

〔註 11〕 《時代公論》2 卷 36 號，1933 年。

甚。說什麼「信義行於君子，刑戮施於小人」，「禮不下庶人，刑不上大夫」。
於是「法律純爲桎梏愚民而設，而非所以語於士大夫者也！法治乃刀筆俗吏
之談，而非所以語與士大夫者也！士大夫之所見如此，愚民尤而傚之，而天
下乃無可行之法。人人以不受法律裁制爲高，即人人以破壞法律爲能」。故小
民計田完稅而鄉曲豪強曰：我可抗捐。小吏貪取爲戒，而軍閥長官曰：我可
搜刮。上有好者，下必有甚焉。「豪強可以抗捐，天下不以爲恥，小民反竊竊
然慕之，皆欲變爲豪強，而抗捐矣。大官盡可搜刮，天下不以爲非，小吏亦
竊竊然慕之，皆欲變爲大官，以飽私囊矣。於是智昏則利欲。人亂於善惡。
廉潔爲愚，貪污爲智。謹愼爲陋，放縱爲高。守法者得怯懦之譏，亂法者有
豪勇之譽。法律之效力與尊嚴，遂掃地以盡」。〔註12〕

　　陳茹玄認爲這種「慢法」、輕侮法紀可造成無政府主義的惡果。因爲「政
府以威信立，威信以賞罰而明，賞罰以法律爲準」。「苟舉國上下，視法律爲
具文，爲廢紙，則賞罰無所施。威令無所樹，而政府有何恃以自立。政府不
能自立，是無政府也。儒家固非無政府主義者。然其重人輕法，末流所屆，
終於造成無政府局面焉」。他說「儒家昧於國家社會當然之事實，強欲以其想
入非非之人治文致太平。對於他家學說，不求甚解，輒斥爲異端邪說，籠統
抹煞，數千年唯我獨尊」。致使「我國數千年來，禍亂相尋，求治之難，難於
上天也。」〔註13〕另外「天下可有無治人之治法，天下斷無無治法之治人。
巧匠不能棄規矩而成方圓。良醫不能捨藥石以治疾病。苟有規矩，則無待大
匠而能斷。苟有藥石，亦不必得盧扁而始治。歐美列強，往往法創於一國，
仿而行之者，十數國焉。而皆可以爲治。是無治人，亦可有治法也。若捨法
而治，雖有聖人，何以爲功」。〔註14〕最後，他總結道：「儒家之人治主義，
方法已極空疏，不切實用。其理論根據，亦多不合邏輯」，「若夫儒家而治，
人即爲法」〔註15〕。關於儒教之弊，就連熟知中國文化的外國人都看出來了。
1860年就來華的美國傳教士林樂知曾說：儒教「以服民爲要圖，往往高視天
子，而輕視庶民。其弊也，君民懸絕，不相親近，驅民如奴」。〔註16〕

〔註12〕《時代公論》2卷36號，1933年。
〔註13〕《時代公論》2卷36號，1933年。
〔註14〕《時代公論》2卷36號，1933年。
〔註15〕《時代公論》2卷36號，1933年。
〔註16〕林樂知：《文學興國策序》，朱維錚、龍應台編著：《維新舊夢錄：戊戌前百年中
　　　　國的「自改革」運動》北京：生活·讀書·新知三聯書店2000年，第180頁。

中國傳統的政治文化的內涵正是儒家的人倫政治思想,「儒家之言,以天為宗,以命為極,以事父事君為踐履。君有父之嚴,有天之威;有可知,有弗可知,而範圍乎我之生」。〔註17〕「倫理政治化,政治倫理化」。「在中國,人們的生活是依照道德規定而不是《人權宣言》,因為人們更注重一般的道德常識,公眾輿論和個人利益服從社會集體利益,而不看重通過訴諸法律來解決問題。」〔註18〕它是以家族制度為基礎的。家族主要靠倫理關係來維持,特別強調倫理秩序和責任分配。在家族關係中,最主要的是父子關係,父慈子孝。由父子的人倫關係形成了家族,由家族的人倫關係組成了社會和國家,將家族人倫關係政治化就形成了忠孝合一、家國同構的人倫政治思想。這種思想又通過家族制度不斷的社會化就發展成了中國傳統的政治文化。

在政治生活中,儒家強調「君君、臣臣、父父、子子。」 強調維護等級制度和倫理關係,君民之間、君臣之間的關係如同家庭中的父子關係一樣,對於臣民,君主像父母對待子女那樣慈愛,實行道德教化;對於君主,臣民應該像子女對待父母那樣恭敬。

儒家人倫政治文化的核心內容是道德教化,「中國人願意接受一個至高無上的個人權威,而不是法律的至高無上」。〔註19〕在儒家看來,既然國家是建立在一種人倫關係之上的,那麼治理國家就不能依靠武力強權,也不能憑藉一種契約關係,而是靠統治者的道德教化,所謂「為政以德」。儒家視以法齊民為下乘功夫,得人而教民以禮乃上乘之治。只要統治者自身端正其道德修養,誠心正意,修身齊家,人民社會就會在他的榜樣下隨他而行,則天下自平。正如費正清在《劍橋中國晚清史》中所總結的那樣,「天子高居於一個和諧的、存在著等級和名分的社會秩序之巔,以他的富有教導意義的道德行為的榜樣來維繫自己的統治。」「恪守職責的信條高於享受權利的信條」,「道德行為的準則凌駕於人的情慾、物質利益和法律條文之上。」〔註20〕這種政治文化導致「中國民族,素乏法治之名」,「以為法乃殘酷寡恩之物,且為強者壓迫弱者之具,藉曰有效,亦僅能禁於已然之後,而不能治於未然之先;充

〔註17〕龔自珍:《尊命》,《龔自珍全集》上冊,北京:中華書局1959年,第83頁。

〔註18〕費正清著 傅光明譯:《觀察中國》北京:世界知識出版社2002年,第102頁。

〔註19〕費正清著 傅光明譯:《觀察中國》,北京:世界知識出版社2002年,第115頁。

〔註20〕〔美〕費正清:《劍橋中國晚清史1800～1911》上冊,北京:中國社會科學出版社1993年,第2頁。

其極，亦僅能使民免於無恥，決不能使人民有恥且格。故群以爲世不可以任法；任法，爲衰世之特徵，隆禮，始爲盛世之徵象」。〔註21〕

儒家文化突出特點在於不關注個體的人，而只關注人與人之間的義務關係，強調人應遵守他在社會關係中所承擔的角色和規範。〔註22〕這一點亨廷頓概括得更透徹：古典的中國儒教強調團隊勝於強調個人，強調權威勝於強調自由，強調責任勝於強調權利。儒家社會缺少抗衡國家之權利的傳統；而且就個人的權利存在的程度而言，人的權利是由國家創造的。對和諧與協作的強調勝過分歧與競爭的強調。對秩序的維護和對等級的尊敬是核心價值。思想、團體和政黨的衝突被看作是危險的和不合法的。〔註23〕

這種儒家文化造成的結果是：一方面，在家族內部，由於父母是家庭的權威，族長是家族的權威，子女要孝敬父母，家族要順從族長，使中國人產生了很強的習慣性的順從心理。民眾缺乏對自身權利的認識，不具備參與意識；另一方面，在政治生活中，權威是秩序和道德的象徵，人們習慣於從意識形態獲取政府權威，對權威持有一種消極忠誠克盡義務的宿命觀點，等級秩序又使人們對政治採取疏遠而又保守的態度。〔註24〕

民眾對政治共同體表現冷漠，可以很快地接受一種統治，因爲無論如何，大多數人總是要被統治的。對於這種統治的產生，人們基本上無意追究，事實上也無從追究。既然改朝換代已成定局，人們也就很容易接受了這種既成事實。即使新的統治會增加臣民需要承擔的義務，人們不到萬不得已，也不會冒太大的風險去反抗新的統治。人們很容易承認現實，在生存底線之上，他們就可以接受一種統治，而不過多地去考慮這種統治的性質。

〔註21〕章淵若：《法治精神與中國憲政》，《大學雜誌》第一卷第二期 1933 年）（章淵若（1904～1996）法學家。江蘇無錫楊市鎮人，原名浩奎，字星拱，號力生。畢業於上海復旦大學，後留學法國巴黎大學，獲法學博士學位。曾考察英、比、德、瑞士等國的政治。回國後，任中央大學、東吳大學、政法學院教授，國立勞動大學校長、南京市政府秘書、上海市政府秘書、廣東省設計委員會主任。抗戰期間任國防最高委員會參事，南洋華僑協會秘書長，國民黨中央黨部秘書，中央宣傳部秘書長等職。爲國民大會代表。抗戰勝利後，獲抗戰勝利勳章。1946 年，受榮德生、榮一心委託籌辦江南大學，任首任校長。後定居美國。

〔註22〕許紀霖：《中國近代化史》，上海：三聯書店 1995 年，第 74～75 頁。

〔註23〕亨廷頓：《第三波：二十世紀後期民主化浪潮》，上海：三聯書店 1998 年，第 364～365 頁。

〔註24〕許紀霖：《中國近代化史》上海：三聯書店 1995 年，第 76 頁。

　　中國要成為法治國家，必須來一次啓蒙運動，「使法治精神滲透到生活裏面去」，使法治成為國人「生活的習慣」。〔註25〕

6.4 上層社會權力崇拜和皇權心理的消極作用

　　君主專制是人治主義的集中體現和制度基礎。人治意識則是與專制統治相適應的社會政治心理，是近代乃至當代中國法治建設面臨的最大心理障礙。自秦王嬴政一統天下，推行專制集權後，中國君主便處於政治結構的金字塔頂峰，口含「天憲」，言出法隨，下筆為律。歷代封建王朝都以嚴刑酷法來維護君主至高無上的權力。

　　傳統上奉行一元權力，一國之內，君主乾綱獨斷；一家之中，也是家長一個人說了算。君主認為天無二日，家長也相信家無二主，所有人都相信權力的分散一定會帶來動亂。中國人相信天道和人事依照的是同一個規律，自然界的四時交替、萬物榮枯都似乎為一個既定的規律所支配，而顯現出穩定和和諧的秩序，那麼人事也應該服從一個最高的力量。這種「權大於法」的人治觀念是法治建設的一大障礙。正如陳獨秀分析辛亥革命的失敗原因時所說：「我們中國多數國民口裏雖然是不反對共和，腦子裏實在裝滿了帝制時代的思想，歐美社會國家的文明制度，連影兒也沒有，所以口一張，手一伸，不知不覺都帶君主專制臭味」。〔註26〕這種觀念已經固化為人們頭腦中的傳統積澱，成為歷史發展的「巨大的阻力」，「是歷史的惰性力」。〔註27〕

　　在近代中國法治建設中，人治觀念始終揮之不去，「以言代法」層出不窮。從慈禧太后的懿旨到光緒皇帝的詔令，從袁世凱的教令到蔣介石的手諭，公開的或實際的均具有最高的法律效力。曾在蔣介石身邊供職的人回憶說：「他（指蔣）隨身總帶著一支紅鉛筆和一疊紙，如果他認為該作出決定或給那位來訪者一筆錢，他會立即簽發一項手諭。這類手諭……到處流傳」，〔註28〕「所以名為院長部長，實際上不過是大大小小的聽差而已，是一個老闆養了許多聽差」。〔註29〕憲法或憲法性文件的制定更是唯最高統治者之命是從。從《欽

〔註25〕 陳北鷗：《憲政基礎知識》，國訊書店 1944 年，第 67 頁。
〔註26〕 《陳獨秀文章選編》上，北京：生活 讀書 新知三聯書店 1984 年，第 205 頁。
〔註27〕 《馬克思恩格斯選集》第 3 卷，北京：人民出版社 1993 年。
〔註28〕 《何廉回憶錄》，北京：中國文史出版社 1988 年，第 117、118 頁。
〔註29〕 張奚若：《廢除一黨專政，取消個人獨裁》，《張奚若文集》，北京：清華大學出版社 1989 年，第 371 頁。

定憲法大綱》到《訓政時期約法》，從《大總統選舉法》到《中華民國憲法》，都是秉承個人意旨對獨裁政治確立的肯定。

孫中山曾對中國幾千年來封建專制中積澱下來的權力崇拜心理、皇權思想及其惡果進行過猛烈抨擊，他說人人「都想做皇帝，便不想做別的事」〔註 30〕。他甚至認為中國歷史上每一次大的戰爭和動亂都與爭權、爭皇位有關。從這個角度出發，他對太平天國失敗的原因也發表了自己的看法：認為太平天國失敗的一個原因，便是洪秀全「他們那一班人到了南京之後，就互爭皇帝，閉起城來自相殘殺」〔註 31〕。

這種皇權心理不僅僅限於上層社會的某些爭權個案，而且有著深厚的社會心理基礎。劉邦、項羽看見秦始皇出遊後，不約而同地表示了「想做皇帝」的相同志願。孫中山試圖以此故事及其能夠長期流傳於民間並為國人津津樂道的事實，來說明皇權心理的根深蒂固。我國縱橫學的代表人物蘇秦認為，讀書的惟一目的就是「取尊榮」，而「取尊榮」最好途徑並不是「治產業」、「立工商」，而是「做當世之君」。如果在西方社會更多的是對金錢的迷戀，那麼在東方專制社會則更多的是對權力的崇拜。因此讀書做官就成了士人的正路。而「治產業，立工商」等等則歷來被視為「小道」〔註 32〕。以致到了戊戌政變前後，康有為、梁啟超及僑商李福基、馮秀石等人的保皇主張、君主立憲思想，還有民國後連續出現的袁世凱、張勳復辟帝制的醜劇，都顯示出皇權心理在近代國民中仍然有廣泛的市場。即使是在革命黨人中「那種做皇帝的舊思想，還沒有化除」〔註 33〕，許多人入黨的目的都是想做官，「都想做大官——做了大官便心滿意足」，而不是「真正為本黨主義去奮鬥」〔註 34〕。應該說，孫中山對權力崇拜心理的揭露和抨擊，雖然有單薄或偏頗之處，但對於一個以皇權思想彌漫而聞名的國度，這些方面的批判又是擊中要害、切合時弊、一言九鼎的。

張君勱曾在一篇文章中說：「我們讀漢高祖本紀，知道漢高祖過咸陽，看見秦始皇威風，曾歎曰：『君乎，大丈夫當如此也』。及項羽既亡，高祖作

〔註 30〕《孫中山全集》第 8 卷，北京：中華書局 1985 年，第 536 頁。
〔註 31〕《孫中山全集》第 9 卷，北京：中華書局 1985 年，第 268 頁。
〔註 32〕張岱年等：《中國知識分子的人文精神》，鄭州：河南人民出版社 1994 年，第 103～104 頁。
〔註 33〕《孫中山選集》下冊，北京：人民出版社 1956 年，第 675 頁。
〔註 34〕《孫中山全集》第 8 卷，北京：中華書局 1985 年，第 280～281 頁。

了皇帝，他置酒未央前殿，起爲太上皇壽曰：『始大人當以臣無賴，不能治產業，不如仲力，今某之業所就，孰與仲多』。這段問答語中，明白說出中國人的思想，都拿國家當爲私產。買田地是置私產，貴爲天子，富有四海，也不過是私產的擴大而已。我們不要認爲這種思想到了現在，已經沒有，不然，何以有洪憲帝制，憲法復辟呢？」可見帝王思想實在是民主政治的大障礙〔註35〕。

與帝王思想緊密相關的是割據思想。當分崩離析時，一統天下的帝王做不成時，割據一方的思想就出現了。西漢末年，竇融據河西，自稱五郡大將軍，起兵時，告訴他的兄弟說：「天下定危未可知，河西殷富，帶河爲固，張掖屬國，精兵萬騎，一旦緩急，杜絕河津，足以自守，此遺種處也。」後來有了張立曾遊說竇融說：「當各據土宇，與隴（隗囂）蜀（公孫述）合從，高可爲六國，下不失尉陀」。〔註36〕此種談吐最能代表割據思想。而民國時代的張作霖、孫傳芳、盧永祥等皆是受此思想的影響。

與帝王思想、割據思想一脈相承的是特權思想。我國人向來處於帝王專制之下，既不知法規爲團體生活之所必需。反而時常以處於法外爲自己的本領，以不守法、搞特權爲榮耀。譬如一般人點電燈要出錢，某甲點電燈不花錢，他還要向他人誇耀。有人在肉價限制時買不到肉，某甲不但不守法律上肉價限制，而且多買到肉，旁人拿不到護照，某甲偏能拿到護照出國，一般人買不到飛機票，他能想法子買飛機票且比旁人快，中國人以不守法爲得意，這是封建特權思想的殘餘。〔註37〕

這種思想同樣會帶來「舞文弄法」的局面，中國人從來不把法令當一回事，而且能想出一種妙法，把法律的嚴重性躲避過去，表面上看來，好像並沒有違法，實際上已經將法律的原意加以伸縮變通了，張君勱在他的《中華民國民主憲法十講》中舉例說明中國人的舞文弄法情節。譬如說，米糧定額分配，每人一石，但是填報戶口時，不管家裏是否有 5 個人，一律填寫 5 口，這就是舞文弄法的一端。以征兵法來說，政府征兵應以征兵法爲根據，但是除鄉下苦人可以隨便拉夫外，貴人子弟，除了志願青年軍外，有誰應徵入伍的？這便是違法的一端。但是，輿論很少起來責備政府，其他「工貸」「農貸」，

〔註35〕張君勱：《憲法之道》，北京：清華大學出版社 2006 年，第 147 頁。
〔註36〕轉引自張君勱：《憲法之道》，北京：清華大學出版社 2006 年，第 147 頁。
〔註37〕參見張君勱：《憲政之道》，北京：清華大學出版社 2006 年，第 144～153 頁。

眞正窮人，未必能得到貸款，能奔走權門的人，反而得到便利。又如，政府明令不許人民囤積居奇，而戰爭期內所有富戶或銀行，哪一個不是靠囤積貨物擡高物價？但是政府視若無睹，絕對不敢打開倉庫調查積貨。政府徵收的所得稅、利得稅，無論銀行、公司、工廠，哪一家不具備兩種帳簿？一本是眞正的出入盈虧，一本則專爲納稅用的。這種欺騙行爲，大家知道，但是大家存心讓它過去。這種種都可見我國人藐視法律的心理。〔註38〕

這種心理即使在新中國成立的20多年後仍然存在於我國最高領導人的心中。水門事件以後，1973年11月12日，毛澤東在他的書房裏會見基辛格。基辛格回憶說：「他（指毛澤東——編者注）根本無法理解水門事件引起的喧囂，他輕蔑地把這個事件看成是『放屁』」〔註39〕。1976年元旦淩晨，毛澤東會見尼克松女兒朱莉和女婿戴維·艾森豪威爾，談到水門事件，他也是這樣輕蔑地說：「不就是兩卷錄音帶嗎？有什麼了不起？當你手中剛好有一臺錄音機的時候，錄下一次談話有什麼錯？誰讓你們美國有那樣多錄音機！」戴維告訴他：「現在，在美國反對我岳父的人很多。還有人強烈要求審判他。」毛澤東加重語氣說：「好。我馬上邀請他到中國來訪問。」〔註40〕美國的中國問題專家費正清評論說，「毛澤東似乎支持和寬恕了這位因違反憲法而被迫辭職的丟人總統的所作所爲。我們只能認爲，毛主席對這些原則問題表現得特別遲鈍。簡言之，尼克松先生冒犯了美國對人權及法律程序的信仰。在美國人眼裏，他是一個不肖子，但毛澤東似乎很少注意人權及法律程序」〔註41〕。基辛格、戴維、費正清都認爲毛澤東不大理解，或太不注重美國三權分立的法治原則。

6.5　下層民衆極低的參政意識

國家的力量，建築在國民身上，國民不健全，國家不會強盛，猶之乎細胞不健全，身體不能健康一樣。近代中國法治不能實行的原因之一就是中國國民的參政意識極低。中國承數千年專制及「不在其位不謀其政」之愚民政治之後，大多數皆傳統順民，養成了奴隸人格。

〔註38〕張君勱：《憲法之道》，北京：清華大學出版社2006年，第148頁。
〔註39〕郭思敏：《我眼中的毛澤東》，石家莊：河北人民出版社2000年，第285頁。
〔註40〕於俊道　李捷：《毛澤東交往錄》，北京：人民出版社1991年，第459～955頁。
〔註41〕費正清著　傅光明譯：《觀察中國》北京：世界知識出版社2002年，第142頁。

　　「一個自由的民族會有一個救星出來；而一個被奴役的民族只會有另一個壓迫者到來」〔註42〕。孟德斯鳩認爲習慣了專制的人很難體會自由的價值。關於這種「奴隸人格」的成因，孫中山多次談到：「中國人民久處於專制之下，奴性已深，牢不可破」。〔註43〕在我國「人民有一種專制積威造下來的奴隸性，實在不容易改變。雖勉強拉他來做主人翁，他到底覺得不舒服」〔註44〕。「中國奴制已經行了數千年之久，所以民國雖然有了九年，一般人民還不曉得自己去站那主人的地位」。〔註45〕

　　這些專制積威的表現是多方面的。孫中山首先痛斥了封建皇帝、官僚和封建政治的專制行徑。他說：「帝制時代，皇帝之於國家直視爲自己之私產」，〔註46〕「而中國四萬萬之人民，由遠祖出生以來，素爲專制君主之奴隸，向來多有不識爲主人、不敢爲主人、不能爲主人」〔註47〕。此外，那些握有生殺予奪之權的官僚們「多原欲未化，私心難純，逐多擅用其聰明才智，以圖一己之私，面罔顧人群之利，役使群眾，有如牛馬，生殺予奪，威福自雄；蚩蚩之民，畏之如神明，承命惟謹，不敢議其非者，由是履霜堅冰，積爲專制。我中國數千年來聖賢明哲，授受相傳，皆以爲天地生人，固當如是，逐成君臣主義，立爲三綱之一，以束縛人心」〔註48〕。對此情形，歐洲人也喟然曰：「異哉夫支那，乃有所謂三綱以箝縛臣民，箝縛其子弟，箝縛其婦女，何栽培奴性若此其深也」〔註49〕！中國之政治，「無論爲朝廷之事，爲國民之事，甚至爲地方之事，百姓均無發言或與聞之權；其身爲民牧者，操有審判

〔註42〕〔法〕孟德斯鳩：《論法的精神》上冊，孫立堅、孫丕強、樊瑞慶譯，陝西人民出版社 2001 年，第 365 頁。

〔註43〕《建國方略》（1917～1919 年），《孫中山全集》第 6 卷，北京：中華書局 1985 年，第 211 頁。

〔註44〕《在上海中國國民黨本部會議的演說》（1920 年 11 月 9 日），《孫中山全集》第 5 卷，北京：中華書局 1985 年，第 401 頁。

〔註45〕《在上海中國國民黨本部會議的演說》（1920 年 11 月 9 日），《孫中山全集》第 5 卷，北京：中華書局 1985 年，第 401 頁。

〔註46〕《倫敦被難記》（1897 年初），《孫中山全集》第 1 卷，北京：中華書局 1981 年，第 51～52 頁。

〔註47〕《建國方略》（1917～1919 年），《孫中山全集》第 6 卷，北京：中華書局 1985 年，第 211 頁。

〔註48〕《三民主義》（1919 年），《孫中山全集》第 5 卷，北京：中華書局 1985 年，第 188 頁。

〔註49〕《辛亥革命前十年間時論選集》第 1 卷上冊，北京：生活・讀書・新知三聯書店 1960 年，第 429～433 頁。

之全權，人民身受冤抑，無所籲訴。且官場一語等於法律，上下相蒙相結，有利則各飽其私囊，有害則各委其責任」。官僚爲將國家機器用的得心應手，行賄受賄成了一大法寶，「婪索之風已成習慣，官以財得，政以賄成」，〔註50〕「是故中國之人民，無一非被困於黑暗之中。即政府有時微透一二消息，然其所透者皆其足以自利者也」〔註51〕。

國人迷信、懦弱。在生產力極度低下的時代，人們控制自然和認識自然的能力受到限制，處在自然的肆意橫暴和原始的恐怖絕望之中。於是演化出鬼、神仙等種種概念和幻象。在中國這個古老的國度裏，長期落後的生產、困厄的生活和人們低下的文化水平，更出於漫長的專制制度下統治者的刻意愚民欺騙，使得迷信謬誤的充斥繁衍有著更加濃重深厚的社會基礎，人的行動更多地脫離了理性和意志的導引，陷人迷亂和懦弱的支控。孫中山不由感慨：國人「無論何事，或委之天命或委之氣運。不知人類進化，有天然之進化，有人爲之進化」。〔註52〕這一語道破了國民人格的外向控制型特徵：只信天命，一憑外在的天命鬼神爲自己做決定，而從不知依靠自己的力量去改變現實，把握人生，創造幸福。

人民墨守成規。在中華民族漫長悠遠的歷史上，書寫過世界上領先地位的光輝一頁，也留下了一整套複雜完備的政治機構、典章制度和思想體系。加之封建社會超穩定的社會經濟、幾乎是亙古不變的生產資料和生活方式（自給自足的鋤耕農業，於公元前五千年在渭河流域如西安郊外的半坡村遺址時就出現了。此後，儘管世事滄桑、有所變故，但中國鄉村生活的主體風貌大致依舊。社會的和技術的突變似乎都不能打斷這種社會的連續性而穩步向前發展），這些都給中國人的心理上注入了一種強大的惰性。人們可以陶醉於祖先的經驗和成就中，可以堅持成法，因襲傳統，墨守成規，可以安享自給自足、幅員廣大、悠久文明賜予後人的一切，於是無需創新進步仍可安居樂業、酣嬉鼾臥。

由於專制制度束縛人心，「所以中國人崇拜古人的心思，比哪一國人都要

〔註50〕《倫敦被難記》（1897年初），《孫中山全集》第1卷，北京：中華書局1981年，第50～51頁。

〔註51〕孫中山：《倫敦被難記》（1897年初），《孫中山全集》第1卷，北京：中華書局1981年，第51頁。

〔註52〕孫中山：《宴請廣東商界人士時的演說》（1918年2月22日），《孫中山全集》第4卷，北京：中華書局1985年，第345頁。

利〔屬〕害些」〔註 53〕。自古以來，文人「不是好讀書不求甚解，便是述而不作，坐而論道，把古人言行的文字，死讀死記，另外來解釋一番，或把古人的解釋，再來解釋一次，如同炒陳飯一樣，怎麼能夠有進步呢」〔註 54〕。

人民不關心政治。幾千年分散封閉的生活方式，形成了國人對國家和政治疏離、冷漠和偏狹無知。如「婚姻生死，不報於官，戶口門牌，鮮注於冊。甚至兩鄰械鬥，為所欲為」〔註 55〕。人民無政治知識和能力，這種狀況早已被古代先民們的歌謠表現得淋漓盡致：「日出而作，日入而息，鑿井而飲，耕田而食，帝力於我何有哉」，人們常常是自行生存，自行斷訟，自行保衛和自行教育。尤其是人們只有家族主義和宗族主義，沒有國族」的觀念〔註 56〕，使人們「不知國與身之關係。

中國國民的參政意識自古以來就很差，即使在鴉片戰爭失敗以後，受到了這般奇恥大辱，國人仍是麻木的，對國事漠不關心，以致人們可以在茶樓酒館裏看到「免談時事」的告白〔註 57〕。

這主要是因為缺乏深刻的思想啓蒙，占人口絕大多數的農民一直是游離於政治之外的。在政治觀念上，他們還停留在臣民文化甚至村民文化階段。在費正清的《劍橋晚清史》中曾戲謔地稱之為「邊緣的平民階級」，「他們不受法律的管轄，環境還驅使他們不受社會的控制，不受社會秩序的制約，也不受社會的尊重」〔註 58〕。由於教育的不發達，文盲眾多，廣大民眾對政治缺乏瞭解和熱情。

雖然 19 世紀末 20 世紀初，中國歷史上開展了一系列民主政治運動，資產階級民主思想得到大力宣傳，但極低的國民參政意識仍沒有大改觀。以 20 世紀初清政府推行新政，實行地方自治為例，當時的民眾對選舉漠不關心，

〔註 53〕 孫中山：《在桂林學界歡迎會的演說》（1922 年 1 月 22 日），《孫中山全集》第6 卷，北京：中華書局 1985 年，第 68 頁。

〔註 54〕 孫中山：《在桂林學界歡迎會的演說》（1922 年 1 月 22 日），《孫中山全集》第6 卷，北京：中華書局，1985 年，第 69 頁。

〔註 55〕 孫中山：《駁保皇報書》（1904 年 1 月），《孫中山全集》第 1 卷，北京：中華書局 1981 年，第 235 頁。

〔註 56〕 《孫中山全集》第 9 卷，北京：中華書局 1986 年，第 127、280、185 頁。

〔註 57〕 齊思和等編：《鴉片戰爭》第 5 冊第 529 頁：第 6 冊第 240，459～462 頁。轉引自：〔美〕費正清、劉廣京編：《劍橋中國晚清史》下卷，北京：中國社會科學出版社，1985 年 2 月第 1 版，1993 年第二次印刷第 184 頁。

〔註 58〕 〔美〕費正清：《劍橋中國晚清史》下卷，北京：中國社會科學出版社 1985年，第 673 頁。

不重視選舉權。1909 年的諮議局選舉，選民平均只有 0.4%。〔註 59〕史料記載，清末實行新政時，四川省一些民眾對選舉「不解其故，每遇司選員、調查員到各鎮鄉演說，群以洋官目之，所演說凡不入耳，」並因懼怕增加捐賦，「決不肯申報自己財產若干，亦不願享受何等選舉權，只求安居樂業」〔註 60〕。福州選舉「城市各區到者僅十分之四，鄉村各區則十分不及一二」〔註 61〕。廣州府在一千六百多人的選民中，參加投票者也僅有三百九十九人。〔註 62〕民眾只知埋頭自己的事情，「吾父老子弟，畢竟農工商賈，各有恒業，平時多不理會此事，一聞人人有自治之責。非慮不諳，即憂無暇」〔註 63〕。甚至有人對諮議局、國會冷言相譏：「有演講者至，則曰：教人學外國法者又來，其實局也（諮議局）、會也（國會），皆彼輩得意地耳，民窮至此，尚有何望」〔註 64〕。國人對政治的漠視由此可見一斑。正如英國的《摩寧普士報》指出：「欲使人知立憲者，以民立憲政，非以憲政立民。知此精義，而後可以言立憲矣」。「憲政非可猝期，必由數百年來全國元氣浸淫鼓蕩，而後得之」〔註 65〕。日本輿論也認爲「中國改革，較之日本維新，則根底薄弱」，「採用代議政體非出於人民之要求」，「全國人民之泰半，於一己之權利利益，殆無所知」〔註 66〕。

如《臨時約法》明確了主權在民的原則，並規定在 10 個月之內召集正式國會。1913 年 4 月 8 日，民國第一屆正式國會開幕。民初議會政治的建立本身是現代政治合法性的體現，給綿延數千年的君主制畫上了句號。但是一種政治制度的結束並不意味著支撐這種政治制度的社會文化基礎馬上就會改變。雖然在接受了西方文化洗禮的新派精英中民主的合法性已經播下了種子，但傳統精英和普通民眾尚未眞正接受民主思想，「其識國家爲何物，共和爲何義，立法爲何事者，千萬之有比例耳」〔註 67〕。更形象的說法還有：「從前的立憲黨，是立他自己的憲，干國民什麼事！革命黨是革他自己的命，又

〔註 59〕《近代中國區域史研討會論文集》，臺北：臺北市出版社 1986 年，第 864 頁。

〔註 60〕《四川政界片片錄》，《時報》，1909 年 3 月 23 日。

〔註 61〕《福州選舉紀事》，《時報》，1909 年 4 月 18 日。

〔註 62〕張朋園：《立憲派與辛亥革命》，臺北：中央研究院近代史研究所出版社 1983 年，第 18 頁。

〔註 63〕孟森：《地方自治淺說總說》，北京：商務印書館 1909 年，第 1 頁。

〔註 64〕《論開國會歡祝會》，《時報》，1910 年 11 月 13 日。

〔註 65〕參考外論選譯《東方雜誌臨時增刊》，上海：商務印書館 1906 年。

〔註 66〕參考外論選譯《東方雜誌臨時增刊》，上海：商務印書館，1906 年版。

〔註 67〕行嚴：《二院制果足以防國會之輕躁乎》，《民立報》1912 年 4 月 5 日。

干國民什麼事！好比開一瓶皮（啤）酒，白泡子在面上亂噴，像是熱烘烘的，氣候一過，連泡子也沒有了，依然是滿瓶冰冷」〔註68〕。

人民群眾是歷史的創造者，然而，中國近代以來的民主法治運動始終停留在「精英意識」的狀態上，遠遠沒有形成全民族的文化上的整體自覺與訴求，突出的表現就是國民參政意識的淡薄與匱乏，缺乏廣大民眾參與的中國近代憲政運動的失敗是必然的。

6.6　動盪的內外部環境

近代中國的法治建設就是在動盪不安、戰亂頻仍的環境下進行的。這種環境，一方面使各種社會關係經常處於飄忽不定的狀態，使包括憲法在內的法律無法對它進行規範、調整和保護；另一方面已經制定的法律經常遭到違反和破壞而成為實際上沒有效力的具文和裝飾。

險惡的國際環境也是近代中國憲政失敗不可忽視的原因。近代中國從來就沒有形成對西方列強正確的思想認識，總是在妄自尊大與妄自菲薄間跳躍，在恐懼、排斥與盲目崇拜間徘徊。沒有現成的經驗可資借鑒，沒有熟悉外交的官員可資藉重，沒有強大的實力作堅強後盾。因此歷次外交每每成為「弱國無外交」的佐證，簽約官員也大多陷入「國人皆曰可殺」的口誅筆伐中。外交成了中國的夢魘。也就在這一時期，列強正處於從自由競爭資本主義邁入壟斷資本主義的階段，其自私、貪婪、掠奪的本性得到了充分凸現。他們逼迫中國簽訂種種不平等條約來直接掠奪中國的政治、經濟利益，通過種種不公平借貸來控制中國內政外交，通過培養代理人來左右中國政局，有時甚至不惜出兵武力干涉。內外雙重的巨大壓力造成了中國近代法治建設無比險惡的環境。

一個穩定的政治、經濟環境為法治建設所必需。世界各國的法治實踐無數次地證明了這一點。而近代尤其是辛亥以後的中國，恰恰在這個方面走向了相反。兵禍的影響是廣泛的，涉及到法律、政治、財政、民生、民俗各方面。正如張耀曾先生所說：「兵之為禍於中國，非僅一端一隅，實普及於法律、政治、財政、民生、民俗各方面。法律何以失效？兵也。憑藉兵威，求

〔註68〕梁啟超：《歐遊心影錄》，《飲冰室合集》專集之二十三，北京：中華書局2003年，第23頁。

逞所欲，故大法屢遭摧毀，群法等於弁髦。政治何以全無軌道？兵也。以武力支配政局，以戰爭擴張地盤，故全國只有兵爭，實無政爭。財政何以瀕於破產？兵也。舉全歲入十分之七八以養兵，借敲骨吸髓之外債以資戰，故財源竭；就地籌餉，到處截款，故統系亂。民生何以日戚？兵也。集百數十萬不生產之徒，以消耗生產，消耗之不已，更時作無謂之爭鬥，以妨礙國人之生產；妨礙之不已，並前此蓄積僅存之生產品，且日日掠奪而摧殘之。民生，夫安所倚。民俗何以日偷？兵也。橫暴得志，令人起放肆之心；秩序日紊，使人懷苟且之念。放肆與苟且——於是強者流為寇盜，弱者溺於情慾矣。況庇賭運煙，蹂躪婦人貞操，皆以兵為魁。渠日日行之而無忌耶。嗟乎！莽莽神州，倘竟至國亡種淪者，後之史家編述至此，必大書特書曰：中國亡於兵」〔註69〕！

在動盪的社會中，法治建設從來就沒有真正成為全社會的信念，哪怕是覆蓋大多數人也沒有過，它一直都是少數精英分子的自說自話。在大力宣揚法治的精英階層裏，也從來沒有真正形成統一的法治理念，有的是無窮無盡的政見相左甚至是意氣之爭。舊有權威的崩塌和新權威的來不及建立成了這種動盪的導火線。在這種曠日持久的動盪中，法治只能是政客們手中的玩物或隨時可用又隨時可丟棄的遮羞布。民族的眾多，地區間的差異，階級矛盾的激化，列強的干預，中國複雜的國情又使這種動盪雪上加霜。在政治、經濟的動盪中，人們爭權奪利、自私自利的惡的一面被推向極致，法治離我們似乎越來越遠了。時局的動盪一方面是法治失敗的原因之一，另一方面又是法治失敗造成的惡果，二者組成了近代中國怎麼也走不出的惡性循環。

軍閥在國家政治中起著舉足輕重的作用。袁世凱由小站練兵起家，掌握了北洋新軍這支清末最具實力的武裝，並憑藉這支隊伍登上了大總統的寶座。袁世凱的一生，其起家、發家以至於權傾天下，依靠的都是其軍事實力。在他看來，只要有了軍隊，什麼地位和財富都會源源不斷而來。因此他極為迷信武力，注重強權。這些後來都被他的部下繼承了下來，使民國時期形成了迷信武力的「強人政治」傳統。不管是袁世凱篡奪民國領導權，還是他麾下的北洋諸將輪流坐莊，割據稱雄，都是憑藉其強大的軍事力量。因此，迷信武力，武力至上，成為他們主要的信仰。在他們手裏，本來作為國家統治

〔註69〕張耀曾著，楊琥編：《憲政救國之夢：張耀曾先生文存》，北京：法律出版社2004年，第37~38頁。

工具的軍隊變成了私人武器，所佔之處，成了他們私人的地盤。自袁世凱始，近代軍閥意識逐漸清晰。以後走馬燈式地活動於近代中國政治舞臺的大小軍閥，莫不把武力視爲實施政治行爲的基點。軍人佔據了政壇主角地位，擁有最大的發言權。在極端的情況下，各級政權機構都成了「軍隊的維持會」。袁世凱死後，各路軍閥輪番上場，呼風喚雨，攪得中國上空混沌一片，法制現代化也陷入泥潭，給中國民主與法治的實現投下了濃重的陰影。

在袁世凱掌握政權以後 的軍閥時代，軍人已逐漸取得政治上的領導地位。手握兵權的軍事將領不再是文官階級的附庸，不再是馴服的政治鬥爭的工具，而變成了政治鬥爭的主角，各個時期制定的形形色色的法律也自然成了軍閥手中隨意舞弄的玩具。在中央政府，無論是總統還是總理都必須憑藉軍事實力上臺，如果自身沒有軍事實力，則只能充當軍閥的傀儡。在不斷發生的每一個政潮的背後，都有軍閥之間爲相互爭權奪利而矛盾衝突的深刻原因。國會也好，內閣也好，憲法也好，都無法及時、全面地代表實力對比不斷發生變化的各派軍閥的利益要求，因而隨著軍閥之間矛盾鬥爭的不同結局，國會、內閣、憲法，便成了勝利者呼之即來，揮之即去的工具。軍閥有時也採取政治手腕，利用政黨，製造御用政治工具，但最終是憑藉軍事實力作爲後盾，依靠暴力手段解決問題。在此種局勢下，軍權高於一切，政治不過爲其附庸。

由於各系各派的大小軍閥們肆意以軍干政，社會政局無法安定，行政管理無法運作。據不完全統計，從 1912 年到 1928 年的 16 年間，國家元首先後換過 10 人，並且五變國會，七易憲法，內閣更迭近 50 屆，有的內閣僅存在 6 天，甚至有的內閣總理上午就職，下午便逃之夭夭。政局如此激烈動蕩，在世界近代歷史上恐怕也是極少見的。

近代中國發生的戰爭與內亂，就其持續性、頻繁性和危害性而言，超過了歷史上任何時期，外國發動的侵略戰爭、農民造反戰爭、北洋軍閥之間的戰爭、國民黨新軍閥戰爭、國共兩黨戰爭，其規模一次比一次大，嚴重破壞了發展經濟的安定局面。中國「憲政之父」的張君勱先生認爲吾國憲政至今沒有確立是因爲：第一，帝制自爲。第二，割據一方。第三，越軌爲能。總之，「亂世無法治」是對近代中國法治進程的概括。

以上諸多因素導致近代中國法治之路艱難的前行，法治之路是一定條件下一定時期的歷史產物。「就文化價值觀而言，中國的歷史有極大的繼承性」

〔註 70〕。更確切地說是歷史的慣性，使近代中國一直沿著有「法」無「治」的道路推動著。

近代憲政追尋者往往漠視憲政的文化條件。「當時人們重視政治的建制即結構，而對政治文化卻較少注意」〔註 71〕。梁啓超曾在其《政黨與政治上之信條》一文中批判當時的清政府「全不識憲政爲何物，以上諸信條，未嘗有一焉懸其心目中者」。事實上除清政府外，大多數立憲派和革命派人士對於立憲政治所需要的政治信條（即政治文化）也缺乏瞭解，其主要表現就是不重視對民主的思想啓蒙。由此造成的缺陷在民國建立後的政治運作中便充分暴露出來：孫中山基於「知難行易」的思想觀點，「取法乎上」，認爲由少數「先知先覺的人」創造發明民權，交到人民手中，民權就可以實現。它忽視民族傳統、民族心理、社會現實等歷史條件的承受能力，以理想代替現實，並未在啓發人民的革命覺悟、法治觀念方面下功夫。

在這種文化氛圍裏，近代中國人總體缺乏法治觀念，不懂得規範認同〔註 72〕，也就是契約民主法制下所謂的遊戲規則，更不懂得人的基本權利要靠法治來維護。以民初爲例，幾乎在一切重大政治事件中都存在規範認同障礙。如袁世凱上臺伊始，就圍繞《臨時約法》與資產階級革命派展開了限制與反限制的鬥爭。在鬥爭過程中，表現出了對規範認同的漠視。1912 年 8 月 15 日，袁世凱應黎元洪之請，未經審判派人殺害了張振武、方維二人。按《臨時約法》第六條第一款之規定：「人民之身體非依法律不得逮捕、拘禁、審訊、處罰」，又第九條：「人民有訴訟於法院，受其審判之權」及第五十一條「法官獨立審判，不受上級官廳之干涉」〔註 73〕。袁世凱捕殺張、方，未經審判，違反了法官程序。但孫中山卻說：「據我觀之，張、方不得謂無罪。但在鄂都

〔註70〕 〔美〕費正清著，傅光明譯：《觀察中國》，北京：世界知識出版社 2002 年，第 7 頁。

〔註71〕 徐宗勉：《近代中國對民主的追求》，合肥：安徽人民出版社 1996 年，第 76 頁。

〔註72〕 （注：民主政治得以運行的根本就是規範認同，「從民主政治中『服從』的理由就可以發現，憲法或不成文的憲政傳統是政治統治權威和法律合法性的來源，人們遵守憲法和法律，服從統治，是依靠超越特定宗教或意識形態的理性精神……理性化的表現是維繫社會秩序的基本規範（如選舉和立法程序）和人們的宗教信仰、立法形態原則相剝離，具有不同信仰的人可以尊重並遵守共同規範，這可稱之爲規範認同」。

〔註73〕 中國第二歷史檔案館編：《中華民國史檔案資料彙編》（第二輯），南京：江蘇人民出版社 1981 年，第 106、107、110 頁。

督，似當就地捕拿，誅之於武昌，即不生此問題。假手於中央，未免自無肩膀，而民國草創時代，法律不完，吾謂中央政府當時應將張、方拿獲，解去武昌爲上策，……故吾謂鄂、京兩方皆有不當之處」〔註74〕，可見他對袁世凱處置張、方二人是認同的，只是不應在中央處置，而對關鍵的一點卻忽略了，即袁世凱違法殺人。

這件事說明資級革命派對西方政治中的規範認同和民主規則也十分漠視，這些當時中國最懂得民主法治的人尚且如此，就更不用說普通民眾了。

美國歷史學費正清也看到了中國傳統文化對法治的抵抗，「1900 年以前，大批有才能的人並沒有致力於眞正的革命或改革。在舊制度下，沒有人具有根本改變這一制度的堅定信念。中國國內變革力量的弱小與其歸咎了西方帝國主義倒不如歸因於中國的社會秩序、國家和文化之強大。阻礙中國對西方的威脅做出迅速反應的抑制因素主要是中國文化的堅強內聚力和穩固的結構」〔註75〕。梁漱溟先生從對英國憲政的研究中也看到，近代西方政治組織與運作規範是西方社會生活衍生出來的自然結果，並且是長期的運用中已然達到與其人生與人心絲絲入扣的磨合程度的一種純熟技巧，憲政不賴於憲法條文，卻託於政治習慣而立。辛亥革命後，中國只從制度層面上具備了西方政治制度的外形，而大多數人的根本精神卻不能與之相應。在傳統的鄉土中國，硬性橫向移植西方的憲法和憲政，缺乏事實根據，與中國的社會無據，與中國的人心討不著「說法」。所以，憲政運動沒有文化的跟進，也就成爲無源之水，很難建構起全民族的憲政信仰。

所以法治不僅需要民法、刑法等等寫在紙上的法律，還需要一種「既不是銘刻在大理石上，也不是銘刻在銅表上，而是銘刻在公民們的內心裏」的法律，它形成了國家眞正憲法，它每天都在獲得新的力量，當其他法律衰老或消亡的時候，它可以復活那些法律或替代那些法律，它可以保持一個民族的創制精神，而且可以不知不覺地以習慣的力量代替權威的力量。這「就是風向、習俗，而尤其是輿論」〔註76〕。

亨廷頓認爲：「一個社會的政治文化包括對表現政治的標誌和價值及社會成員對政治目標的其他傾向的經驗信念。這是一個政治體系的集體歷史和現

〔註74〕　《孫中山之政談》，《時報》，1912 年 9 月 3 日。
〔註75〕　〔美〕費正清，賴肖爾：《中國：傳統與變革》，南京：江蘇人民出版社 1992年，第 398 頁。
〔註76〕　〔法〕盧梭：《社會契約論》，何兆武譯，商務印書館 1980 年，第 73 頁。

在組成這個體系的個人生活歷史的產物。它植根於公共事件和私人經歷，體現一個社會的中心政治價值。雖然中心政治價值可以隨著時間而發生變化，但變化很緩慢」〔註77〕。

在政治、經濟、文化相對滯後的近代中國，主宰人們命運的是「人治」政治文化體系。「中國之學術，爲一人矣」，「取古先儒言論之最便於己者，作一姓機關之學術；利於民者，辟之爲邪說；專以柔順爲教，養成奴隸之性質，以便供己軛束役使之用。」「中國之政治，爲一人矣」，「舉一切用人行政之大權，悉出於一人之喜怒愛憎，其喜且愛者，不計國民之利害而妄行之，其怒且憎者，不計國民之利害擅廢之；於其喜且愛之人，則可加以非常之寵榮，其怒且惡之人，則可處以無名之殺戮。」「中國之法律，爲一人也」，「民賊私之」，「以五刑爲不足，又設種種嚴酷慘毒之制，恃爲威脅人民、摧鋤士氣之具；且更畀以私號，曰『祖法』，曰『祖制』。」「中國之民，馴伏柔順，安之若素，似性質然者，馴至易姓受命之事，而恬然不以爲怪」〔註78〕。

歸根結底，近代中國要實現法治，沒有對中國傳統政治、經濟、思想文化的改造是不能成功的。

〔註77〕格林斯坦·波爾斯比編，儲復耘譯：《政治學手冊精選》下冊，北京：商務印書館 1996 年，第 166 頁。

〔註78〕《辛亥革命前十年間時論選集》第 1 卷（上），北京：生活·讀書·新知三聯書店 1960 年，第 65～71 頁。

結　論

　　研究近代中國人治、法治的衝突與嬗變，意在全面展現近代中國各個發展階段的法治發展歷程，試圖總結出帶有普遍意義的東西，爲當前及今後我國法治建設服務。

　　考察歷史，我們認識到：

　　1、近代中國法治的提出是在民族危機嚴重、人治無法使中國走出困境的要求下提出的，也是應中國社會發展的需要提出的。民族危機使社會先進分子認識到中國要走向法治，因爲法治代表著社會進步與文明，代表著公平與秩序，代表著自由與民主。法治的價值取向符合社會發展的必然趨勢，在一定意義上說，人類政治文明的歷史就是法治的發展史。法治是實現政治文明的重要內容、主要途徑和重要保障。

　　2、法治取代人治是歷史發展的必然。晚清政府新政、預備立憲表明人治的制度基礎——君主專制制度已經不適合中國，也無法延續其統治，所以意圖採取某些立憲的形式挽救自身的統治危機。但又不想眞正實現法治社會的民主，爲辛亥革命所推翻。其主要貢獻是破除人治，爲法治建設清除了障礙。辛亥革命後建立了中華民國，確立了主權在民的原則，也開始進行了資產階級民主制度的立法實踐，建立了選舉產生的立法機關，由立法機關制定國家的根本大法，確立了三權分立的原則，公佈了幾部資產階級性質的根本大法和各項法律，開始向法治社會邁進。但北洋軍閥專權，出現人治逆流，滯礙了法治建設的進程。國民黨南京政府採取以黨治國的方針，在原有基礎上健全了法制法規，描繪了憲政藍圖，在法治建設方面向前邁進了一大步。但這個黨本身的蛻變使其成爲民眾的對立面，成爲社會發展的障礙，因此由這個

黨掌控的政權陷入一種矛盾的狀態——既想建立憲政的體制，又不想失去對政權的掌控，因此在訓政時期實行一黨專政，到憲政時期一方面制定憲法，另一方面又制定與憲法完全背道而馳的法律；一方面高喊民主，另一方面又對民主大加殺伐，從而導致法治建設的窒息，最終逃脫不了被推翻的命運。

3、法治的實現是長期的過程，不可能一蹴而就。這個過程既是探索的過程，也是鬥爭的過程。法治在與人治的鬥爭中爲自己開闢道路。這種鬥爭有思想文化領域的鬥爭，有合法的抗議鬥爭，也有武裝推翻專制人治政權的鬥爭。在近代中國，只有武裝鬥爭成爲政治鬥爭的最高形式才能眞正最大限度地推動法治進程，這是中國特殊的政治結構和政治格局決定的。

4、近代中國法治過程中有對西方先進法治理念、法治形式、法律條文等的學習和吸收，有時甚至是拿來主義，但最終還是要建立中國自己的法治體系。全盤西化不適合中國，不吸收西方先進的理念、形式、條文等，又無法迅速建立法治體系。這是一種辯證的關係，也是一個辯證的過程。

5、國家政權在法治建設中起著最後的決定作用。法治與人治鬥爭的成果要通過法治建設來實現，法治建設要通過國家政權制定法律予以確認。國家政權的握有者要積極主動地推進法治建設，最大限度地減少直到消除人治的因素（但人治因素在短時間內不可能徹底消除，只是無限趨近消除而已）。國家政權如果能主動地進行法治建設，就可能在體制內最大限度地推進和實現法治，從而避免通過社會革命這樣動盪的方式推進法治建設。這種選擇既能減少或避免社會動盪引起的社會破壞，又能夠盡快推進法治建設。

6、眞正的法治要符合社會發展的方向並需要整個社會的參與。晚清政權、北洋政權和國民黨南京政權先後被推翻的歷史證明，在當時的中國只有通過革命的方式推翻反動的政權，建立一個人民眞正當家作主的政權，才能爲建立民主制度，爲眞正實現法治社會建立必要的制度保障。

參考文獻

1. 馬克思恩格斯選集（第 2、3、4 卷）〔M〕，北京：人民出版社，1993。
2. 馬克思恩格斯全集（第 23 卷）〔M〕，北京：人民出版社，1972。
3. 列寧全集（第 29、32 卷）〔M〕，北京：人民出版社，1985。
4. 毛澤東選集〔M〕，北京：人民出版社，1991。
5. 〔德〕康德著，何兆武譯，歷史理性批判文集〔M〕，北京：商務印書館，1997。
6. 亞里士多德著，吳壽彭譯，政治學〔M〕，北京：商務印書館，1965。
7. 〔英〕戴雪，憲法精義〔M〕，北京：中國法制出版社，1993。
8. 〔英〕哈耶克著，鄧正來等譯，法律、立法與自由（第 2、3 卷）〔M〕，北京：中國大百科全書出版社，2000。
9. 馬克思主義著作選編〔M〕，北京：中共中央黨校出版社，1994。
10. 〔法〕孟德斯鳩著，孫立堅等譯，論法的精神（上冊）〔M〕，西安：陝西人民出版社，2001。
11. 梁啓超，飲冰室合集〔M〕，北京：中華書局，2003。
12. 〔法〕盧梭著，何兆武譯，社‚會契約論〔M〕，上海：商務印書館，1980。
13. 張朋園，立憲派與辛亥革命〔M〕，臺北：中央研究院近代史研究所，1983。
14. 劍橋中國晚清史下卷〔M〕，北京：中國社‚會科學出版社，1985。
15. 〔美〕費正清，劉廣京，劍橋中國晚清史下卷〔M〕，北京：中國社‚會科學出版社，1985。
16. 張耀曾，楊琥，憲政救國之夢：張耀曾先生文存〔M〕，北京：法律出版社，2004。
17. 洛克，政府論（下篇）〔M〕，北京：商務印書館，1964。

18. 孟森，地方自治淺說總説〔M〕，北京：商務印書館，1909。

19. 張晉藩，中國憲法史〔M〕，長春：吉林人民出版社，2004。

20. 張君勱，憲政之道〔M〕，北京：清華大學出版社，2006。

21. 〔美〕費正清，賴肖爾，中國：傳統與變革〔M〕，南京：江蘇人民出版社，1992。

22. 中國第二歷史檔案館，中華民國史檔案資料彙編（第二輯）〔M〕，南京：江蘇人民出版社，1981。

23. 金觀濤，開放中的變遷〔M〕，香港：中文大學出版社，1933。

24. 許紀霖，中國近代化史〔M〕，上海：三聯書店，1995。

25. 亨廷頓，第三波：二十世紀後期民主化浪潮〔M〕，上海：三聯書店，1998。

26. 費正清著，傅光明譯，觀察中國〔M〕，北京：世界知識出版社，2002。

27. 〔美〕費正清，劍橋中國晚清史 1800～1911（上冊）〔M〕，北京：中國社，會科學出版社，1993。

28. 龔自珍，尊命〔M〕，北京：中華書局，1959。

29. 龔自珍，龔自珍全集（上冊）〔M〕，北京：中華書局，1959。

30. 格林斯坦，波爾斯比編，儲復耘譯，政治學手冊精選（下冊）〔M〕，北京：商務印書館，1996。

31. 張枏，王忍之，辛亥革命前十年間時論選集（第 1～3 卷）〔C〕，北京：生活，讀書，新知三聯書店，1960。

32. 徐宗勉，近代中國對民主的追求〔M〕，合肥：安徽人民出版社，1996。

33. 於俊道，李捷，毛澤東交往錄〔M〕，北京：人民出版社，2005。

34. 郭思敏，天羽，我眼中的毛澤東〔M〕，石家莊：河北人民出版社，1990。

35. 孫中山全集（第 1～11 卷）〔M〕，北京：中華書局，1981～1986。

36. 黃彥，李伯新，孫中山藏檔選編〔M〕，北京：中華書局，1986。

37. 陳旭麓，郝盛潮，孫中山集外集〔M〕，上海：上海人民出版社，1990。

38. 張岱年等，中國知識分子的人文精神〔M〕，鄭州：河南人民出版，1994。

39. 王躍，變遷中的心態〔M〕，長沙：湖南教育出版社，2000。

40. 鄧麗蘭，域外觀念與本土政制變遷——20 世紀二三十年代中國知識界的政制設計與參政〔M〕，北京：中國人民大學出版社，2003。

41. 李新，陳鐵健，偉大的開端〔M〕，北京：中國社，會科學出版社，1983。

42. 胡繩，從鴉片戰爭到五四運動〔M〕，北京：人民出版社，1981。

43. 張文顯，馬克思主義法理學——理論與方法論〔M〕，長春：吉林大學出版社，1993。

44. 謝岳，程竹汝，法治與德治——現代國家的治理邏輯〔M〕，南昌：江西人民出版社，2003。

45. 張憲文，中華民國史〔M〕，南京：南京大學出版社，2006。

46. 近代稗海（第3輯）〔M〕，成都：四川人民出版社，1985。

47. 胡適，胡適文集〔M〕，北京：北京大學出版社，1998。

48. 劉軍寧，北大傳統與近代中國：自由主義的先聲〔M〕，北京：中國人事出版社，1998。

49. 陳啟天，民主憲政論〔M〕，上海：上海商務印書館，1945。

50. 吳之椿，法治與民治〔M〕，上海：生活書店，1946。

51. 蔡鴻源，民國法規集成（第44冊）〔M〕，安徽：黃山出版社，1998。

52. 中國第二歷史檔案館，中華民國史檔案資料彙編〔M〕，南京：江蘇古籍出版社，1994。

53. 榮孟源，中國國民黨歷次代表大會及中央全會資料〔M〕，北京：光明日報出版社，1985。

54. 王人博，憲政文化與近代中國〔M〕，北京：法律出版社，1997。

55. 趙金康，南京國民政府法制理論設計及其運作〔M〕，北京：人民出版社，2006。

56. 湖南省社，會科學院，黃興集〔M〕，北京：中華書局，1981。

57. 萬鄂湘，國際人權法〔M〕，武漢：武漢大學出版社，1994。

58. 榮孟源，章伯鋒，近代稗海（第三輯）〔M〕，成都：四川人民出版社，1985。

59. 楊緒盟，移植與異化——民國初年中國政黨政治研究〔M〕，北京：人民出版社，2005。

60. 林增平，周秋光，熊希齡集（上冊）〔M〕，長沙：湖南人民出版社，1985。

61. 丁賢俊，喻作鳳，伍廷芳集〔M〕，北京：中華書局，1993。

62. 張文顯，二十世紀西方法哲學思潮研究〔M〕，北京：法律出版社，1996。

63. 謝振民，中華民國立法史〔M〕，北京：中國政法大學出版社，2000。

64. 王奇生，黨員、黨權與黨爭〔M〕，上海：上海書店出版社，2003。

65. 梁啟超，飲冰室合集，文集〔M〕，北京：中華書局，1936。

66. 謝瀛洲，困學齋文存〔M〕，臺北：中華叢書委員會出版，1957。

67. 王寵惠，王寵惠先生文集〔M〕，臺北：中國國民黨中央委員會黨史委員會出版，1981。

68. 楊伯峻，論語譯注〔M〕，北京：中華書局，1980。

69. 付春楊，民國時期政體研究（1925～1947 年）〔M〕，北京：法律出版社，2007。
70. 張學仁，陳寧生，二十世紀之中國憲政〔M〕，湖北：武漢大學出版社，2002。
71. 譚嗣同全集（增訂本）〔M〕，北京：中華書局，1981。
72. 包笑天，釧影樓回憶錄〔M〕，香港：香港大華出版社，1971。
73. 范忠信，梁啓超法學文集〔M〕，北京：中國政法大學出版，1999。
74. 立法院中華民國憲法草案宣傳委員會，中華民國憲法草案說明書〔M〕，臺北：中正書局，1941。
75. 陳茹玄，民國憲法及政治史〔M〕，上海：上海政治學社，1928。
76. 王寵惠，王寵惠文集〔M〕，臺北中國國民黨中央委員會黨史委員會，1981。
77. 平心，中國民主憲政運動史〔M〕，香港國泰公司，1940。
78. 楊幼炯，近代中國立法史〔M〕，上海：上海商務印書館，1936。
79. 程燎原，從法制到法治〔M〕，北京：法律出版社，1999。
80. 郭道暉，歷史性跨越——走向民主法治新世紀〔M〕，湖北：湖北人民出版社，1999。
81. 殷嘯虎，新中國憲政之路〔M〕，上海：上海交通大學出版社，2000。
82. 高旺，晚清中國的政治轉型——以清末憲政改革爲中心〔M〕，北京：中國社，會科學出版社，2003。
83. 李學智，民國初年的法治思潮與法制建設——以國會立法活動爲中心的研究〔M〕，北京：中國社，會科學出版社，2004。
84. 張德美，探索與抉擇——晚清法律移植研究〔M〕，北京：清華大學出版社，2003。
85. 馬小泉，國家與社，會：清末地方自治與憲政改革〔M〕，鄭州：河南大學出版社，2001。
86. 王健，溝通兩個世界的法律意義——晚清西方法的輸入與法律新詞初探〔M〕，北京：中國政法大學出版社，2001。
87. 田濤，國際法輸入與晚清中國〔M〕，濟南：濟南出版社，2001。
88. 卞修全，立憲思潮與清末法制改革〔M〕，北京：中國社，會科學出版社，2003。
89. 陳旭麓，近代史思辨錄〔M〕，廣州：廣東人民出版社，1984。
90. 熊月之，中國近代民主思想史〔M〕，上海：上海人民出版社，1986。
91. 耿雲志，西方民主在近代中國〔M〕，北京：中國青年出版社，1999。

92. 彭明等，近代中國的思想歷程〔M〕，北京：中國人民大學出版社，1999。

93. 龔書鐸，近代中國與文化抉擇〔M〕，北京：北京師範大學出版社，1993。

94. 鄭大華，晚清思想史〔M〕，長沙：湖南師範大學出版社，2005。

95. 陳瑞雲，現代中國政府〔M〕，長春：吉林文史出版社，1988。

96. 殷嘯虎，近代中國憲政史〔M〕，上海：上海人民出版社，1997。

97. 王永祥，中國現代憲政運動史〔M〕，北京：人民出版社，1996。

98. 程燎原，江山，法治與政治權威〔M〕，北京：清華大學出版社，2001。

99. 李步雲，走向法治〔M〕，長沙：湖南人民出版，1998。

100. 劉軍寧，共和，民主，憲政〔M〕，上海：上海三聯書店，1998。

101. 卓澤淵，法政治學〔M〕，北京：法律出版社，2005。

102. 吳經熊，法律哲學研究〔M〕，上海：上海法學編譯社，1933。

103. 陳顧遠，中國法制史，上海：商務印書館，1934。

104. 楊鴻烈，中國法律思想史〔M〕，上海：商務印書館，1936。

105. 丘漢平，先秦法律思想〔M〕，上海：光華書局，1931。

106. 瞿同祖，中國法律與中國社，會〔M〕，上海：商務印書館，1947。

107. 俞榮根，儒家法律思想通論〔M〕，南寧：廣西人民出版社，1992。

108. 朱繼萍，論憲政及其社，會基礎（載法治研究）〔M〕，杭州：杭州大學出版社，1999。

109. 陳端洪，憲政初論（載憲政的理想與現實）〔M〕，北京：中國人事出版社，1995。

110. 許崇德，憲法〔M〕，北京：中國人民大學出版社，1999。

111. 來新夏，北洋軍閥史〔M〕，天津：南開大學出版社，2000。

112. 許崇德，學而言憲〔M〕，北京：法律出版社，2000。

113. 張慶福，憲法學基本理論〔M〕，北京：社，會科學文獻出版社，1999。

114. 俞可平，權利政治與公益政治〔M〕，北京：社，會科學出版社，2000。

115. 陳啓天，民主憲政論〔M〕，上海：商務印務館，1945。

116. 王世杰，錢端升，比較憲法〔M〕，北京：中國政法大學出版社，1998。

117. 利瑪竇，利瑪竇中國札記〔M〕，北京：中華書局，1983。

118. 鄒振環，影響中國近代社，會的一百種譯作〔M〕，北京：中國對外翻譯出版公司，1994。

119. 魏源，海國圖志〔M〕，長沙：嶽麓書社，1998。

120. 錢鍾書，郭嵩燾等使西記六種〔M〕，北京：生活，讀書，新知三聯書店，1998。

121. 梁廷枏，海國四說〔M〕，北京：中華書局，1997。

122. 李慈銘，越縵堂讀書記〔M〕，上海：上海書店出版社，2000。

123. 顧炎武，日知錄集釋〔M〕，石家莊：花山文藝出版社，1990。

124. 劉泱泱，魏源與近代中國的改革開放〔M〕，長沙：湖南師範大學出版社，1995。

125. 柯林武德，歷史的觀念〔M〕，北京：中國社，會科學出版社，1986。

126. 鄭振鐸，晚清文選〔M〕，北京：中國社，會科學出版社，2002。

127. 錢穆，中國近三百年學術史（上、下）〔M〕，北京：商務印書館，1997。

128. 高瑞泉，中國近代社，會思潮〔M〕，上海：華東師範大學出版社，1996。

129. 中國近代出版史料（第 2 編）〔M〕，北京：中華書局，1957。

130. 譚汝謙，中國譯日本書綜合目錄〔M〕，香港：香港中文大學出版社，1980。

131. 姚鳳蓮，鄭裕碩，簡明中國近代政治思想史〔M〕，蘭州：甘肅人民出版社，1986，

132. 〔美〕許華茨著，滕復等譯，嚴復與西方〔M〕，北京：職工教育出版社，1990。

133. 戊戌變法〔M〕，上海：上海人民出版社，1957。

134. 論嚴復與嚴譯名著〔M〕，北京：商務印書館，1982。

135. 龔自珍全集〔M〕，上海：上海人民出版社，1975。

136. 王韜，弢園文錄外編〔M〕，北京：中華書局，1959。

137. 馮桂芬，校邠廬抗議〔M〕，鄭州：中州古籍出版，1998。

138. 熊希齡集〔M〕，長沙：湖南人民出版社，1985。

139. 黃遵憲全集〔M〕，北京：中華書局，2005。

140. 鄭觀應集〔M〕，上海：上海人民出版社，1982。

141. 伍廷芳集〔M〕，北京：中華書局，1993。

142. 湯志鈞，康有為政論集〔M〕，北京：中華書局，1981。

143. 康有為全集〔M〕，上海：上海古籍出版社，1990。

144. 何勤華，李秀清，民國法學論文精粹第 1 卷（基礎法律篇）〔M〕，北京：法律出版社，2003。

145. 田海林，中國近代政治思想史〔M〕，濟南：山東大學出版社，1999。

146. 曹聚仁，中國學術思想史隨筆〔M〕，北京：三聯書店，1986。

147. 孔範今，百年大潮汐（20 世紀中國思想解放運動文錄）〔M〕，濟南：泰山出版社，1999，

148. 李劍農，戊戌以後三十年中國政治史〔M〕，北京：中華書局，1980。

149. 張玉法，民國初年的政黨〔M〕，長沙：嶽麓書社，2004。

150. 俞祖華，王國洪，中國現代政治思想史〔M〕，濟南：山東大學出版社，1999。

151. 許紀霖，二十世紀中國思想史論〔M〕，上海：東方出版中心，2000。

152. 時報，1910。

153. 大學雜誌，1933。

154. 時代公論，1933。

155. 新月（部分）。

156. 國民政府公報，1929。

157. 青年雜誌第1卷。

158. 新青年第2卷、第7卷。

159. 再生第1卷，1932。

160. 東方雜誌（部分）。

161. 法治旬刊，1934～1935。

162. 國聞周報，1929～1932。

163. 觀察，1947。

164. 民報，1905～1910。

165. 文萃，1946。

166. 江蘇，1903。

167. 國衡半月刊第1卷。

168. 行健月刊第4卷。

169. 民立報，1912～1913。

170. 申報，1912～1914。

171. 馬少華，從「民心」到「人民程度」〔J〕，讀書，1998（10）：24～29。

172. 李學智，南京臨時參議院彈劾案風波〔J〕，近代史研究，1997（2）：107～111。

173. 王禮明，試論人治與法治〔J〕，學術學刊，1979（11）：22～25，32。

174. 若然，「人治」「法治」涵義新辯〔J〕，吉林大學社，會科學學報，1986（3）：44～47。

175. 俞瑾，傳統政治文化與人治現象〔J〕，探索與爭鳴，1988（2）：39～40。

176. 劉勝康，略論人治與法治的根本對立〔J〕，貴州民族學院學報（哲學社，會科學版，1990（1）：1～8。

177. 王印堂，蔡公一，人治與法治〔J〕，江淮論壇，1979（2）：25～26。

178. 喬偉，人治與法治的比較研究——論以法治國的重要意義〔J〕，山東社，會科學，1992（5、6）：14～19，26～28。

179. 郭華，談談人治與法治〔J〕，學術研究，1980（1）：45～48。

180. 王子琳，怎樣認識人治和法治〔J〕，吉林大學社，會科學學報，1980（5）：79～82。

181. 谷安梁，討論人治、法治問題的實質和意義〔J〕，政法論壇，1980（1）：65～71。

182. 吳文翰，論人治與法治〔J〕，甘肅社，會科學，1980（4）：3～9。

183. 莫紀宏，憲政是憲法邏輯運動的狀態〔J〕，法律科學，2000（5）：28～34。

184. 潘振平，〈瀛寰志略〉研究〔J〕，近代史研究，1988（4）：65～87。

185. 邱遠，梁啓超的法治思想〔N〕，光明日報，1998～11～13。

186. 謝俊美，袁世凱成敗簡論〔J〕，歷史教學，2004（10）：9～14。

187. 李鐵映，關於民主理論的幾個問題〔J〕，中國社，會科學（京），2001（1）：4～13。

188. 唐富滿，曾慶軍，開赦黨禁案與清末政局〔J〕，學術論壇，2005（9）：106～109。

189. 祖金玉，清末駐外使節的憲政主張〔J〕，南京社，會科學，2005（4）：32～36。

190. 王開璽，論資政院中的立憲派議員〔J〕，史學集刊，2003（3）：22～27。

191. 耿雲志，辛亥革命前夕的各省諮議局聯合會〔J〕，福建論壇，2002（2）：24～31。

192. 郝鐵川，中國依法治國的漸進性〔J〕，法學研究，2003（6）：26～41。

193. 韓秀桃，略論民國時期法律家群體的法律思想〔J〕，安徽大學法律評論，2004，4（1）：145～161。

194. 程德文，從專制人治到民主法治：近代中國的憲法成長及其意義〔J〕，南京化工大學學報（哲學社，會科學版），2001（3）：28～35。

195. 楊小雲，實現從人治意識走向法治意識的歷史性轉變〔J〕，湖南師範大學社，會科學學報，2000（6）：32～38。

196. 宋四輩，近代中國憲政建設制約因素的法律文化分析〔J〕，鄭州大學學報（哲學社，會科學版），2004（5）：82～86。

197. 田廣清，周維強，論中國人治傳統的經濟根源〔J〕，社，會科學戰線，2003（4）：16～19。

198. 張銳智，論黃遵憲對近代中日法文化交流的貢獻——以《日本國志》中的憲政思想爲視角〔J〕，日本研究，2005（4）：92～96。

199. 王永進，清末法制改革與法制近代化〔J〕，社，會科學家，2005（5）：175～178。

200. 林啓彥，嚴復與何啓——兩位留英學生近代化思想模式的探討〔J〕，近代史研究，2004（3）：1～20。

201. 郇平學，憲政解說〔J〕，法學評論（雙月刊），1996（2）：1～7。

202. 江振良，孫中山法治思想談〔J〕，中山大學學報，1987（3）：50～54。

203. 張萬洪，孫中山法治思想初探〔J〕，武漢大學學報（社，會科學版），2001（7）：401～405。

204. 李學智，民國初年的法治思潮〔J〕，近代史研究，2001（4）：230～259。

205. 中央研究院近代史研究所，近代中國區域史研討會論文集〔C〕，臺北：中央研究院近代史研究所，1986。

206. 韋慶遠，高放，劉文源，清末憲政史〔M〕，北京：中國人民大學出版社，1993。

207. Diamond,Larry.DevelopingDemocracy：Toward Consolidation〔M〕，Baltimore and London：The John Hopkins university Press,1999.

208. Diamond, Larry. Is The Third Wave Over? 〔J〕, Journal of Democracy,1996,7（3）：20～35.

209. Duverger,Maurice.（1980）A New Political System Model：Semi～presidential Government〔J〕，European Journal of Political Research,1980,8（2）：165～187.

210. Elster,Jon. Afterwod：The Making of Postcommunist Presidencies, in Ray Taras, ed., Post communist Presidents〔J〕，Cambridge：Cambridge University Press,1997.

211. Huntington, Samuel P. The third Wave ：Democratization in the late Twentieth Lentury〔M〕，Norman：University of Oklahoma Press,1991.

212. Huntington, Samul P. After Twenty Years：the Future of the Third Wave〔J〕，Journal of Democracy,1997,8（4）：56.

213. Laoidus,Gail W. Asymmertical federalism and State Breakdown in Russia〔J〕，Post～Soviet Affairs,1999,115（1）：74～82.

214. Lavigne, Marie.The Economics of Transition：From Socialist Economy to Market Economy〔M〕，New York：St Martins Press,1999.

215. Lijphart,Arend. Democracies：Patterns of Majoritarian and Consensus Government in Twenty～One Countries〔M〕，New Haven and London：Yale University Press,1984.

216. Lijphar, Arendt. Introduction, Arend Lijphart,ed.,Parliamentary Versus Presidential Government〔M〕，Oxford：Oxford University Press,1992.

217. Linz,Juan J. and Stepan,Alfred.Toward Consolidated Democracies〔J〕，Journal of Democracy,1996,7（2）：12～23.

218. March,Jomes G,Olsen, John P. The New Institutionalism：Organizational Factors in Political Life〔J〕，The American Political Science Review,1984,7,8 （3）：734～747.

219. Mainwaring,Scott. Transitions to Democracy and Democratic Consolidation 〔M〕，Theoretical andComparative Issues,1992.

220. Roskin,Michael G. Countries and Concepts ：An introduction to Comparative Politics〔M〕，New York ：Prentice～Hall Press,1995.

221. Lewis,Paul, David Potter,David Goldblatt,Margaret kiloh and Paul Lewis, Eds. Democratization in East Europe〔M〕，Cambridge：Policy Press,1997.

222. Sartori,Giovanni. Comparative Constitutional Engineering ：An Inquiry into Structures, Incentives,and Outcomes 〔M〕，New York：New York University Press,1994.

223. Schedler,Andreas. What is Democratic Consolidation 抬 〔J〕，Journal of Democracy,1998,9（21）：91～107.

224. Solnick,Steven. Methods of Central Conrol Over Russias Province, and Prospects for the Future〔J〕，Program on New Approaches to Russian Security（PONARS），Policy Memo,1999, 97：24.

225. Sorense,Georg. Democracy and Democratization：Processes and Prospects in a Changing World〔M〕，Boulder：Westview Press,1998.

226. Talton,Charles D.Symmetry and Asymmetry as Elements of Federalism：a Theoretical Speculation〔J〕，Journal of Political,1965, 27（4）：868.

227. Mainwaring, Guillermo O'Donnell, and Samuel J. Valenzuela, eds.,Issues in Democratic Cinsolidation：The New South American Democracies in Comparative Perspective ,Notre Dame, Indiana：University of Notre Dame Press.

228. Aron,Raymond. Alternation in Government in the Industrialized Countries〔J〕, Government and Opposition,1981, 17（1）：3～12.

229. Dahl,Robert A. On Democacy〔M〕，New Haven and London：Yale University Press,1998.